K.J. Reilly

Das Verhalten ziemlich normaler Menschen

K. J. Reilly

DAS VERHALTEN *ziemlich* NORMALER MENSCHEN

Aus dem Englischen von
Ute Mihr

dtv

1. Auflage 2024
© 2022 by K. J. Reilly
Titel der Originalausgabe: ›Four for the Road‹
Published by arrangement with Atheneum Books For Young Readers,
An imprint of Simon & Schuster Children's Publishing Division.
All rights reserved. No part of this book may be reproduced or
transmitted in any form or by any means, electronic or mechanical,
including photocopying, recording or by any information storage
and retrieval system, without permission in writing from the Publisher.
Alle Rechte der deutschsprachigen Ausgabe:
© 2024 dtv Verlagsgesellschaft mbH & Co. KG, München
Aus dem folgenden Werk wird mit freundlicher Genehmigung zitiert:
S. 55: Antoine de Saint-Exupéry, ›Der kleine Prinz‹.
In der Übersetzung von Hans Magnus Enzensberger.
© dtv Verlagsgesellschaft mbH & Co. KG, München
Umschlaggestaltung: dtv
Umschlagillustration: © 2022 by Guy Shield
Gesetzt aus der Berling
Satz: Gaby Michel, Hamburg
Druck und Bindung: CPI books GmbH, Leck
Printed in Germany · ISBN 978-3-423-65040-3

*Für alle Löwenzähne,
die einen Riss im Beton suchen,
und für die Platterbsen, die wissen,
wie man sich festhält.*

1

Meine Mutter ist gestorben, und alle sagen, dass ich nicht gut damit umgehe.

Ich finde, man müsste sich Sorgen machen, wenn es anders wäre. Also wenn ich feiern gehen oder Freunde einladen oder mich einfach ganz normal benehmen würde, denn niemand sollte sich normal benehmen, wenn einfach nichts normal ist. Ich meine, das wäre, als würde man fernsehen, während das Haus abbrennt, weil man vergessen hat, den Herd auszuschalten. Was mir einmal passiert ist. Nicht, weil ich sterben wollte oder weil es mir egal war, dass das Haus brennt, sondern es war einfach so, dass ich es gar nicht bemerkt habe, eben weil meine Mom gestorben ist, und genau aus diesem Grund bemerkte ich vieles nicht. Aber praktisch alle anderen in meiner Umgebung konnten das kaum glauben, besonders die Feuerwehrleute nicht, denn als sie mich fanden, sagten sie, im Haus sei so viel Rauch gewesen, dass sie den Fernseher kaum noch sehen konnten. Aber ich saß einfach da und starrte auf den Bildschirm.

Also gut, meine Mom starb vor zwölf Monaten, drei Wochen, einem Tag, sechs Stunden und vierzehn Minuten, und einige Leute denken, dass ich inzwischen besser drauf sein sollte, dass ich nicht das Haus abfackeln und vielleicht manchmal lächeln und mehr reden und zu Partys gehen sollte, und weil all das nicht geschieht, landete ich am Montagabend um 19:30 Uhr im Bergen County Hospital Center in Zimmer 212, das sich im ersten Stock befindet gleich rechts nach den Automaten, gegenüber von den Toiletten.

In Zimmer 212 stehen Stühle im Kreis, es gibt Schachteln mit Papiertaschentüchern und einen Tisch mit Kaffee, Styroporbechern und Keksen, die mit Schokolade überzogen sind, und außer mir sind alle hier drin siebzig oder achtzig oder hundert Jahre alt, deshalb ist es noch merkwürdiger, als ich erwartet hatte, und es macht mich wirklich traurig, hier zu sein, noch trauriger, als ich vorher war, besonders als einer der wirklich alten Typen namens Henry anfängt zu weinen, während er von seiner Frau erzählt, mit der er fünfzig Jahre und wahrscheinlich vier Wochen, drei Tage, vierzehn Minuten und zweiunddreißig Sekunden oder so verheiratet war. Ich sehe ihn an, wir alle sehen ihn an, als er aufsteht, um zu sprechen, und seine Wattebausch-Haare wie eine Wolke um seinen Kopf schweben und seine Lippen zittern. Er sagt, sie heiße Evelyn und habe blaue Augen von der Farbe des Winterhimmels in Montana, und dann erzählt er, dass sie an ihrem vierzigsten Hochzeitstag zur Walbeobachtung nach Nova Scotia gefahren seien und im Garten hinter ihrem Haus Platterbsen und Tomaten anpflanzen und dass sie Schlaftabletten beiseitegelegt und er ihr geholfen habe, sie in Schokoladenpudding aufzulösen, damit sie friedlich und selbstbestimmt gehen könnte, wenn sie bereit dazu wäre, und ich denke, dass ich nie wieder in Zimmer 212 zurückkehren werde.

Als Henry mit Reden fertig ist, wendet sich die Leiterin der Gruppe, die kurze blonde Haare und Sommersprossen auf den Wangen hat und aussieht wie Peter Pan, nur ohne grüne Strumpfhose, direkt an mich und sagt: »Möchtest du etwas sagen oder dich der Gruppe vorstellen oder uns erzählen, wen du verloren hast?« Und ich sage: »Nein.« Da sagt sie: »Bitte.« Also sage ich: »Ich habe meine Mom verloren.«

Dann wird es ganz still, ganz-allein-auf-der-Welt-still, apokalyptisch still, bis Peter Pan sagt: »Das tut mir sehr leid. Wie ist sie gestorben?« – »Durch mich«, sage ich. »Ich habe sie getötet.«

Alle Luft scheint aus dem Raum zu entweichen, Peter Pan ist schockiert, und all die alten Menschen hier sehen noch eingefallener und verschrumpelter aus, als sie aussahen, bevor ich das sagte, aber Henry hört wenigstens auf zu weinen, und alle sehen mich mit ihren tief liegenden, alten Augen an, als wäre ich ein Monstrum von nie da gewesenen Ausmaßen oder einer der größten Schrecken der westlichen Welt, und dann wenden sie sich ab und starren auf ihre Füße, denn Menschen mögen es nicht, Mörder anzusehen, schon gar nicht, wenn die ihre Mutter umgebracht haben. Eine ganze Weile bleibt es einfach still, und niemand isst Kekse oder trinkt Kaffee, und Peter Pan weiß nicht, was sie sagen soll, also sitzt sie einfach da wie alle anderen, und ich fühle mich noch schlechter, als ich mich fühlte, bevor ich Zimmer 212 betreten hatte. Keine Ahnung, warum ich sagte, dass ich meine Mom umgebracht habe, denn meine Mom starb bei einem Autounfall, und ich war nicht gefahren oder hatte im Auto neben ihr gesessen oder ihr geschrieben oder sie am Telefon angeschrien, und ich war auch nicht der betrunkene Fahrer des Sattelschleppers, der in sie reingefahren ist.

Die Worte:
Durch mich.
Ich.
Habe.
Sie.
Getötet.
Kamen einfach heraus und hocken jetzt hier wie ein ekelhafter, großer Klumpen mitten im Raum, und ich kann sie nicht weder zurücknehmen oder zurückholen oder mit etwas zudecken, deshalb stehe ich einfach auf und verlasse Zimmer 212 in Richtung Fahrstuhl, der sich links nach den Automaten und den Toiletten rechts befindet.

Peter Pan ohne grüne Strumpfhose rennt hinter mir her und holt mich am Fahrstuhl ein, wo ich immer wieder auf die Abwärtstaste drücke. »Bitte bleib«, sagt sie.

»Ich geh lieber, weil ich alle traurig mache, vor allem Henry, und der muss nicht noch trauriger sein, als er sowieso schon ist.«

»Bitte geh nicht weg«, sagt Peter Pan. »Ich würde mich wirklich freuen, wenn du wieder reinkommen würdest. Wir alle würden uns freuen.«

Ich drücke noch einmal auf den Knopf und sage: »Wenn Henry heute Nacht an einem Herzinfarkt stirbt, weil er so erschreckt wurde oder so schrecklich traurig ist, dann bin ich schuld, und ich muss dann am Mittwoch wiederkommen und all den anderen alten Menschen sagen, dass ich auch ihn getötet habe.«

»Hör mal«, sagt Peter Pan, »wir haben eine Gruppe für Teenager, die sich dienstags und donnerstags trifft. Dort gefällt es dir wahrscheinlich besser.«

»Bist du auch da?«, frage ich, und bevor sie antworten kann: »Aber das ergibt überhaupt keinen Sinn, Leute in meinem Alter sind viel zu jung, um jemanden zu verlieren«, und sie sagt: »Ich weiß, du hast deine Mom verloren, und ich kann mir vorstellen, wie schlimm das sein muss, aber du bist nicht der Einzige. Und ja, ich bin da.«

Ich betrachte ihre fransigen Pixie-Haare und ihre Sommersprossen und ihr freundliches Lächeln, und sie sagt: »So jung einen geliebten Menschen zu verlieren, passiert öfter, als du denkst«, also sage ich: »Okay, vielleicht komme ich morgen noch mal.«

Dann will Peter Pan mich umarmen, aber ich werde ganz verlegen und irgendwie steif und weiche aus und fühle mich dann noch schlechter, aber sie sagt: »Alle deine Gefühle sind okay, und wir werden mit dir arbeiten, damit es besser wird«, und ich möchte ihr sagen, dass das, was ich fühle, *überhaupt gar nicht okay ist*, denn wenn es okay wäre, würde es sich nicht so schlimm anfühlen und mein Dad hätte mich nicht in dieser Gruppe angemeldet, aber stattdessen frage ich: »Wie? Wie wirst du dafür sorgen, dass es besser wird?«

»Eins nach dem anderen«, antwortet sie lächelnd.

Und allein ihr Lächeln macht, dass du dich besser fühlst, obwohl du klatschnass und eisig kalt bist und gerade vom Blitz getroffen wurdest und wahrscheinlich sowieso jeden Augenblick sterben wirst. Als es endlich Pling macht und sich die Fahrstuhltür mit einem schlürfenden elektronischen Zischen öffnet, trete ich nicht hinein, denn Peter Pan steht da mit diesem hoffnungsvollen und erwartungsvollen Ausdruck auf dem Gesicht, und es ist, als würde die Sonne kurz hinter dicken Regenwolken hervorspicken.

Einen Augenblick schweigt sie, dann sagt sie lächelnd: »Komm, wir gehen wieder zurück.«

Ihre Stimme ist sanft, so sanft wie die Stimme einer Mutter, die zu einem kleinen Kind spricht, und sie lächelt. Nicht strahlend und breit – es ist vielmehr ein Lächeln, das um Vertrauen bittet, die für die Umstände genau richtige Menge an Lächeln, sodass ich sage: »Okay.«

Hier bin ich also. Den Blick fest auf meine Füße geheftet, die über das glänzende, schleimig grüne Linoleum im ersten Stock des Bergen County Hospital Center schlurfen, gehe ich neben Peter Pan zurück in Zimmer 212. Als ich verstohlen einen Blick zu ihr hinüberwerfe, sieht sie glücklich aus, als hätte sie gerade einen der Verlorenen Jungs wiedergefunden, und das ist ja schon mal was.

Sobald wir wieder sitzen, geht es im Kreis weiter, und alle anderen stellen sich vor und sagen, wen sie verloren haben und wie es ihnen geht – natürlich nicht gut, sonst wären sie nicht hier –, und dann macht Henry genau dort weiter, wo er aufgehört hatte, als ob ich mit keiner Silbe erwähnt hätte, dass ich meine Mom umgebracht habe. Er erzählt uns, der Sinn seines Lebens habe darin bestanden, für Evelyn zu sorgen, und dann wird es wieder so still und unangenehm, dass es sich anfühlt, als warte man in einem Leichenschauhaus darauf, eine Leiche zu identifizieren. Ich meine, es ist fast so schlimm wie vorhin, als ich sagte, ich hätte meine Mom getötet, denn alle in Zimmer 212 wissen, dass Henry jeden Augenblick sterben könnte, weil er uns gerade gesagt hat, Evelyn sei der einzige Grund gewesen, warum er gelebt habe. Und Evelyn ist tot.

Und wir alle wissen, was das bedeutet.

Denn wenn du ein Leben lebst, das keinen Sinn mehr hat, dann ist es normalerweise ganz schnell zu Ende.

Dann nutzt Peter Pan ihre sanfte Mama-Stimme, um noch ein paar mehr Leute zum Reden zu bringen, und alle haben immer noch Gründe, weiterzuleben, wie Lesezirkel und Angelreisen und Labrador Retriever und Enkelkinder, und als sie fertig sind mit Reden, verkündet Peter Pan: »Für heute sind wir am Ende.« Alle suchen ihre Sachen zusammen, man hört hier und da ein Hüsteln und Stühle, die zurückgeschoben werden, aber sonst ist es still. Zwei der ganz Alten, die anstelle von Beinen Rollatoren aus Aluminium haben und die krummen Rücken uralter, vom Wind gebeugter Bäume, humpeln zu dem Snack-Tisch und stopfen sich ein paar Kekse in die Taschen, dann schlurft der Rest der Gruppe zur Tür, alle gebeugt und mit schlaksigen Gliedmaßen, die an ihnen herunterhängen wie die Äste der Trauerweide im Park am Ende meiner Straße. Ich springe auf und stürme zum Fahrstuhl. Auf dem Weg versuche ich, niemanden umzurennen und nicht an mich oder meine Mom zu denken oder daran, dass Henry tot sein könnte.

Ich drücke den Knopf neben der Fahrstuhltür, und als die Türen aufgleiten, trete ich hinein und starre auf meine Turnschuhe hinunter, dankbar, dass die Kabine leer ist, denn in diesem Augenblick wäre es sogar zu schwer gewesen, einfach nur Hallo zu jemandem zu sagen.

Wenn mich jemand anlächeln oder Hallo sagen würde – ich wäre nicht in der Lage, zurückzugrüßen, denn was wäre der Sinn?

Ich bin einfach der merkwürdige Typ, der niemals lächelt, weil seine Mutter vor zwölf Monaten, drei Wochen, einem Tag, sieben Stunden und sechzehn Minuten gestorben ist.

2

Mein Dad wartet in seinem Jeep auf dem Parkplatz, denn manche Leute denken, es wäre vielleicht keine gute Idee, mich selbst fahren zu lassen, obwohl ich direkt vor dem Tod meiner Mutter meinen Führerschein gemacht hatte. Ich habe nicht die geringste Lust, überhaupt irgendwohin zu fahren, denn überall gibt es Sattelschlepper und Schilder aus Stahl, mit denen ich kollidieren könnte, und ich will sowieso überhaupt nichts machen und muss auch nirgendwohin außer vielleicht in Zimmer 212, und dorthin kann mein Dad mich fahren.

Nachdem ich auf den Beifahrersitz geklettert bin, sagt er: »Hallo, Asher. Du bist früh dran. Wie war's?« Aber ich antworte nicht, und ich erzähle ihm auch nicht, dass er mich in einer Gruppe für alte Menschen angemeldet hat, und ich erzähle ihm nicht, dass ich gerade allen gesagt habe, ich hätte meine Mom umgebracht, und ich erzähle ihm nicht, dass Henry jeden Augenblick sterben könnte und dass auch das dann meine Schuld wäre. Im Radio läuft *Bohemian Rhapsody*, und ich schaue einfach eine Weile aus dem Fenster und sehe zu, wie die Regentropfen wie Tränen an der Scheibe runterlaufen und die Welt verzerrt an mir vorbeirast, während Freddie Mercury Rotz und Wasser heult.

Als wir dann links auf die Main Street abbiegen und die

Straßenlichter sich hell in den Pfützen auf dem Gehweg spiegeln und die Regentropfen immer noch verzweifelt versuchen, sich an der Windschutzscheibe festzuklammern, verkünde ich: »Ich habe einen neuen Freund gefunden. Er heißt Henry.«

Mein Dad sagt: »Wie schön, Asher«, aber ich erzähle ihm nicht, dass Henry hundert Jahre alt ist und den blauen Winterhimmel über Montana mag und Schokoladenpudding und Wale und Platterbsen, sondern frage nur: »Können wir Pizza holen? Ich hab nichts gegessen, bevor wir los sind.« Mein Dad lächelt mich an: »Klar, Asher. Pizza klingt gut.«

Er hätte zu diesem Zeitpunkt zu allem »ja, klar« gesagt, auch wenn ich gesagt hätte, ich wolle ein Känguru essen. Ich meine, er würde herausfinden, wie man an ein Känguru kommt, wie man Känguru zubereitet und wie man es verdammt noch mal isst, obwohl Känguru in diesem Land normalerweise nicht gegessen wird, denn außer mir hat er niemanden mehr, ich habe keine Brüder und Schwestern außer Chloe und die ist erst vier und redet nie über meine Mom und denkt nicht an sie, wahrscheinlich weil sie sich nicht an sie erinnert, denn zwölf Monate, drei Wochen, ein Tag, sieben Stunden und zweiunddreißig Minuten sind eine sehr lange Zeit, wenn du vier Jahre alt bist, und es ist leichter zu vergessen, als wenn du siebzehn bist und deine Mutter sechzehn Jahre, sechs Monate, vier Tage und zweiunddreißig Minuten lang kanntest, also den größten Teil deines Lebens. Deshalb spielt Chloe und ist glücklich und geht zu Geburtstagsfeiern mit Luftballons und fackelt nicht das Haus ab oder schreibt Aufsätze über Holden Caulfield, die Hauptfigur aus *Der Fänger im Roggen*, die die Fachschaft Englisch veranlassen, die Polizei zu alarmieren oder wenigstens deinen Dad und einen ganzen Trupp von Profis aus der Jugendpsychiatrie.

Mein Dad sagt: »Dann gib die Bestellung auf, aber nimm die Pizza ohne Salami.« Ich möchte sagen: Ich weiß, dass Chloe Fleisch nicht mag, wenn es orangefarben und in Scheiben geschnitten ist, du musst mich nicht daran erinnern. Aber ich sage nichts, sondern ziehe einfach mein Handy raus und tippe die Bestellung ein. Danach frage ich: »Kann ich morgen und vielleicht am Donnerstag noch zu einer anderen Gruppe gehen und am Mittwoch wieder zur heutigen Gruppe, um Henry zu treffen?« Und mein Dad antwortet: »Klar« und lächelt, als ob das vielleicht ein Fortschritt wäre, aber das ist es nicht. Ich bin einfach neugierig, wie andere Leute in meinem Alter aussehen, die jemanden verloren haben, der so wichtig für sie ist, dass sie zweimal pro Woche wegen ein paar Keksen in Zimmer 212 kommen. Und am Mittwoch möchte ich hingehen, um mehr über Evelyn zu erfahren, denn bislang weiß ich nur, dass ihre Augen so blau sind wie der Winterhimmel über Montana, und ich möchte wissen, ob Henry immer noch Platterbsen und Tomaten anbaut, und ich denke, dass ich den alten Menschen in Zimmer 212 vielleicht erzählen sollte, dass nicht ich meine Mom umgebracht habe, sondern ein betrunkener Lkw-Fahrer, und dass ich nicht trinke und dass ich keinen Führerschein habe für einen Sattelschlepper mit Doppelkabine und einem Fernseher im hinteren Teil, in dem ich hätte schlafen oder fernsehen können, wenn ich zu viel Jack Daniel's aus der Flasche getrunken hätte, die ich offen in meinem Lkw mit mir führte, obwohl es gesetzlich verboten ist.

Nachdem ich meinen Dad noch eine Minute lang angeschaut habe, drehe ich mich wieder zur Windschutzscheibe, wo die Regentropfen immer noch zitternd versuchen, sich am Glas festzuklammern und Freddie Mercury sehr überzeugend erklärt, was neuerdings meine persönliche Hymne geworden ist: *Nothing really matters to me* – mir ist alles total egal.

3

Im vergangenen Jahr kamen in den Vereinigten Staaten genau 10 262 Menschen durch betrunkene Fahrer ums Leben, und es wäre einer weniger gewesen, wenn meine Mom nicht zum Einkaufszentrum gefahren wäre, um mir neue Fußballschuhe zu kaufen. Die lindgrünen Superflys von Nike in Größe 44 ½, die ich brauchte, weil meine aus dem Schließfach der Schule gestohlen worden waren und wir am nächsten Tag ein Spiel gegen die Claymont High School hatten, die vier Städte weit von der Stadt entfernt ist, wo wir wohnen.

Meine Mom sagte: »Asher, eigentlich habe ich keine Zeit, heute zum Einkaufszentrum zu fahren. Du solltest besser auf deine Sachen aufpassen.«

Das war das Letzte, das sie überhaupt zu mir sagte: Dass ich besser auf meine Sachen aufpassen sollte.

Und sie fuhr trotzdem zum Einkaufszentrum.

Und Jack Daniels auch. Na ja, vielleicht fuhr er nicht direkt zum Einkaufszentrum, aber er kam ihm nahe genug, um meine Mom umzubringen.

Ich spiele nicht mehr Fußball. Ohne die lindgrünen Superflys von Nike kann ich nicht spielen, und ich habe keine mehr. Das neue Paar ging beim Unfall kaputt, und das alte Paar wurde aus meinem Schließfach gestohlen. Ich frage mich, ob Typen, die so was tun – also so was Blödes, wie anderen die Sachen klauen –, jemals darüber nachdenken, dass sie eine ganze Kettenreaktion auslösen, die damit endet, dass jemand tot ist. Ich meine, wenn du darüber nachdenkst, dann besteht unser ganzes Leben aus Kettenreaktionen, und alles, was wir tun, hat zur Folge, dass andere Dinge auf die eine oder andere Art und Weise geschehen, aber ich empfehle dir, nicht zu viel darüber nachzudenken, denn dann kannst du gar nichts mehr tun. Ich meine, wenn du einmal verstanden hast, dass alles zusammenhängt und alles Folgen hat, dann ist es wirklich schwer zu entscheiden, ob du lieber Pfannkuchen oder den getoasteten Bagel zum Frühstück essen möchtest, denn je nachdem, was du auswählst, könntest du zur Klimaerwärmung beitragen oder eine Heuschreckenplage in Lateinamerika auslösen oder die Ursache dafür sein, dass ein Botenjunge in Bangkok in Flammen aufgeht. Nicht, dass du das gewollt oder es geplant hättest. Es passiert einfach. Vertraue mir, ich habe viel darüber nachgedacht, und es ist einfach so ein Domino-Ding.

Jack Daniels starb nicht, er wurde nicht einmal verletzt, und auch sein Sattelschlepper blieb heil. Er hat zwei Kinder, die Connor und Grace heißen und immer noch eine Mutter haben, und er kann immer noch seinen dicken Sattelschlepper fahren, weil der Richter die Klage abgewiesen hat. Er musste nicht ins Gefängnis, weil der Polizist am Unfallort keinen Alkoholtest gemacht hat, und obwohl die Beamten, die zur Unfallaufnahme kamen, sagten, es sei ein 50-51-Fall – alkoholisierter Fahrer –, wurden alle Klagen mangels Beweise abgewiesen.

Es gab genügend Beweise – ich hab die Fotos von dem

Land Rover gesehen, und meine Mutter ist tot, aber der Richter sagte: *Das reicht nicht.*

Ich google ihn – den Lkw-Fahrer, nicht den Richter – jeden Tag sechs- oder siebenmal, manchmal sogar öfter, sehr viel öfter, und er ist auf Facebook und lebt in Tennessee in der Culvert Street Nummer 114 in Memphis. Vor drei Wochen fuhr er mit seiner Familie zu Disney World in Orlando. Alle durften sich in den großen Teetassen herumwirbeln lassen und mit der *Space Mountain*-Dunkelachterbahn fahren, wahrscheinlich zum Trost, weil sie traurig waren, dass er vor zwölf Monaten drei Wochen, einem Tag, neun Stunden und siebenundfünfzig Minuten in einen Unfall verwickelt war und hätte sterben können. Aber er ist nicht gestorben.

Wir fuhren auch einmal ins Magic Kingdom, aber Chloe war damals ein Baby und zu klein für die *Space Mountain*-Achterbahn. Sie machte nur die Kinderfahrten wie *It's a small world*, aber diese Fahrten sind Mist, denn, machen wir uns nichts vor: Die Welt ist überhaupt nicht klein.

Sie ist sogar so groß, dass man sich leicht verlaufen und nicht mehr nach Hause finden kann.

Grace ist in meinem Alter, und Connor ist so alt wie Chloe, also praktisch genau umgekehrt wie bei uns. Nur, dass ihre Mom nicht tot ist wie meine. Und mein Dad ist nicht betrunken Auto gefahren wie ihrer.

Sie können zu Disney World fahren, wir können das nicht.

Ich könnte immer so weitermachen, aber wozu? Du hast es bestimmt schon verstanden.

Manchmal frage ich mich, ob Connor und Grace überhaupt jemals an Asher und Chloe denken, denn ich denke dauernd an sie. Aber dann denke ich, sie denken überhaupt gar nicht an uns, denn Grace muss an ihren neuen Freund denken, er heißt Sam Hunt wie der Sänger, aber er ist es nicht, und sie müssen Fußball spielen und Essays über Holden Caulfield schreiben, in denen nicht steht, dass er sich auf Seite eins hätte umbringen sollen, was den ganzen Fachbereich Englisch an ihrer Schule in Aufruhr versetzt. Und sie müssen auf Partys gehen und sich darauf konzentrieren, nicht ihr Elternhaus abzufackeln, wenn sie TK-Pizza in den Backofen schieben, aber vergessen, sie vorher aus dem Karton zu nehmen. Und dann überlege ich, ob Connor und Grace jemals in einem Raum wie Zimmer 212 in unserem Krankenhaus waren oder in einer Leichenhalle auf einem Friedhof, denn alle Arten von Material können brennen, nicht nur Pizzakartons, sondern auch Land Rover SUVs und auch die Mütter von Menschen.

Vor dem Unfall hatte ich eine Freundin, aber diese Geschichte ging auch in Flammen auf. Als ich nach dem Tod meiner Mutter erstmals wieder zur Schule ging, sagte ich gleich bei der ersten Begegnung zu Emily: »Hey, ich kann das jetzt nicht mehr.«

»Was kannst du nicht mehr?«, fragte sie. Sie weinte schon, weil wir uns seit dem Unfall nicht gesehen hatten, aber ich musste es einfach schnell hinter mich bringen. »Ich kann gerade niemanden lieben.«

Und sie weinte noch heftiger, als sie sagte: »Du hast deine Mom verloren, Asher. Aber mich musst du nicht auch noch verlieren. Nicht so. Nicht jetzt.«

Ich schlug die Tür zu meinem Schließfach zu und sagte: »Ich date jemand anderes. Sie wohnt in Tennessee.« Dann ging ich weg. Mehr sagte ich nicht, denn: WOZU? Emily hat keine Ahnung, was es heißt, wenn du nicht darauf vertrauen kannst, dass Menschen, die du liebst, am Leben bleiben.

4

Ich legte eine Liste all der Menschen an, die meine Mom getötet haben, und kam auf mindestens neun:

Jack Daniels.
Die Person, die meine Nikes geklaut hat.
Der Mann, der den Strommasten auf Route 287 West nahe der 3,7-Meilen-Markierung aufgestellt hat.
Die Leute, die das Einkaufszentrum gebaut haben.
Alle bei Nike, die Fußballschuhe herstellen.
Der Gouverneur von New Jersey, weil er Menschen erlaubt, Auto zu fahren.
Der Besitzer der Spedition.
Wer immer Teer erfunden hat.
David Beckham, weil ich wegen ihm Fußball spiele.
Mia Hamm, weil ich wegen ihr total gerne Fußball spiele.
Mein Trainer, weil er den Typen nicht gekriegt hat, der meine Fußballschuhe geklaut hat.
Das macht elf.

Und dann ist da dieser ekelhafte, große Klumpen mitten in Zimmer 212, den niemand anschauen wollte, den ich aber auch nicht wieder zurücknehmen oder zurückholen oder mit etwas zudecken kann.

Ich.
Habe.
Sie.
Getötet.
Das macht zwölf.
Denn ich war's.
Ich.
Habe.
Sie.
Getötet.
Nur dass eine ganze Reihe anderer Menschen geholfen haben.

Wahrscheinlich sollte ich dir das gar nicht erzählen, aber manchmal – okay, ein paar Mal am Tag – schreibe ich Grace und schicke ihr Facebook-Nachrichten.

Sie weiß nicht, wer ich in Wirklichkeit bin, und denkt, wir wären Freunde.

Ich musste einen Fake-Account mit einem falschen Namen erstellen.

Also, es ist ziemlich einfach, jemanden zu stalken und sich dann mit ihm anzufreunden. Du brauchst nur ein gefaktes Facebookprofil und ein paar echte Freunde.

Sie denkt, ich wäre Sam Hunt.

Nicht der Sänger. Nur ein ganz normaler Typ mit dem Namen Sam Hunt, der ihr neuer Fake-Freund und vielleicht auch irgendwie neuer Fake-Online-Lover ist.

Um die Sache vollends einzutüten, ging ich auf iTunes und schenkte ihr jeden Ed-Sheeran-Song, der jemals geschrieben wurde.

Ich hasse Ed Sheeran.

Ich meine, man muss ihn hassen. Er hat einen Haufen Songs für *One Direction* geschrieben.

Dann schrieb ich ihr, wenn wir ein Lied hätten, dann wäre es *Body Like a Back Road* von Sam Hunt.

Dem Sänger.

Nicht von meinem Fake-Ich.

Sie schrieb: Perfekt! Und ich schrieb: Du meinst, perfekt wie in dem Ed-Sheeran-Lied? Und sie schrieb: Nein. Perfekt im Sinne von *Body Like a Back Road* ist unser Lied, wenn wir ein Lied hätten.

So weit waren wir.

Ich meine, im Grunde hab ich sie gecatfisht. Die Tochter des Mannes, der meine Mom umgebracht hat.

Und in der Folge bretterten wir mit Vollgas in ein dichtes Gestrüpp aus Schmerz und Lügen.

Das erklärt irgendwie auch, warum ich mich von Emily getrennt habe. Denn irgendwie date ich tatsächlich jemand anderes.

5

Ich erinnere mich überhaupt nicht daran, wie meine Mom starb, nur dass ich im Krankenhaus aufwachte, nachdem mein Dad mir erzählt hatte, was passiert war, denn als er mir vom Unfall meiner Mutter erzählte, regte ich mich so sehr auf, dass ich völlig ausrastete, ohnmächtig wurde und mit dem Kopf so heftig auf der Ecke des Couchtisches im Wohnzimmer aufschlug, dass das Glas zersprang, ich mich selbst k. o. schlug, fast das Augenlicht verlor und mein Dad einen Krankenwagen holen musste, der mich wegen der Kopfverletzung ins Krankenhaus brachte. Ich wachte erst nach zwei Wochen wieder auf, weil ich in ein künstliches Koma versetzt wurde, damit mein Gehirn nicht anschwillt. Dann musste mein Vater mir ein zweites Mal sagen, dass meine Mom gestorben ist, denn als ich wieder aufwachte, erinnerte ich mich nicht. Ich erinnerte mich nicht, dass er mir von meiner Mom erzählt hatte oder dass ich ausgerastet war oder an den Couchtisch. Es war also so, als wäre meine Mom innerhalb von zwei Wochen zweimal gestorben.

Die Ärzte sagen, ICH HÄTTE GROSSES GLÜCK, DASS ICH AUF MEINEM LINKEN AUGE NOCH SEHE, und sie erklärten mir, ich würde an einer sogenannten Dissoziationsamnesie leiden. So etwas passiert, wenn es EIN TRAUMATISCHES EREIGNIS gib, an das man sich nicht erinnern will, also erinnert man sich nicht. Es ist so, als würde das Gehirn einfach sagen: *Nö! Damit will ich nichts zu tun haben!*

Die Seelenklempner erzählten mir, so schütze man sich vor etwas, das man nicht ertragen könne. Überraschung! Ich kann es nicht ertragen, dass meine Mutter tot ist.

Zuerst dachte ich: *Vielleicht ist das so was wie ein schwerer Fall von Nicht-wahrhaben-Wollen.* Aber die Seelenklempner sagen, so sei es nicht, ich würde nicht *leugnen*, dass meine Mom tot ist, und es sei auch nicht so, dass ich nicht *glaube*, dass sie tot ist, sondern die Nachricht sei einfach so schockierend gewesen, dass ich mich an nichts von diesem Tag *erinnern* kann. Dann klopften sie mir auf die Schulter und sagten: »Mach dir keine Sorgen, diese Art von Erinnerungen kommen normalerweise wieder.«

Und ich denke: *Warum sollte ich mich erinnern wollen?* Sage aber nichts, denn die Ärzte verhalten sich allesamt so, als wäre es irgendwie gut, wenn ich mich wieder erinnere.

Falls du dich fragst: Es ist jetzt zwölf Monate drei Wochen einen Tag elf Stunden und – Moment – sieben Minuten her, aber bislang? *Absolut nichts.*

Nachdem sie gestorben war und nach dem Couchtisch und dem Krankenhaus und dem Koma und nachdem ich die Totenwache und die Trauerfeier und das Begräbnis verpasst hatte und wir nach Hause zurückkehrten und so taten, als wäre alles wie immer, erzählte mir mein Dad, dass meine Mom mir einen Brief hinterlassen habe, den sie mir geben wollte, wenn ich die Highschool abgeschlossen hätte. Er sagte, sie habe ihn am Tag meiner Geburt geschrieben, und fragte dann, ob ich ihn vielleicht jetzt lesen wolle.

»Warum?«, fragte ich zurück. »Denkst du, ich würde

nicht lange genug leben, um meinen Highschool-Abschluss zu machen?« Und er sagte: »Nein, natürlich nicht, Asher. Ich dachte nur, es wäre vielleicht schön für dich, ihn jetzt zu lesen, wo sie dir so sehr fehlt.« Und dann reichte er mir den Brief.

Drei Wochen lang starre ich nur auf meinen Namen vorn auf dem taubenblauen Umschlag. Das A von Asher hat einen kunstvollen Bogen unten am Aufstrich und das r kringelt sich dynamisch nach oben. Vermutlich hat sie hier zum ersten Mal meinen Namen geschrieben, außer man muss ihn auf die Geburtsurkunde des Babys schreiben. Keine Ahnung, wie das abläuft.

Die Buchstaben meines Namens sahen so optimistisch aus, wie sie da auf dem Umschlag standen, als ob sie über das Papier tanzten, was, wenn man darüber nachdenkt, zutiefst verstörend ist, angesichts dessen, was passiert ist. Ich meine, der Brief sah nicht so aus, als würde er etwas sehr Bedeutsames enthalten wie zum Beispiel: FRAG MICH BITTE NIE, OB ICH DICH INS EINKAUFSZENTRUM FAHRE, UM DIR NEUE FUSSBALLSCHUHE ZU KAUFEN! Denn das oder so ähnlich hätte sie geschrieben, wenn sie hätte helfen wollen.

Nachdem ich drei Wochen lang auf das *A-s-h-e-r* mit dem kunstvollen Bogen am Aufstrich des *A* und dem *r* mit dem Kringel gestarrt hatte, drehte ich den Umschlag um. Es war ein Augenblick übermenschlicher Kraft oder eine Art persönlicher Wiedergeburt für mich, vielleicht wie die Renaissance. Ein Augenblick, in dem ich auf einmal etwas tun konnte, zu dem ich zuvor nicht in der Lage war. Aber es ist nicht so, als hätte ich die Druckerpresse erfunden oder entdeckt, dass die Planeten um die Sonne kreisen, und es ist auch nicht so, dass ich mich mit Michelangelo oder Kopernikus oder Machiavelli vergleichen will – wer zum Teufel sind die überhaupt, und was haben sie getan? Ich meine, ich habe etwas vollkommen *Unmögliches* vollbracht.

Ich habe es geschafft, diesen Umschlag umzudrehen und die Rückseite zu betrachten.

Aber weiter kam ich nicht.

Meine Mom zeichnete mit derselben blauen Tinte, die sie für die Schrift auf der Vorderseite verwendet hatte, dieses kleine, perfekte Herz auf die Rückseite des Umschlags. Es steht dort wie ein Kuss, direkt an der Stelle, wo der Umschlag sich schließt. Ich wusste, dass ich das kleine blaue Herz kaputt machen müsste, wenn ich das Siegel brach und den Umschlag öffnete. Denn so funktioniert das.

Die Ironie, die darin liegt, bringt mich um.

Du verstehst schon, oder? Mein Herz ist gebrochen und ihres auch. Und meines ist seither hundert Millionen Mal gebrochen, und ich weiß, dass es wieder brechen wird, wenn ich den Umschlag öffne und den Brief herausnehme.

Manchmal – okay, jeden Tag – ziehe ich den Umschlag hervor und betrachte ihn und frage mich, was wohl in dem Brief steht, aber ich bringe es nicht über mich, ihn zu öffnen und das herauszufinden.

Vor Kurzem fragte mein Dad, ob ich den Brief schon gelesen hätte, und ich sagte: »Nur den Anfang.«

Er sah besorgt aus. »Wie meinst du das?«

»Ich meine, das erste Wort.«

Eine ganze Minute lang schwieg er, und dann fragte er: »Du meinst das ›Asher‹ auf dem Umschlag?«, und ich nickte.

Vermutlich fand er es total merkwürdig, dass ich den Brief seit über einem Jahr immer noch nicht gelesen habe und dass das bedeutet, dass es schlimmer um mich steht, als er gedacht hatte, aber ich wusste, dass er das nur denkt, weil er keine Ahnung von dem *A* mit dem kunstvollen Bogen und dem *r* mit dem Kringel und dem Siegel auf der Rückseite mit dem blauen Herzen hat, das niemals wieder ganz wird, wenn es einmal zerbrochen ist. Aber mein Dad überraschte mich. Er nickte langsam mit dem Kopf und sagte: »Das ist gut, Asher. Es ist ein Anfang.«

Vermutlich hat er recht. Wahrscheinlich dachte meine Mom genau dasselbe, als sie den Brief an mich schrieb. Wahrscheinlich lag ich dort im Krankenhaus neben ihr in dem Kinderbett, fest verschnürt wie ein Burrito oder ein Fußballschuh, und sie schrieb wahrscheinlich ›Asher‹ auf die Vorderseite des Briefumschlags mit dem kunstvollen Bogen am Aufstrich des *A* und dem dynamischen Kringel am *r* und dachte dann: *Das ist ein guter Anfang.* Außerdem, was könnte sie überhaupt sagen? Wir waren uns ja gerade erst begegnet.

Ich meine, damals kannten wir einander kaum.

6

Am Donnerstagabend sagt mein Dad: »Hey, Ash, in fünf Minuten bring ich dich zu dem Treffen im Krankenhaus. Mrs. Levitt kommt rüber und passt auf Chloe auf.« Und dann fügt er hinzu: »Wie wär's, wenn wir auf dem Heimweg wieder Pizza holen?« Und in diesem Augenblick fühlt es sich an, als wäre es Frühling. Du weißt schon, wie ein Tag im Mai, wenn das Gras nass vom Tau ist und die Blumen blühen und die Sonne warm scheint und der Sommer hinter der nächsten Ecke wartet. Als hätte jemand ein Fenster geöffnet, und die Luft, die hereinweht, ist so sauber und frisch, dass man riechen kann, wie alles wächst.

»Denk dran, keine Salami«, sagt Chloe, und ich verdrehe die Augen.

Ich meine, ich weiß es doch. Außer Salami isst sie auch vieles andere nicht, wie zum Beispiel Mortadella, denn Mortadella ist wie Salami, nur größer und noch pinkfarbener, aber weniger salzig. Und sie isst auch nichts Grünes oder Rotes außer Pizzasoße und Wassermelone-Lutscher und *Robitussin*, Hustensaft mit Kirschgeschmack, wenn sie krank ist. Oder Pizza mit nichts drauf und French Toast und Nudeln ohne rote Soße und Hühnchen, solange es nicht nach Tier aussieht. Also ein ganzes Hühnchen mit Keulen wäre völlig unmöglich. Aber ich sage: »Vielleicht sollten wir eine halbe Pizza mit Salami bestellen«, und in diesen paar Sekunden ist es fast, als wäre die Welt normal. Oder sogar noch besser als normal. Als ob es regnet und zugleich die Sonne scheint, aber man ist nicht nass oder friert oder wird vom Blitz getroffen und könnte jeden Augenblick sterben, denn diesmal sitzt man sicher drinnen und schaut hinaus in die Welt, und es ist eine Welt, in der niemand, den man liebt, tot ist. Aber dieses Gefühl dauert nur wenige Sekunden, was total blöd ist.

Diesmal stehen in Zimmer 212 neben dem Kaffee und den Keksen große Flaschen Softdrinks auf dem Tisch – *Pepsi* und *Crush Orange*. Ich nehme mir keine Kekse mit Schokolade oder gieße mir Kaffee oder Limo in einen Styroporbecher, sondern setze mich einfach auf einen der Stühle im Kreis. Es sind schon ein paar andere Jugendliche hier, aber ich sehe sie nicht an, und niemand sagt etwas. Ich meine, es ist ja nicht so, als wären wir alle besonders gut drauf. Peter Pan sitzt mir direkt gegenüber und wartet, bis alle da sind. Mit gesenktem Kopf blättert sie durch ein paar Mappen und liest in Unterlagen, in denen wahrscheinlich lauter Hinweise darauf stecken, wie »durch« wir alle sind. Als sie endlich aufschaut, sehe ich, dass sie erstaunt ist, mich zu sehen. Nicht so erstaunt, dass sie aus allen Wolken fällt, sondern ganz normal, so nach dem Motto: *Ach! Asher ist auch hier.*

Es kommen noch drei Kids, sodass wir jetzt zu siebt sind. Wir sitzen im Kreis und stellen uns nacheinander vor, und als ich an der Reihe bin, sieht Peter Pan nervös aus, weil sie wahrscheinlich fürchtet, ich würde sagen, dass ich meine Mom umgebracht habe, aber ich sage: »Hi, ich heiße Asher und bin siebzehn. Ich habe eine vierjährige Schwester namens Chloe, und meine Mutter starb vor zwölf Monaten.« Den Teil mit den drei Wochen, zwei Tagen, sechs Stunden und siebzehn Minuten lasse ich weg, weil es wahrscheinlich komisch klingen und bei irgendwem die Alarmglocken läuten lassen würde. Dann füge ich noch hinzu: »Sie starb bei einem Autounfall«, aber den Sattelschlepper und die Rettungsgeräte und den umgeknickten Strommast und das Feuer und den Jack Daniel's und dass ich den Lkw-Fahrer und seine Familie auf Facebook stalke und vorgebe, jemand namens Sam Hunt zu sein, der in seine Tochter Grace verliebt ist, weil man eben nicht die Mom von jemandem umbringen sollte, wenn man einfach auf einem Lkw-Rastplatz fernsehen und so viel Jack Daniel's trinken, wie man möchte – oder gar keinen – und einfach an Ashers und Chloes Mom vorbeifahren könnte, ohne in sie hineinzukrachen, lasse ich weg.

Da außer mir noch sechs andere in der Gruppe sind, ergeben wir zusammen eine ganze Woche voller Tragödien. Ein Tag bin ich mit der toten Mom in dem ausgebrannten SUV, und dann gibt es Sloane, die sechzehn ist und ihren Vater an das Non-Hodgkin-Lymphom verloren hat, und den siebzehnjährigen Will, dessen achtjähriger Bruder an einem Neuroblastom gestorben ist.

Den anderen vier Tagen der Woche höre ich nicht zu, denn sie sind einfach zu deprimierend, deshalb blende ich sie aus und sitze einfach da, während sich der Raum mit Rauch füllt, weil jemand vergaß, dass viele Dinge brennen können, nicht nur Pizzakartons aus Pappe und Land Rovers und Moms, sondern auch Kinder.

Dann sagt Sloane: »Ich habe noch zwei jüngere Schwestern, Anna und Claire, und ihnen geht es besser als mir. Viel besser. Aber meine Mom ist total am Ende. Ich meine, ihr wollt das gar nicht wissen.«

Ich schaue auf: »Wenigstens hast du eine Mom.«

Sloane sieht mich an, als wolle sie sagen: *Bitte was?* Und dann sagt Peter Pan: »Das ist eine gesunde Art, es zu betrachten, Asher. Danke. Lasst uns alle dankbar sein für die Menschen, die wir in unserem Leben noch haben.«

Dann fährt Will dazwischen: »Wen würdest du eintauschen, um deine Mom zurückzubekommen, Asher?«

Und Peter Pan sagt: »Das geht jetzt aber in keine gute Richtung. Lassen wir doch noch jemand anderen zu Wort kommen.«

Will wendet den Blick ab. Er versteckt sich jetzt hinter seinen zotteligen Haaren. Seine Augen flackern. Er beobachtet den Feind. *Aber ich sehe ihn. Ich kenne ihn.* Kenne seine Strategie. Es ist die Strategie der Verwundeten.

Angriff. Rückzug. Wunden lecken. Neu laden. Erneuter Angriff.

Will ist einfach wie ich. Er möchte es nicht sein.

Niemand will das.

Aber er ist es.

Ich sehe mich um. Sie alle sind. Genau. Wie. Ich.

Niemand sagt etwas, also schaue ich zu Will hinüber und wiederhole seine Frage: »Wen ich eintauschen würde, um meine Mom zurückzubekommen?« Und dann sage ich es ihm. »So ziemlich alle. Ich meine, ich würde alle Menschen nördlich und südlich des Äquators eintauschen und alle in meiner Schule und …«

Will unterbricht mich. »Ich würde *mich* eintauschen, um meinen Bruder zurückzubekommen.«

Ich denke kurz darüber nach und frage dann: »Wie würde das funktionieren, denn wenn du tot wärst und dein Bruder am Leben, dann wärt ihr wieder nicht zusammen, und statt dir wäre er sehr traurig, und da er erst acht Jahre alt ist, wäre das eine ziemlich harte Nummer für ihn, oder?«

Einen Augenblick lang sieht Will verwirrt und wütend aus. Aber dann verwandelt sich die Wut in herzzerreißende Trauer. Er dachte, er hätte einen Plan, und ich habe ihm mehr oder weniger klargemacht, dass er keinen hat. Ich wollte das nicht sagen, um ihn zu verletzen, aber es gibt keinen Plan, wie wir mit dem Chaos fertig werden sollen, in dem wir stecken, und das Ding ist, dass niemand uns das sagen will. Alle tun so, als würde alles irgendwie wieder gut werden, wenn wir nur regelmäßig zur Therapie gehen und Kekse essen und abtauchen, bis es uns besser geht. Dann ergreift Peter Pan das Wort und erklärt, dass wir alle die sieben Stadien der Trauer durchlaufen müssen.

»Ihr habt bestimmt alle schon von der Liste gehört«, sagt sie. »Schock und Leugnen. Schmerz und Schuldgefühle. Wut und Feilschen. Depression, Reflexion, Einsamkeit. Dann die Wende. Wiederaufbau und Aufarbeitung. Gefolgt von Akzeptanz und Hoffnung.«

Ich hebe die Hand und sage ihr, dass das deutlich mehr als sieben Stadien sind. Dann füge ich hinzu: »Und ich habe kein einziges davon erlebt.«

Sie ignoriert den *Mehr-als-sieben*-Kommentar und umkreist das *Kein-einziges-davon-erlebt*, weil das Pflicht ist, denn, seien wir ehrlich, ich bin empfindlich wie ein rohes

Ei und kann jeden Augenblick zerbrechen. Dann sieht sie der Reihe nach alle an und äußert die Vermutung, manche von uns hätten vielleicht das Gefühl, in Wut und Depressionen festzustecken, und ich schätze mal, dass sie mit »manche von uns« eigentlich vor allem mich meint. Deshalb frage ich sie: »Wann werden *manche von uns* eines der guten Stadien durchlaufen, wie die Aufwärts-Wendung? Oder Leugnung oder Akzeptanz?«, und sie antwortet: »Genau daran arbeiten wir hier, Asher.«

Will zieht sich wieder hinter seine Haare zurück, und jemand anderes sagt: »Ihr seid in der Verhandeln-Phase.« Dann ruft jemand dazwischen: »Ja, aber sie sollten *im Stillen* verhandeln, nicht als wäre es echt.«

Will ignoriert das und späht unter seinen Haaren hervor: »Würdest du *mich* eintauschen, um deine Mutter zurückzubekommen, Asher?« Und ich will gerade sagen, *auf jeden Fall*, als Peter Pan dazwischengrätscht. »Stopp«, sagt sie.

Will ignoriert sie: »Du hast wenigstens eine Schwester, Asher. Ich muss da alleine durch. Und ich habe Angst, dass ich später mal, wenn sie alt sind, ganz allein für meine Eltern sorgen muss.«

»Ja, aber ich habe Angst, dass ich auch für meine Schwester sorgen muss, statt nur für mich alleine, wenn mein Dad stirbt«, entgegne ich.

Jetzt beteiligt sich auch Sloane: »Aber ihr müsst euch wenigstens nicht um eure Mutter sorgen, weil sie sich allein um drei Kinder kümmern muss. Oder um ihre Dates.«

All die anderen aus der Gruppe beobachten uns, als wäre das ein Pingpong-Match zwischen drei Menschen, die sich hassen.

Peter Pan greift ein: »Jeder von uns ist anders betroffen, wenn eine Familie einen Verlust erleidet. Aber ich höre heraus, dass ihr alle auf sehr fürsorgliche Art und Weise darüber nachdenkt.«

»Eigentlich nicht«, verkünde ich. »Wir denken alle in einer sehr egoistischen Art und Weise darüber nach. Will sorgt sich um sich selbst. Ich sorge mich um mich. Und Sloane ist auch um sich selbst besorgt.«

»Asher ...«

Ich zeige auf die Uhr: »Die Stunde ist um.« Als ich gerade aufstehen und hinausgehen will, sagt Peter Pan: »Wir haben noch viel Zeit, Asher.« Und dann fügt sie hinzu: »Schau, jeder trauert anders, und wir sollten nicht über jemanden urteilen, denn das wäre nicht fair.« Dann wendet sie sich wieder an Sloane und fragt: »Magst du uns von einer schönen Erinnerung erzählen, die du an deinen Dad hast?«

Will unterbricht sie wieder und fragt: »Warum wechselst du das Thema? Wir hatten ein gutes Gespräch am Laufen.«

»Weil meine Aufgabe darin besteht, dem Gespräch eine gesunde, positive Richtung zu geben«, antwortet sie. Will zieht sich wieder hinter seine Haare zurück, und ich erkenne, dass das *kein Haarschopf ist, sondern ein Helm*. Dann schaue ich auf meine Turnschuhe hinunter und halte die Klappe.

Ich schaue erst wieder auf, als Sloane sagt: »Nein. Ich möchte nicht über meinen Dad sprechen.« Sie klingt angefressen und knetet ein Papiertaschentuch zwischen den Fingern, aber dann leuchten ihr Gesicht und ihre Augen, und sie fängt doch an, eine Geschichte über ihren Dad zu erzählen. »Er ist gern Motorrad gefahren, und er liebte es zu grillen. Er hatte alle möglichen Spezialgeräte für den Grill wie zum Beispiel eine Stirnlampe und einen speziellen Apparat mit vierzehn Werkzeugen wie Schraubenzieher und Thermometer. Und einmal trug er seine Schürze, auf der stand *Bester Dad der Welt*, und sie fing Feuer, sodass er sie auszog, und alle trampelten darauf herum und rannten hin und her, um das Feuer zu löschen.«

Sloane sieht jetzt aus wie betäubt, und auf ihrem Gesicht liegt der Anflug eines Lächelns, als ob sie den Raum verlassen hätte und anderswo wäre. Als ob sie in der Vergangenheit wäre, als ihr Vater nicht tot war.

»Aber es war nicht wirklich gefährlich«, fährt sie fort, »eher lustig, denn meine Mom goss eine ganze Flasche Weißwein über ihm aus, obwohl er die Schürze gar nicht mehr anhatte und sie gar nicht mehr brannte.«

Sloane schaut ganz versunken in die Erinnerung lange auf den Boden und lächelt immer noch.

»Und dann später am Abend fragte mein Dad sie, ob sie ihn umbringen wollte, denn Wein ist entzündlich, und meine Mom sah völlig entsetzt aus, weil sie gar nicht daran gedacht hatte.«

Sloane wischt sich eine Träne aus den Augen.

»Und dann umarmten sie sich, und meine Mom sagte, es tue ihr leid, dass sie ihn fast flambiert hätte. Und dann machten wir S'mores. Mein Dad liebte S'mores.«

Als Sloane fertig ist mit ihrer Geschichte, sieht sie besser aus, besser als vorher, als hätte es ihr geholfen, sie zu erzählen. Als hätte sie gerade zusammen mit ihrem Dad ein S'more gegessen. Aber ich bin vollkommen durcheinander. Als hätten ihre Worte Abdrücke in meinem Herzen hinterlassen, weil ich daran denken muss, dass ihr Dad hätte verbrennen können, bis nichts von ihm übrig geblieben wäre, und dass niemand grillen oder Schürzen tragen oder Wein auf Menschen gießen sollte, die brennen, weil doch jeder weiß, dass ALKOHOL VERDAMMT ENTZÜNDLICH ist – lebensbedrohlich, meterhohe Flammen erzeugend *entzündlich* – und niemand in dieser Geschichte hätte lachen oder S'mores essen dürfen. Ich will damit sagen, dass Menschen vorsichtiger sein müssen, denn manchmal verliert man Dinge, von denen man nicht dachte, dass man sie verlieren könnte, wie Fußballschuhe und Mütter und Väter und kleine Brüder, weil sie dir gestohlen werden oder einfach in Flammen aufgehen, auch wenn es dir niemals in den Sinn gekommen wäre, dass das passieren könnte.

Ich meine, genau genommen kann alles verbrennen und verschwinden. Niemand sagt uns das, aber jemand sollte es tun.

7

Ich muss aufstehen und den Raum verlassen, denn ich stelle mir vor, wie Sloanes Dad verbrennt, Will folgt mir, und als er mich im Flur eingeholt hat, sagt er: »Hey, alles okay mit dir?« Und da fällt mir auf, dass mich das in der Schule niemand gefragt hat. Weder Emily noch meine Freunde (damals, als ich noch welche hatte) noch meine Lehrer. Wenigstens nicht so ehrlich, fürsorglich und besorgt. Als ich wieder in die Schule ging, sahen mich alle einfach nur verstört an – verstört, wie ein wildes Tier im Scheinwerferlicht –, weil sie sich davor fürchteten, was ich sagen oder tun würde, denn es war natürlich *nicht alles okay mit mir*, aber das wollten sie nicht hören. Aber weil Will seinen Bruder verloren hat, gehe ich davon aus, dass er, auch wenn er mich wahrscheinlich hasst und wir einander nicht einmal kennen, *weiß, was ich durchmache*, deshalb antworte ich ihm wahrheitsgemäß: »Eigentlich nicht. Aber ich arbeite dran, und danke der Nachfrage.« Seine Augen bewegen sich eine Weile hin und her, dann sagt er: »Tut mir leid wegen vorhin«, und ich sage: »Mir auch.« Und als wir zusammen zurück in Zimmer 212 gehen, sagt Will: »Klar würde ich dich eintauschen, um meinen Bruder zurückzubekommen«, und ich sage: »Ich weiß. Und ich würde dich auf der Stelle für meine Mom eintauschen.« Und als wir uns dann wieder hinsetzen, schaut Peter Pan uns an, und sie hat wieder den Ausdruck auf dem Gesicht, als hätte sie gerade die Verlorenen Jungs wiedergefunden, die sie gesucht hatte. Und dieses Mal waren es sogar zwei.

Mein Handy summt, und ich schaue kurz drauf. Es ist eine Nachricht von Grace. Sie schreibt: Ich wünschte, du wärst hier. Ich tippe: Ich auch! Und lege das Handy wieder weg.

Dann sagt Peter Pan ohne die grüne Strumpfhose, aber mit dem perfekten Pixie-Haarschnitt und dem hübschen, von Sommersprossen übersäten Gesicht, sie habe eine Schreibübung für uns, die manche Leute hilfreich fänden, und verteilt Papier und Bleistifte und sagt, wir sollten folgenden Satz vervollständigen: *Ich werde mich immer daran erinnern, dass ...*

Dann lässt sie uns eine Weile allein. Wahrscheinlich geht sie auf den Flur, um zu weinen, denn dauernd traurige Menschen um sich zu haben, ist bestimmt schwer. Wieder zurück, fragt sie: »Möchte jemand vorlesen, was er oder sie geschrieben hat?« Und Will stürmt aus dem Zimmer.

Diesmal renne ich hinter ihm her und frage: »Hey, alles okay mit dir?«

Er sagt: »Eigentlich nicht, aber ich arbeite dran, und danke der Nachfrage.« Dann gibt er mir seine Schreibübung, die er zu einem Ball zusammengeknüllt hat, und ich bin mir nicht sicher, ob er will, dass ich sie in den Mülleimer werfe oder sie zerreiße oder sie womöglich glatt streiche und lese oder sogar laut der Gruppe vorlese, und es kommt mir vor, als hätte ich eine Rohrbombe in der Hand, die explodieren und alles im Umkreis von ein paar Meilen zerstören würde, wenn ich das Falsche mache oder sage, deshalb schaue ich ihn an und flüstere: »Soll ich es wegwerfen oder zerreißen oder lesen?«

Er sagt: »Ich weiß es nicht«, und die Worte brechen in einem lauten Schluchzen aus ihm heraus.

Ich drücke das Papier gegen das kalte Grün der Krankenhauswand und streiche es mit der Hand glatt: »Wie wär's, wenn du das nicht jetzt entscheidest? Ich falte das Blatt, steck es ein und heb es für dich auf, und wenn du es irgendwann in der Zukunft lesen willst, gibst du mir einfach Bescheid, okay?«

Er nickt, aber schlägt weinend mit beiden Fäusten gegen die Wand.

Ich falte das, woran er sich immer erinnern wird, zusammen und schiebe es in meine Jeanstasche. Dann falte ich auch das, woran ich mich immer erinnern werde, und reiche es ihm: »Hier ist meines, und ich will, dass du es zerreißt, weil ich so etwas Schreckliches geschrieben habe, dass ich es nie wieder sehen will.«

Da hört Will auf, gegen die Wand zu schlagen, und isst meinen Text einfach auf.

Er schluckt, und ich sage: »Mensch, da drinnen gibt es Kekse, wenn du Hunger hast.«

Das bringt ihn ein bisschen zum Lachen, was nicht einfach ist, denn er versucht etwas Schreckliches zu essen, während er weint, und dann sagt er: »So kann niemand es lesen, denn niemand wird es zufällig im Müll finden.«

Und ich sage: »Du solltest nicht mit vollem Mund sprechen«, und er lacht wieder, und es ist, als hätte ich zum ersten Mal in meinem Leben einen echten Freund.

Nicht einen normalen Freund oder einfach nur einen lustigen Typen in der Schule, mit dem man ins Kino geht oder rumquatscht und schon gar nicht einen wie all meine alten Freunde, die ich gemieden habe, weil ich sie ansehe und denke: *Ich bin nicht mehr wie ihr.* Sondern: *einen echten Freund.* Jemand, der tatsächlich vom selben schwarzen Loch verschlungen wurde, das auch mich verschlungen hat. Es ist, als wäre Will, obwohl ich ihn kaum kenne, mein bester Freund auf der ganzen Welt, weil er meine schlechten Gedanken gegessen hat, ohne sie zuerst zu lesen, weil er wusste, dass sie mir zwar die Luft abdrehen, dass er sie aber gut runterbringen würde, wenn er sich nur richtig bemühte.

Will steht einfach da und kaut, deshalb frage ich: »Willst du was Cooles sehen?«

Er antwortet: »Klar«, und schluckt dann.

Ich bringe ihn im Aufzug drei Stockwerke höher, um die neuen Babys auf der Säuglingsstation anzuschauen. Sie waren mir eingefallen, weil ich Chloe dort zum ersten Mal gesehen hatte. Auf dem Weg nach oben frage ich: »Denkst du jemals darüber nach, jemanden umzubringen?«

Er wirft mir einen raschen Blick zu, um zu überprüfen, ob ich es ernst meine, und als er sieht, dass es so ist, antwortet er: »Dauernd.«

Ich frage ihn: »Wen willst du umbringen, und was hält dich davon ab?«

Er antwortet: »Ich möchte alle umbringen, aber ich mache es nicht, weil ich nicht der Krebs bin.«

Darauf erwidere ich nichts, aber wenn, dann hätte ich gesagt: *Ich weiß nicht genau, aber vielleicht bin ich Jack Daniels.*

Ein verdammter Sattelschlepper, der einen Highway hinunterdonnert und gleich jemanden überfahren wird.

8

Wir stehen am Besucherfenster der Säuglingsstation, pressen die Hände an das Glas und beobachten die Babys eine Weile schweigend, bis Will fragt: »Was meinst du, worüber sie nachdenken?«

Ich antworte: »Titten.« Dann frage ich: »Und worüber denkst du nach?«

Und er antwortet: »Über Kierkegaards Philosophie der existenziellen Verzweiflung.«

Ich sehe ihn fragend an: *Waas??*

Will zuckt die Achseln. »Das ist ein dänischer Philosoph, der Vater des Existenzialismus.«

»Und das ist …?«

»Die Suche nach dem Sinn des Daseins.« Und dann fügt er hinzu: »Laut Kierkegaard leidet jeder Mensch an einer tiefen Verzweiflung über seine Existenz.«

»Dann kennt er uns also.«

Will lacht, und ich füge hinzu: »Und Existenzialismus ist im Grunde das Gegenteil von Titten.« Darauf antwortet er: »Genau.« Und dann lächelt er irgendwie. Kein richtiges Lächeln, aber nahe genug dran.

»Babys denken wohl eher nicht über Kierkegaard nach.«

Will betrachtet sie eine Weile. »Wahrscheinlich hast du recht. Ich meine, schau sie dir an.«

Sie sind alle fest eingepackt und schreien entweder oder schlafen, als gäbe es für sie zwei Normalzustände – angepisst oder ausgeknockt –, und ich weiß, es ist nur eine kleine Sache, aber in diesen wenigen Minuten sind Will und ich normal, okay, vielleicht nicht ganz normal für »normale« Leute, denn es ist nicht normal, hier zu stehen und einfach so die Babys fremder Leute zu betrachten, aber für uns fühlt es sich schon ziemlich normal an.

Dann kommt eine Krankenschwester mit einer kleinen weißen Kopfbedeckung und einem grünen Kittel aus der Leitstelle am andern Ende des Flurs und fragt: »Solltet ihr beide nicht irgendwo anders sein?« Und wir sehen sie einen Augenblick nur an, ohne zu antworten, denn keiner von uns will ihr sagen, dass wir zur Trauergruppe von unten gehören. Dann drehen wir uns einfach um und gehen weg und nehmen den Fahrstuhl in den ersten Stock und betreten Zimmer 212, aber als wir dort ankommen, ist die Sitzung schon zu Ende, sodass Will und ich uns nicht mehr hinsetzen. Wir bleiben einfach noch eine Weile beim Kaffee und der Limonade stehen, stecken ein paar Kekse ein und verlassen zusammen mit Sloane den Raum.

Auf dem Flur erzählt Sloane mir, dass sie und Will schon seit Monaten zusammen in Zimmer 212 gehen. Aber dann sagt sie: »Die Sitzung heute war total beschissen. Mir geht es nur noch schlechter als sonst. Das einzig Gute waren die Kekse.«

»Autsch, das hat wehgetan«, antwortet Will. »Ich dachte, das Gute wäre ich gewesen.«

»Mann, du bist noch schlimmer als alle anderen.« Dann fragt sie mich: »Hat er Kierkegaard schon erwähnt?«

»Du meinst den existenzialistischen Schwarzmaler-Philosophen, der sagt, dass uns ein Leben in Verzweiflung vorherbestimmt ist?« Als Sloane nickt, sage ich: »Jap.« Dann wende ich mich an Will: »Mann, sie hat recht. Du bist scheiße.«

»Ich weiß«, sagt Will und verkriecht sich wieder hinter seinen Haaren. »Kommt ihr am Donnerstag auch?«, frage ich. »Klar«, antworten beide.

»Ich auch«, sage ich, und dann lachen wir, vor allem weil das bedeutet, dass Kierkegaard recht hat.

Das Leben ist im Grunde ein elendes, schwarzes Loch, und wir sind nur wegen der Kekse hier.

Schweigend gehen wir nach links an den Automaten und den Toiletten zur Rechten vorbei, betreten den Aufzug und verlassen das Gebäude, und bevor jeder von uns in das Auto mit den Menschen steigt, die wir noch haben, also einer weniger als eigentlich richtig wäre, was total scheiße ist auf eine Art und Weise, die niemand anderes verstehen kann, tauschen wir Nummern aus, und dann winke ich den beiden zu und sage: »Bis in zwei Tagen«, nachdem ich entschieden habe, dass Sloane das hübscheste Mädchen ist, das ich in meinem ganzen Leben gesehen habe, obwohl sie schwarze Motorradstiefel mit Nieten trägt, die offensichtlich viel zu groß für sie sind, als ob sie als knallharte Motorradbraut rüberkommen will, während sie innerlich total zerrissen ist und wahrscheinlich einfach umkippen würde, wenn sie die Stiefel auszöge. Dann frage ich mich, ob sie mit mir ausgehen würde oder ob ich sie mögen würde, wenn wir uns nicht in einer Trauergruppe kennengelernt hätten, und dann werde ich abgelenkt und denke darüber nach, ob Sloane und Will zusammen sind oder ob sie Krebsärzte online stalken, weil sie ihnen die Schuld daran geben, dass sie ihren Dad und Bruder nicht gerettet haben, aber dann denke ich, *wahrscheinlich nicht* – wenigstens was das Stalken betrifft –, denn das wäre merkwürdig.

Ich meine, wenigstens die Ärzte haben sich sehr bemüht. Ist ja nicht so, dass sie Jack Daniel's getrunken und einen riesigen Sattelschlepper in jemanden gelenkt hätten, der einfach nur Fußballschuhe kaufen wollte.

Zu Hause angekommen, essen Chloe und ich und mein Dad Pizza ohne Salami, und dann gehe ich in mein Zimmer und schicke Grace ein Foto von mir beim Fußball. Ich schieße gerade ein Tor gegen die Belmont Bulls, ein Sonntagsschuss in die obere rechte Ecke des Netzes und trage die lindgrünen Superflys von Nike, die aus meinem Schließfach gestohlen wurden.

Grace gefällt das Foto, also sende ich ihr noch ein Foto von Sam Hunt, dem Sänger, nicht von mir. Sie schickt mir einen Audio-Clip von *Body Like a Back Road*, und dann lädt sie mich zu ihrem Prom-Ball ein.

Ich erstarre und denke, *Oh, Mist!* Dann tippt sie: Samstag in einer Woche!

Also tippe ich: Ja! Auf jeden Fall! Und sie schickt ein Kuss-Emoji und ein Foto von einem Prom-Ballkleid. Ich schreibe nicht zurück, sondern lege mein Handy einfach hin und nehme den Brief meiner Mom aus der Schublade, wo ich ihn aufbewahre, und starre auf den Bogen des *A* und das *r* mit dem Kringel. Dann drehe ich den Umschlag um und schiebe meinen Finger vorsichtig unter das blaue Herz auf der Rückseite, um das Siegel zu brechen und das Herz weit zu öffnen.

Halb erwarte ich, dass Blut herausquillt und über das Papier läuft, aber nichts passiert, außer dass der Umschlag aufspringt, als hätte er Federn.

Ich stehe lange da, aber ich kann mich nicht dazu durchringen, den Brief herauszuziehen.

Ich bin einfach nicht stark genug.

9

Am nächsten Abend gehe ich wieder in Zimmer 212 in die Mittwochsgruppe für alte Menschen, und Peter Pan ist erstaunt, mich wiederzusehen, wahrscheinlich weil ich erst gestern in der Teen-Gruppe da war. »Keine Sorge, ich sage nichts, aber vielleicht darf ich einfach hier sitzen und zuhören? Außerdem sind die Kekse ziemlich gut – was ist das für eine Sorte?«

»*Pepperidge Farm* in der Großpackung«, sagt sie und reicht mir ein Buch.

Es hat ein kleines Format, und das weiß gehaltene Cover zeigt eine einfache Buntstiftzeichnung von einem kleinen, blonden Kind, das auf einem öden Planeten steht und in den Himmel hinaufschaut.

»Ich bin kein Kleinkind«, sage ich.

»Ich weiß«, antwortet sie, »aber ich glaube, dieses Buch könnte dir helfen. Mir hat es geholfen.«

»Wann?«, frage ich.

Sie scheint darüber nachzudenken. Ich meine, über das *Wann?*. Dann sagt sie: »Jeden Tag.«

Ich sage: »Scheiße«, und sie lächelt.

Ich stecke das Buch in meine Jackentasche und frage dann: »Kommt Henry?«

»Ich glaub schon«, antwortet sie. »Er hat noch keinen einzigen Termin verpasst.« Und dann betritt wie aufs Stichwort Henry den Raum und setzt sich, und als alle da sind, beginnt die Sitzung. Henry erzählt uns, dass er und Evelyn zwei Kinder haben, einen Sohn und eine Tochter, die beide erwachsen und inzwischen im mittleren Alter sind, und dass er froh ist, dass sie ihm durch diese ganze Geschichte mit Evelyns Tod und dem Ende seiner Welt hindurchhelfen. Aber dann sagt er, dass seine Kinder nur hören wollen, dass es ihm gut geht, auch wenn es ihm nicht gut geht, also lügt er und sagt ihnen, dass er Tomaten und Platterbsen anpflanzt, so wie er und Evelyn es früher getan haben, aber in Wirklichkeit pflanzt er gar nichts an. Er sitzt einfach mit zugezogenen Vorhängen und ausgeschalteten Lampen im Dunkeln und fühlt sich einsam.

Obwohl ich gesagt hatte, dass ich nichts sagen würde, stehe ich auf: »Ich besorge dir Platterbsensamen. Du musst sie nicht aussäen, aber du kannst es tun, wenn dir danach ist. Oder ich komme am Samstag rüber und pflanze sie mit dir zusammen, wenn du das nicht komisch findest.« Und dann füge ich hinzu: »Ich meine, ich habe noch nie was angepflanzt, aber trotzdem.«

Ich weiß nicht, warum ich das gesagt habe, aber irgendwie schien es mir richtig. Als ich aufhöre zu reden, wird es total unbehaglich, und alle schweigen, und es ist, als hätten meine Worte ein Vakuum geschaffen und wir würden alle den Atem anhalten und warten, dass die Luft wieder zurück in den Raum strömt, weil sonst niemand atmen kann. Peter Pan sieht nervös aus, als ob ich vielleicht eine Linie überschritten hätte, und all die anderen alten Menschen denken wahrscheinlich: *Warum sollte Henry mit dem Jungen, der seine*

Mom umgebracht hat, Platterbsen säen? Aber dann beginnt Henry zu leuchten, und er sieht aus wie ein alter Weihnachtsbaum, der bis Halloween im nächsten Jahr stehen geblieben ist. Nichts ist von ihm übrig außer einem spindeldürren Stamm mit ein paar kahlen Ästen und toten Zweigen und einer Handvoll trockener Nadeln, an denen noch ein paar vereinzelte Lamettafäden hängen. Aber dann sagt er: »Asher, du kannst gerne zum Säen kommen, dann bringen wir später allen hier in Zimmer 212 Platterbsen mit«, und seine Worte sind wie winzige helle Blinklichter.

Auf einmal fühle ich mich gut und schlecht zugleich, weil einerseits Henry glücklich zu sein scheint, aber es andererseits wahrscheinlich sehr lange dauert, bis aus den Samen Platterbsen geworden sind, und das bedeutet, dass dies ein Raum ist, den man nicht hinter sich lassen kann.

In der Nacht kündigt mein Handy eine Nachricht von Will an. Es ist 3:21, und ich muss die Augen zukneifen, um die Nachricht auf dem hellen Bildschirm lesen zu können.: Sollen wir am Samstag was zusammen machen?

Ich antworte: Ich kann nicht. Ich muss mit meinem Freund Henry Platterbsen pflanzen.

Eine Weile sagt er gar nichts, aber dann schreibt er: Mein Bruder heißt Michael Hudson Lee.

Ich schreibe ihm zurück: Meine Mom heißt Evelyn Caitlin Hunting.

Dann kommt siebzehn Minuten lang nichts zurück, also schreibe ich Will noch einmal: Meine Mom kümmert sich bestimmt um Michael Hudson Lee. Sie macht ihn im Himmel ausfindig und passt auf ihn auf. Ganz bestimmt.

Keine Ahnung, warum ich das sage, weil ich gar nicht sicher bin, ob es stimmt.

Okay, Scheiß drauf. Ich weiß, dass es nicht stimmt, denn ich glaube nicht einmal an Gott oder an den Himmel, aber manchmal musst du so was sagen, damit Leute sich besser fühlen. Ich mache das die ganze Zeit mit Chloe.

Hier ein paar Dinge, die ich ihr letzte Woche sagte, die aber absolut nicht stimmen.

Dad kann nicht sterben, denn er besitzt Superkräfte.
Ich kann nicht sterben, weil ich die Superkräfte von Dad geerbt habe.
Mrs. Levitt kann nicht sterben, weil sie neben uns wohnt.
Und Hamilton, das Meerschweinchen der Vorschule mit einem halben weißen und einem halben braunen Gesicht starb nicht, sondern zog in eine andere Stadt um, die besser für Meerschweinchen geeignet ist. Und euer Lehrer ist ein Lügner.

Weil Will mir nicht antwortet, schreibe ich Sloane: Wie heißt dein Dad?

Henry Abbott Willis, antwortet sie.

Ich kenne einen Henry, schreibe ich, und er ist der coolste Typ, den ich jemals getroffen habe.

Sie schickt mir ein Smiley mit einer Träne.

So sieht es also aus:
Meine Mom heißt Evelyn.
Henrys Frau heißt Evelyn.
Sloanes Dad heißt Henry.

Henry heißt Henry.
Wills Bruder heißt Michael.
Mein Dad heißt Michael.
Wir haben zwei tote Evelyns. Einen toten Henry. Einen lebenden Henry. Einen toten Michael. Einen lebenden Michael.
Es ist schwer, den Überblick zu behalten.
Also höre ich auf, darüber nachzudenken, und flirte stattdessen Grace mit einer Facebook-Nachricht an und like dann alle ihre Fotos auf Instagram. Es sind 1342. Das dauert echt lang.
Ich finde alle schrecklich.
Dann schreibt sie: Ich habe Angst, dass mein Vater dich kennenlernt!
Ich denke *Oh, Mist. Der Prom-Ball ist in zehn Tagen!* Und dann schreibe ich zurück: Davor hab ich auch Angst.
Und weil ich nicht wieder einschlafen kann, lese ich online eine ganze Menge über Kierkegaard und versuche dann das Buch zu lesen, das Peter Pan mir gegeben hat. Es heißt *Der kleine Prinz* und wurde vor langer Zeit von einem Franzosen geschrieben.
Ich komme nur bis Seite zwei, wo es heißt: »Den Erwachsenen fehlte jedes Verständnis für meine Werke, und es ist zu mühsam, ihnen andauernd zu erklären, worauf es ankommt.«
Der Erzähler kommt zu dieser Erkenntnis, nachdem er ein Bild gezeichnet hat, von dem alle Erwachsenen denken, es sei ein Hut, aber in Wirklichkeit ist es das Bild einer Schlange, die einen Elefanten verdaut.
Der Grund, warum Peter Pan wollte, dass ich dieses Buch

lese, und warum es ihr so sehr half, liegt wahrscheinlich darin, dass sie diese Botschaft nachempfinden kann, weil sie mit Kindern und Jugendlichen arbeitet und auch mal ein Kind war und weiß, dass wenn die schlechten Dinge dich wie eine Boa constrictor verschlingen UND DU MALST EIN SCHEISS BILD DAVON, dann müssen alle Erwachsenen es betrachten und sagen: VERDAMMT, ASHER WURDE VON EINER BOA CONSTRICTOR VERSCHLUCKT! UND ER ZEICHNETE EIN BILD, UM ES UNS ZU ZEIGEN! WIR SOLLTEN ETWAS TUN, UM IHN ZU RETTEN, ODER? Aber sie tun nichts. Sie betrachten einfach das Bild und denken: *Wie nett, ein Hut.*

Ich nehme für mich mit, dass der Tod meiner Mom eine Boa constrictor ist und ich ein Elefant, und für alle außer für mich sieht der ganze Mist einfach aus wie ein Hut. Dann zeichne ich im Kopf ein Bild davon, wie ich von einer Boa constrictor verschlungen werde, und obwohl ich nicht so groß bin wie ein Elefant, hat das Bild in meinem Kopf eine verblüffende Ähnlichkeit mit dem Bild in dem Buch. Wenn ich mir vorstelle, dass ich mich aufrecht hinstelle, ist es eher ein spitzer Zaubererhut, vielleicht wie der Sprechende Hut in Hogwarts, und wenn ich mir vorstelle, dass ich mich hinlege, erinnert es eher an ein französisches Barett, das heißt, wenn du der Typ Mensch bist, der eher etwas Normales sieht, auch wenn das Ding direkt vor deiner Nase überhaupt gar nicht normal ist.

Aber dann lese ich den Rest des Buches doch nicht mehr, weil es vier Uhr morgens ist und ich es schon verstanden habe, außerdem erinnere ich mich daran, dass ich ein bisschen schlafen muss, weil ich morgen einen Smoking leihen und herausfinden muss, wie ich Samstag in einer Woche von Bergen County, New Jersey, nach Memphis, Tennessee, komme, um Grace auf den Prom-Ball zu begleiten. Dann denke ich: *Moment! Vielleicht will Peter Pan mir sagen, dass sie die Boa constrictor sieht, die den Elefanten gegessen hat, obwohl die meisten anderen Leute einfach nur einen Hut sehen.* Also entscheide ich, dass ich das Buch vielleicht doch lese. Vielleicht sogar langsam. Nur nicht jetzt, denn es ist spät, und ich habe viel zu tun.

10

Seit dem Unfall werde ich einmal in der Woche aus dem Unterricht geholt und gehe zu unserem Schulpsychologen Dr. KeineAhnungvonnichts – wie in einen Fachunterricht, nicht anders als Musik oder Sport. Es ist jede Woche dieselbe Übung, und das ist nicht sein richtiger Name, aber das hast du wahrscheinlich schon gemerkt. Meistens rede ich nicht, aber manchmal schon. Vermutlich fifty-fifty. Die Schule beschreibt es als »fast nie«. Allerdings möchte mein Dad, dass ich mehr rede. Als also am Donnerstagmorgen Dr. KeineAhnungvonnichts fragt: »Wie geht es dir diese Woche, Asher?«, denke ich: Es ist die vorletzte Sitzung in diesem Schuljahr, vielleicht könnte ich es ja noch einmal versuchen.

Also sage ich: »Manchmal habe ich diesen Traum. Nicht den Unfall-Traum, einen anderen«, und er zieht seinen gelben Block heraus und macht sich bereit, etwas zu notieren.

»Dieser Traum ist kurz«, fahre ich fort, »wissen Sie, wie eine Momentaufnahme, und dann bin ich wach. Es ist so ein Augenblick, in dem alles offen, alles möglich ist. Ich stehe an einem Abgrund – an einer Weggabelung. Und es geht um Leben oder Tod. Auf der einen Seite sind die Klippe und der sichere Tod, auf der anderen Seite: Sicherheit. Aber mir sind die Augen verbunden, sodass ich unmöglich sagen kann, welcher Weg wohin führt. Und ich habe keine Zeit. Ich muss mich entscheiden: links oder rechts? Tod oder Sicherheit?«

Dr. KeineAhnungvonnichts wirkt interessiert: »Das ist der ganze Traum?«

»Scheiße, nein«, sage ich. »Dann falle ich. Ich weiß nicht, welche Richtung ich gewählt habe, denn wegen der Augenbinde sehe ich nichts, deshalb habe ich Todesangst, schwitze und zittere. Und weil mir schon die Augen verbunden waren, *bevor ich gesprungen bin*, war meine Entscheidung ein Lotteriespiel. Ich hatte keine Möglichkeit herauszufinden, welche Richtung besser ist.«

Dr. KeineAhnungvonnichts nimmt seinen Bleistift und klopft damit auf den gelben Block, der auf seinem Schreibtisch liegt, wie er es immer tut, wenn er nervös wird oder ärgerlich. Dann fragt er: »Glaubst du, dass du Angst hast, eine falsche Entscheidung zu treffen? Dass du dir vielleicht selbst nicht traust?«

Ich verpasse ihm den Todesblick und denke: Mist! Genau deshalb rede ich nicht. Er kapiert es nicht.

»Nein«, sage ich und zeige meinen Ärger offen. »Sie haben nicht verstanden, worum es geht. Hier geht es nicht darum, dass ich eine *fundierte Entscheidung* treffe. Ich werde *gezwungen zu raten*, ohne genügend Informationen zu bekommen, um *gut* zu raten. Also wenn ich ein Seelenklempner wäre, würde ich sagen, ich habe Angst, weil ich keine Kontrolle habe.«

Tapp, tapp, tapp macht sein Bleistift. »Normalerweise, Asher, sind uns im Leben nicht die Augen verbunden. Es gibt immer Wege, bessere Entscheidungen zu treffen, als einfach zu springen und sich auf das Schicksal zu verlassen.«

Ich betrachte ihn. Er hat Knopfaugen und wirklich kleine Ohren. *Ich frage mich, ob er mich deshalb nicht hört.* Therapeuten sollten Ohren haben wie Elefanten. Große Schlappohren, die das Niesen einer Maus in zwei Kilometern Entfernung hören.

»Dann leben Sie wohl in einer anderen Welt als ich«, blaffe ich ihn an.

»Warum sagst du das?«

»In meiner Welt«, erkläre ich ihm, »passieren schlimme Dinge einfach, und ich habe keine Möglichkeit, das zu kontrollieren. Mein Leben *ist* dieser Traum. Ein verdammter freier Fall von einer Klippe, bei dem ich nichts mitzubestimmen hatte.«

Er klopft weiterhin mit seinem Bleistift und beobachtet mich. Ich bin angepisst. Dann sage ich: »Sie haben mich nicht gefragt, was am Schluss passiert.«

»Was passiert am Schluss?«

»Ich sterbe.«

Er klopft weiter. »Hast du jemals daran gedacht, deine Träume in einem Tagebuch zu notieren?«

Ich bewege meine Füße. Schaue auf die Uhr. *Noch zwanzig Minuten.* Im Kopf notiere ich für meinen Dad: *Das ganze Mehr-reden-Ding hat nicht besonders gut funktioniert.* »Sie meinen, meine Träume für die Zukunft?«, frage ich.

Er raschelt mit Papieren auf seinem Schreibtisch. Ich bemerke, dass er die kleinen Katzenfiguren, die auf dem Fensterbrett stehen, seit dem letzten Mal umgestellt hat, und frage mich, ob er ihnen Namen gegeben hat.

»Nein, deine Träume in der Nacht. Wie den, von dem du mir gerade erzählt hast.«

Ich betrachte ihn weiter. Ich habe vergessen, wie klein er ist. Er ist eine winzig kleine Person. Mit winzig kleinen Ohren. UND EINEM KLEINEN VERSCHRUMPELTEN HERZEN. Und einem winzigen Gehirn voller WIRKLICH WINZIGER GEDANKEN. *Wie soll er mir helfen?* »Sie fragen also, ob ich ein *Albtraum*-Tagebuch führe?«

»Das habe ich so nicht gemeint, Asher.« Er streckt den Arm aus und schiebt die hellrote Katzenstatue in die Sonne. »Du hast doch bestimmt auch *ein paar* gute Träume.«

Ich versuche mich an den letzten guten Traum zu erinnern, und es fällt mir nichts ein. »Eigentlich nicht.«

Er scheint darüber nachzudenken.

»Und wenn ich gute Träume hätte, warum sollte ich sie aufschreiben wollen?«, frage ich.

»Manchmal finden es Menschen, die mit schwierigen Gefühlen umgehen müssen, hilfreich, ein Traumtagebuch zu führen.«

»Sie wollen also, dass ich ein Notizbuch kaufe und schreibe: 9. Mai. Wieder zitternd und mit kaltem Schweiß aufgewacht. Ich zog den Leichnam meiner Mutter aus dem glühend heißen Autowrack, wie ich es jede Nacht mache ...«

»Asher ...«

»Rauch quillt aus dem Motor, er wird gleich explodieren ...«

Er nimmt die orangefarbene Katze wieder hoch. Stellt sie auf seinen Schreibtisch. »Atme durch, Asher.«

Ich balle die Fäuste. Schaue weg. Atme ein, atme aus, während ich bis vier zähle.

»Und jetzt noch einmal. Schön langsam, wie wir es geübt haben.«

Mein Blick fällt wieder auf ihn. »Damit ich das richtig verstehe. Sie wollen, dass ich ein Traumtagebuch führe, damit ich das Zittern und die nächtlichen Schrecken ganz bestimmt nie vergesse, die ich im vergangenen Jahr erlebt habe?«

»Nein, Asher. Wenn du deine Träume aufschreibst, können wir vielleicht einen Fortschritt feststellen.«

»Fortschritt? Wie das hier zum Beispiel! Jahr drei! Dieses Mal lebte meine Mom! Oder, ja, ich weiß, diesmal fällt ihr Kopf nicht ab, wenn ich versuche, sie aus dem Auto zu ziehen. Diese Art von Fortschritt?«

»Das war nicht, was ich gemeint habe.«

Ich stehe auf. »Ein Traumtagebuch ist was für normale Leute. Nicht für mich.«

»Asher ...«

»Damit wir uns richtig verstehen«, fahre ich fort. »Jede. Einzelne. Nacht. Erlebe ich einen Unfall mit Blutbad, Gemetzel und Enthauptung. Traumtagebuch – ohne mich.«

Dr. KeineAhnungvonnichts schweigt und streichelt die hellrote Katze. Aber er hat diesen Ausdruck auf dem Gesicht, als ob er mich umbringen will. Vielleicht will er mich mit seiner Krawatte erwürgen oder mich in seinem Keller mit Klebeband an einen Stuhl fesseln und mir Rattengift und Benzin und Rosenkohl einflößen. Ich stehe auf: »Ich geh zum Schreibwarenladen und kaufe ein Notizbuch.« Der Ausdruck in seinem Gesicht verändert sich. Er hat jetzt diesen leeren Blick hoffnungsloser Angst – als wäre er ein Zoowärter, der gerade gemerkt hat, dass er vergessen hat, den Löwenkäfig abzuschließen.

Und ich bin der Löwe.

»Asher.«

»Dann kann ich meine Albträume aufschreiben, damit ich mich auch ganz bestimmt die ganze Zeit richtig schlecht fühle.« Dann drehe ich mich um, stürze zur Tür und stürme aus seinem Büro hinaus, während mir durch den Kopf geht, *dass ich mich so verrannt habe, dass ich nicht mehr weiß, wo ich bin, und dass ich mich so verrannt habe, dass ich in einer Abwärtsspirale nach unten trudle,* was Trainer Melvin sagte, als ich nach dem Schließfachvorfall mit dem Baseballschläger sein Büro verließ.

Asher befindet sich in einer Abwärtsspirale.

Der Flur ist leer. Die Schnürsenkel meiner Turnschuhe sind offen. Mein Hemd hängt heraus. Mein Gesicht trieft vor Schweiß.

»Asher«, ruft Dr. KeineAhnungvonnichts mir von seiner Tür aus hinterher, während ich den C-Flügel hinunterrenne.

Ich ignoriere ihn und stürme an einem Typen aus meiner Englisch-Klasse vorbei, der bei den Schließfächern ein Mädchen aus der Unterstufe küsst. Dann passiere ich das knallrote Poster mit der Werbung für die Wahlkampfveranstaltung letzten Freitag. In der Ferne übt eine Band.

Der Bass wummert.

Ein Saxofon klagt.

Es kling herzzerreißend traurig.

Dann knallt ein Basketball auf den Boden der Turnhalle. *Bumm, bumm, bumm.* Eine Pfeife, laut und schrill. Der Trainer ruft: »Drei-Punkte-Wurf – Crossover, durch die Beine, hinter eurem Rücken.«

In der Ferne schrillt eine Sirene. Ich fange an zu joggen.

Der Trainer schreit: »Vorderes V-Dribbling – links. Los!!«

Ich muss hier raus.

Ich sage mir: Nicht über den Schulhof – zu viele Menschen, die du nicht sehen willst.

Ich biege nach links ab und renne zu den Türen, die auf die Spielfelder hinter dem Gebäude führen.

Mrs. Ellison vom Empfang huscht vorbei und fragt, ob ich einen Passierschein habe.

Ich antworte nicht, sondern gehe einfach weiter. Ich muss raus. Ich brauche Luft. *Platz.*

Ich passe nicht mehr hierher.

Nicht nur in die Schule. *Ich passe nirgendwohin.*

Irgendwie kapiert es niemand. *Das hat mich verändert.*

Ich muss mit jemandem reden, der das versteht. Jemand, der nicht in meine Schule geht. *Jemand wie ich.*

Ich ziehe mein Handy heraus. Schreibe Sloane. Was machst du? Mein Herz rast.

Sie schreibt sofort zurück. Ich verstecke mich im Klo.

Ich atme ein. *Ich bin nicht allein.*

Wie lange bist du schon dort?, schreibe ich, während ich die Tür aufstoße und hinaustrete. Ich lehne mich an das Gebäude und atme in tiefen Zügen die kühle Frühlingsluft ein. Meine Hände zittern, als ich auf mein Handy schaue.

Keine Antwort.

Ich frage noch einmal: Wie lange versteckst du dich schon im Mädchenklo?

Drei Punkte hüpfen auf den Bildschirm. *Sie tippt.*

Sloane schreibt: Seit mein Dad tot ist.

11

In der Teen-Trauergruppe am Donnerstagabend sagt Peter Pan, wir würden über Vergebung sprechen, und fragt dann: »Empfindet jemand noch unbewältigte Wut wegen seines oder ihres Verlusts?« Dabei schaut sie mich direkt an.

Will verkündet: »Ich bin vor allem wütend auf Gott und das Universum, und ich habe ihnen bislang nicht verziehen, weil mein Bruder erst acht Jahre alt war, als er starb, und das ist total ungerecht.«

Dann sagt Sloane genau dasselbe: »Ich auch. Ich bin auch wütend auf die kosmische Ungerechtigkeit, dass jemand so früh stirbt. Meinen Dad zu holen war total unfair.«

Peter Pan fragt vorsichtig: »Und Gott?«

»Das ist eine ganz andere Geschichte«, antwortet Sloane, und es ist, als würde sie eine Tür zuschlagen. Ich meine, ich bin fast zusammengezuckt, als sie das sagte, denn ihre Worte *das ist eine ganz andere Geschichte* brachen mit solcher *Gewalt* aus ihr heraus.

»Es ist viel einfacher, auf Gott oder das Universum wütend zu sein als auf eine bestimmte Person«, sage ich, »denn gegen Gott kann man nicht wirklich was tun«, aber dann beiße ich mir auf die Zunge, weil ich fast die Katze aus dem Sack gelassen hätte im Hinblick auf Jack Daniels.

Ich meine, ich habe ihnen nicht erzählt, dass er meine

Mom umgebracht hat, sondern nur gesagt, dass es ein Autounfall war, wahrscheinlich fragen sie sich jetzt, wer diese Person ist, auf die ich möglicherweise wütend bin.

Dann sagt Peter Pan: »Asher, magst du uns mehr darüber erzählen, was deiner Mom zugestoßen ist oder wie du dich fühlst?«, und daran, wie sie das sagt, merke ich, dass sie ihre Worte sehr sorgfältig gewählt hat.

»Nein«, antworte ich, »meine Mom fuhr an einem total normalen Tag einfach vor sich hin und dann einfach gegen einen Baum, sodass ich weder auf sie noch auf den Baum noch auf sonst irgendjemanden wirklich wütend sein kann. Nur auf Gott. Ich meine, wenn es Gott gäbe, dann wäre eigentlich er es, auf den ich wütend sein würde.«

Ich glaube nicht, dass Peter Pan mir glaubt. Ich habe schon in der Vergangenheit nicht die Wahrheit gesagt, aber wahrscheinlich denkt sie, dass ich trauern kann, wie ich will, sodass es okay ist, wenn ich irgendwas erfinden möchte. Aber ich fürchte, dass es eigentlich nicht okay ist und dass ich wahrscheinlich aufhören sollte, das zu tun, aber dieses Gefühl ist nicht von langer Dauer, denn als Nächstes fragt sie, wie es meiner Schwester geht, und ich sage: »Ich habe keine Geschwister. Ich bin Einzelkind, und mein Vater ist auch tot.«

Niemand bewegt sich oder atmet oder sagt irgendwas, sodass Peter Pan uns in zwei Gruppen aufteilt, um eine heilende Übung mit uns zu machen. Sie reicht jedem von uns eine große durchsichtige Plastiktasse und holt dann eine Großpackung M&M's aus dem Vorratsschrank. »Ich gebe diese Tüten mit M&M's herum, und ihr könnt euch so viele nehmen, wie ihr wollt. Schüttet sie einfach in eure Tassen.«

Ein Typ aus der anderen Gruppe ruft: »Oh, ich dachte schon, wir sollten in die Tasse pinkeln.«

Dann fragt jemand anderes aus der Gruppe: »Warum denkst du das?« Und fügt dann hinzu: »Ich möchte lieber in die andere Gruppe«, aber Peter Pan ignoriert einfach beide.

Sloane und Will sind in meiner Gruppe. Sloane schüttet nur einige wenige M&M's in ihre Tasse, und dann füllen Will und ich unsere bis zum Rand.

»Jetzt hört mal zu«, fährt Peter Pan fort, nachdem sich alle so viele M&M's genommen hatten, wie sie wollen, und die Tüte wieder bei ihr gelandet war. »Die Übung funktioniert so, dass ihr für jede Schokolinse in eurer Tasse der Gruppe eine Info über euch selbst geben müsst. Also zählt sie erst einmal.«

Will und ich schauen in unsere Tassen, überschlagen die Anzahl und werfen uns einen Blick zu: *Oh, Scheiße!*

»So weit kann ich nicht zählen«, ruft Will.

Peter Pan antwortet ihm nicht direkt, aber sie sagt: »Wer sich viele M&M's genommen hat, wird also viel reden müssen.«

Ich hebe die Hand und frage: »Kann ich ein paar von meinen zurückgeben?«, während Will sich seine M&M's buchstäblich in den Rachen schüttet, um sie loszuwerden.

»Nein«, antwortet Peter Pan. »Aber du kannst sie essen, wenn du sie mit anderen teilst.«

Will hebt lächelnd seine leere Tasse hoch und sagt: »Ups«, während Sloane langsam ihre M&M's zählt. »Ich hab zehn«, verkündet sie. »Los geht's.«

Will streicht sich die Haare aus dem Gesicht und verdreht die Augen. Er sieht zum Lachen aus, denn seine Lippen sind rot und blau verschmiert wie die eines kleinen Kindes, und bestimmt behauptet er gleich, dass er nichts abgeben konnte, weil er sich gar keine M&M's genommen hatte.

»*Eins.* Gelb war die Lieblingsfarbe meines Dads«, beginnt Sloane. »*Zwei.* Als Kind hatte er einen Hund namens Buster. *Drei.* Meine Mom weiß nichts davon, aber ich bezahle einen merkwürdigen Typen, den ich auf Craigslist gefunden habe, damit er mir beibringt, das Motorrad meines Dads zu fahren, wenn sie bei der Arbeit ist. *Vier.* Am Tag, als mein Dad starb, ging ich zu einer Freundin, statt ihn zu besuchen. *Fünf.* Mein Dad und ich haben am Tag seiner Krebsdiagnose gestritten. *Sechs.* Nach dem Tod meines Vaters habe ich sein Handy aufbewahrt und meine Mom die Rechnung zahlen lassen, damit ich mir seine AB-Ansage anhören kann. *Sieben.* Er mochte Erdnussbutter nicht. *Acht.* Manchmal bin ich so traurig, dass ich nicht aufstehen kann und die Schule schwänze. *Neun.* Ich schleiche jede Nacht in die Zimmer meiner Schwestern, um nachzusehen, ob sie noch atmen. Und *zehn.* Ich werde niemals heiraten, denn ich habe keinen, der mich zum Traualtar führt.«

Ich sage: »Jeder mag Erdnussbutter, und ich mach das.«

»Du machst was?«, fragt Will.

»Ich führe Sloane zum Traualtar.«

Will schaut mich an, als wollte er sagen: *Mann, das ist ja total daneben.*

»Was dagegen?«, frage ich provozierend. »Verdammt, ich kann gehen, also warum nicht?«

»Okay«, sagt Sloane.

»*Wie*, okay?«, fragt Will.

»Okay. Asher kann mich zum Traualtar führen, *falls* ich heirate.«

Dann stellt Will die nächste logische Frage: »Und was, wenn du Asher heiratest? Dann funktioniert der Plan nicht.«

»Warum sollte ich Asher heiraten?«, legt Sloane nach.

Und ich frage: »Warum solltest du mich *nicht* heiraten?«

Aber bevor Sloane antworten kann, kommt Peter Pan herüber und fragt: »Na, wie läuft's?«

»Nicht gut«, sage ich. »Will hat alle seine M&M's aufgegessen und uns nichts erzählt, und Sloane will mich nicht heiraten.«

Peter Pan schaut mich einfach an, so lange, dass ich mir etwas einfallen lassen muss, was ich tun könnte, also zähle ich ihre Sommersprossen.

Sie hat zweiundvierzig. Siebzehn auf der linken Wange. Einundzwanzig auf der rechten und vier auf der Nase.

Wahrscheinlich hat sie nichts gesagt, denn es gibt nichts, was sie sagen könnte, also stoße ich, um der wirklich sehr unangenehmen Situation zu entkommen, einfach hervor: »Du hast zweiundvierzig Sommersprossen, mehr oder weniger.«

»Lenk nicht vom Thema ab«, sagt sie und hebt die Finger zum Gesicht, als könnte sie die Sommersprossen ertasten oder vielleicht, weil sie sich gar nicht bewusst ist, dass sie überhaupt welche hat, oder einfach aus einem Reflex heraus, weil sie überrascht ist, dass ich zählen kann.

Dann sagt Will: »Ich muss nach Hause gebracht werden.«

Und ich antworte: »Mein Dad kann dich fahren.«

Sloane sieht mich an: »Asher, gerade hast du uns erzählt, dein Dad wäre tot *und* du wärst ein Einzelkind.«

»Das war möglicherweise nicht wahr.«

»Welcher Teil?«, will Sloane wissen.

»Alles«, antworte ich.

Peter Pan starrt mich und Sloane und Will an und sieht aus, als müsse sie sich gleich übergeben oder ihre Therapielizenz zerreißen. Dann wendet sie sich an die ganze Gruppe: »Okay. Die Sitzung ist beendet.«

Ich schütte alle M&M's in meine Jackentasche und korrigiere sie dann: »Nein, ist sie nicht. Wir haben noch zehn Minuten.«

Peter Pan schaut auf meine leere Tasse: »Nein, haben wir nicht. Die Uhr geht falsch«, und wir alle wissen, dass sie lügt.

Wahrscheinlich will sie sich in einen dunklen Schrank setzen und von hundert zurückzählen, während sie in eine Papiertüte atmet.

Oder ein Beruhigungsmittel für Pferde einnehmen.

Oder in eine andere Stadt ziehen und sich nach einem anderen Job umsehen.

Ein Job, bei dem sie sich nicht mit toten Menschen beschäftigen muss und dem Chaos, das sie hinterlassen.

12

Nach der Sitzung bringen wir Will nach Hause und essen Pizza ohne Salami, und dann frage ich Chloe, ob sie ein Spiel spielen will, und sie sagt: »Ja«, und dann fragt sie: »Kann ich zuerst Schokoladenpudding haben?« Und ich sage: »Nein. Auf keinen Fall. Nicht einmal, wenn du hundert bist.« Dann zittert ihre Unterlippe, und sie wird wütend, aber das dauert nur ein paar Minuten, denn ich biete an, Bärenpicknick mit ihr zu spielen. Dazu gehört, auf winzigen Stühlen zu sitzen und so zu tun, als füttere man Plüschtiere mit Plastikessen, und für mich kommt noch hinzu, dass Chloe mich herumkommandiert.

Später am Abend streckt mein Dad den Kopf in mein Zimmer und fragt: »Warum trägt Chloe einen Fahrradhelm und eine Schwimmweste?« Er klingt nicht verärgert oder übermäßig alarmiert, sondern niedergeschlagen. Nach dem Motto: *Jetzt geht das schon wieder los.*

Vermutlich könnte ich darauf tausend Antworten geben. Ich meine, ich könnte ihm sagen, dass wir gerade ein Spiel spielen und dass das alles Chloes Idee war und ich versuchte, es ihr auszureden. Ich könnte sogar Einzelheiten anführen und ihm erzählen, dass sie so tun wollte, als würden wir mit riesigen Wasserdreirädern draußen auf dem Meer herumfahren und von Seemonstern und Quallen gejagt werden. Oder ich könnte in eine etwas ernstere Richtung gehen und ihm sagen, dass Chloe Angst vor dem Tod hat und dass ich Angst vor dem Tod habe – vor ihrem Tod, vor meinem, *vor deinem Tod, Dad* –, aber das mache ich nicht. Stattdessen nehme ich die erste solide, anständige, im Augenblick unwiderlegbare Lüge, die mir in den Kopf kommt. Eine, die die Schuld auf jemanden schiebt, der gerade nicht unter unserem Dach ist. Ich sage: »Mrs. Levitt fand, das wäre eine gute Idee.«

Mein Dad hat ganz offensichtlich nicht erwartet, eine so unerhört und offensichtlich lächerliche Antwort zu bekommen, sodass er sagt: »Was?«, aber es klingt eher wie *WAAAS?????*. Und ich ergreife die Gelegenheit, um abzulenken. *Ich sage ihm, dass ich sie rausgeschmissen habe.*

»Du hast Mrs. Levitt rausgeschmissen?«, wiederholt er.

Ich nicke.

»Schon wieder?«, fragt er. »Du hast sie schon wieder rausgeschmissen? Wir haben das doch besprochen, Ash.«

Mein Dad sieht schrecklich aus. Total deprimiert. Schlimmer als üblich für einen Donnerstagabend. Er zieht sein Handy heraus und tippt etwas.

Ich habe ein schlechtes Gewissen, aber zucke bestätigend die Achseln. Wahrscheinlich bin ich wie diese Ertrinkenden, die in Panik geraten und alle unter Wasser ziehen, die sie retten wollen.

»Du weißt, dass ich sie immer wieder reinschmeiße, und das habe ich gerade gemacht«, erklärt er.

Ich reagiere nicht. Es ist einfach ein Spiel zwischen uns. Ich werfe Mrs. Levitt raus, und mein Dad sagt ihr, ich sei völlig durch den Wind, entschuldigt sich und stellt sie wieder ein.

»Hör zu, Asher. Ich weiß, du willst nur, dass Chloe nichts passiert, aber dass sie mit einem Fahrradhelm und einer Schwimmweste schläft, trägt dazu nichts bei ...«

Genau da unterbreche ich ihn. »Weißt du, was die häufigste Todesursache von Kindern unter fünf Jahren ist?«

Er sieht mich nur ausdruckslos an. Er wirkt erschöpft – als hätte er keine Lust auf einen ausgewachsenen Streit, vielleicht weil er einen Job hat und zwei Kinder und Rechnungen zahlen muss und SEINE FRAU TOT IST und ich dauernd unseren Babysitter rausschmeiße. Er hat Ringe unter den Augen, nein, nicht Ringe, sondern richtige *Säcke*, große, aufgedunsene, wolkenartige Säcke, prall gefüllt mit Erschöpfung und Sorge. Er schüttelt den Kopf.

»Autounfälle«, berichte ich, »gefolgt von Schusswaffenverletzungen, maligne Neoplasmen, Tod durch Ersticken UND ERTRINKEN. Ertrinken in Pools.«

»Asher, wir haben keinen Pool«, sagt er, worauf ich antworte: »*Na und?*«

»*Na und* – wenn wir keinen Pool haben, dann ist es schwierig für Chloe, tatsächlich darin zu ertrinken, wenn nicht ...«

»Toiletten«, werfe ich ein.

»Toiletten?« Er klingt wirklich verwirrt.

»Nicht *nur* Toiletten«, sage ich. »Auch Trinknäpfe von Hunden oder Putzeimer.«

»Asher, wir haben keinen Hund, und außerdem wäre ein Hundenapf für ein Kind in Chloes Alter tatsächlich zu ...«

Ich verkünde das Offensichtliche: »Aber wir haben drei Toiletten, und die sind voller Wasser.«

»Ich verstehe, was du meinst. Aber glaubst du nicht, dass

Chloe ein bisschen zu groß dafür ist, in einer …?« Er will gerade »Toilette« sagen und hält die Hände hoch, um die relativ kleine Menge von Wasser anzudeuten, die sie beinhalten, aber ich unterbreche ihn, indem ich den Kopf schüttle. Dann überlege ich kurz, ob ich ihn daran erinnern soll, dass wir beide uns nicht vorstellen konnten, dass MOM STERBEN WÜRDE, WENN SIE ZUM EINKAUFSZENTRUM FÄHRT, UM FUSSBALLSCHUHE ZU KAUFEN, ABER GENAU DAS PASSIERTE und WOHIN BRACHTE UNS DIESE ART ZU DENKEN? Aber ich sage es nicht, sondern bleibe einfach sitzen.

Und mein Dad bleibt einfach stehen. Als wäre er alldem nicht gewachsen. Ich meine, *mir*.

UND.

DIESER.

GANZEN.

SACHE.

Mein Dad schaut mich eine Weile schweigend an, und dann höre ich sein Handy summen. Ich wende den Blick ab, das ist der Link, den ich ihm gerade geschickt habe, zu einer Website, auf der es darum geht, wie kleine Kinder in Toiletten und Hundenäpfen ertrinken. Er schaut auf sein Handy und dann einen Augenblick zu Boden und dann wieder zu mir, bevor er fragt: »Und die Alu-Handschuhe an ihren Händen? Wovor genau sollen die sie schützen?«

Er flüstert nur noch. Traurig und deprimiert.

»Sehr niederfrequente elektromagnetische Strahlung.«

Er nickt langsam und geht dann weg.

Als er weg ist, flüstere ich: Tut mir leid, Dad. Ich kann nicht anders.

Dann schreibe ich Sloane: Atmen Claire und Anna? Hast du nachgeschaut? Sie antwortet: Ja, ich habe nachgeschaut. Und ja, sie atmen. Dann schreibt sie noch: Ich bin so froh, dass mich jemand versteht, und schickt ein rotes Herz und ein Smiley mit einer Träne.

Ich tippe: Schau noch einmal und füge ein Totenkopf-Emoji, drei Toiletten und einen Hundenapf hinzu. Dann sende ich ihr ein Foto von Chloe, die in einem Meer von Plüschtieren und Bilderbüchern ausgestreckt auf ihrem Bett liegt. Sie trägt ihren Fahrradhelm. Ihre weichen blonden Haare schauen unter dem leuchtend pinkfarbenen Plastik hervor. Ihre Lippen bilden ein perfektes pinkfarbenes Herz. Ihre Peppa-Pig-Schwimmweste ist fest über ihren Schlafanzug mit der kleinen Meerjungfrau geschnallt. Es sieht aus, als würde sie auf den Decken und Laken treiben, die sie umspülen. Ihre in Alufolie verpackten Hände sind unter den Wogen verborgen.

Sloane schreibt zurück: Sieht aus, als wäre sie sicher.

Sicher genug?, frage ich.

Sloane braucht ein bisschen, bis sie antwortet, aber dann schreibt sie: Ich weiß es nicht.

13

Ich melde mich für eine weitere Gruppe an.

Eigentlich dürfte ich nicht zugelassen werden, denn es ist eine Gruppe für Menschen, die bald jemanden verlieren werden. Es ist, als würden sie sich darauf vorbereiten, noch trauriger zu werden, als sie es schon sind. Mein Vater antwortet auf meine Frage, ob er mich hinbringen kann: »Bist du sicher, Ash? Sie findet freitags statt. Vielleicht solltest du lieber ins Kino gehen oder dich mit Freunden treffen.« Ich sage ihm, dass meine Freunde jetzt die Leute in Zimmer 212 im Krankenhaus sind, und er antwortet: »Na dann.«

Morgen ist Samstag, und ich muss mit Henry Platterbsen pflanzen, deshalb bitte ich meinen Dad auf dem Weg zu der neuen Gruppe, kurz beim Baumarkt anzuhalten. Er sagt ja und fragt, nachdem er geparkt hat, was ich brauche. »Nichts«, sage ich und renne hinein.

Es stellt sich heraus, dass man Platterbsen gar nicht essen kann. Es sind Blumen. Ich suche nach Gemüsesamen, wie Zuckererbsen oder Kaiserschoten, aber ich finde keine Samen für Platterbsen, die essbar sind, nur Packungen mit Blumensamen, die Namen haben wie *Rosa Cupid* und *Queen of the Night* und *Strawberry Sundae* mit zweifarbigen rosa und weißen Blüten und *Henry Eckford* mit leuchtend orange- bis zart lachsfarbenen Blüten und intensivem Duft.

Mir fällt ein, dass ich Henrys Nachnamen nicht kenne, und ich frage mich, ob er wohl Eckford heißt.

Ich muss mich beeilen, denn mein Dad wartet im Auto, und die Sitzung fängt bald an, und da ich nicht entscheiden kann, welche Samen ich kaufen soll, denn ich dachte, Platterbsen wären einfach Platterbsen und nicht ein sehr komplizierter und komplexer Sachverhalt, kaufe ich all die verschiedenen Samen. Ein Tütchen von jeder Sorte, die sie haben, das macht vierzehn Tütchen, denn ich möchte nicht bei jemandem mit den falschen Platterbsen auf der Matte stehen, wenn Platterbsen alles sind, was er noch hat.

Als ich wieder beim Auto bin, fragt mein Dad, was ich gekauft habe, und ich sage: »Nichts«, und er sagt »Okay«, und wir betrachten beide die braune Papiertüte und kommen uns komisch vor. Dann fahren wir schweigend zu Zimmer 212.

Ich verstehe total, dass sie keine Leute wie mich, die schon jemanden verloren haben, mit Leuten mischen wollen, die darauf warten, jemanden zu verlieren, aber als ich auftauche, sagt Peter Pan nicht, dass ich nicht hier sein darf oder dass ich am falschen Tag hier bin. Sie lächelt einfach: »Asher, komm rein.« Wahrscheinlich denkt sie tief in ihrem Inneren *Oh, Mist! Nicht schon wieder Asher*, weil sie fürchtet, dass ich wieder mit so was Schrecklichem wie *ich habe meine Mom umgebracht* rausplatze oder mich selbst zu jemandem einlade, um Platterbsen zu pflanzen, aber sie sagt es nicht, wahrscheinlich weil sie meine Gefühle nicht verletzen möchte. Also setze ich mich einfach hin, und es ist total unbehaglich, weil sonst niemand hier ist und es nichts zu sagen gibt, sodass wir beide nur versuchen, nicht zu atmen oder ein Geräusch von uns zu geben oder einander anzusehen, und als ich gerade denke *Scheiße, das ist zu merkwürdig*, summt mein Handy, und ich habe eine Nachricht von Grace. Sie schickte ein Foto von sich mit ihren Freundinnen. Sie sitzen lachend eng zusammengepfercht an einem Tisch in einem Restaurant. Ich tippe: **Freue mich total drauf, sie alle kennenzulernen** und drücke Senden, und dann schaut Peter Pan zu mir herüber und fragt: »Asher, hast du das Buch gelesen, das ich dir gegeben habe?«

»Nein«, lüge ich.

Ich weiß, was sie hören wollte. Dass ich das Buch gelesen, es in einer Stunde verschlungen und dann wieder und wieder gelesen habe und nicht nur den Teil mit dem Bild von dem Hut und der Boa constrictor, sondern auch den Teil mit dem Bild von der Kiste und dass dieses Buch für mich war, als würde sie mir das Bild einer Kiste zeichnen und alles, was ich brauchte, war darin. Ich wollte nichts davon zugeben, denn als sie mir das Buch gab, wollte ich *eine leere Kiste* sehen. Nur eine verdammte Kiste mit nichts darin. Nicht eine Kiste voller Möglichkeiten. Ich will nicht sagen, dass ich keine Hilfe möchte, und ich sage nicht, dass das Buch nicht voller Metaphern dafür ist, was mit mir nicht stimmt. Ich sage einfach, dass ich nicht bereit bin zuzugeben, dass etwas helfen könnte. Also, wenn das überhaupt irgendeinen Sinn ergibt, was es wahrscheinlich nicht tut, denn du bist wahrscheinlich normal, und ich bin in einer Abwärtsspirale.

Dann erzählt Peter Pan mir, dass ihr der Teil des Buches am besten gefällt, in dem der kleine Prinz erklärt, dass er an einem Ort lebt, der so klein ist, dass er die Sonne auf der anderen Seite des Planeten untergehen sehen kann, wenn er seinen Stuhl nur ein paar Schritte weiterrückt.

Ich möchte ihr sagen, dass mir alles am besten gefiel, am allerbesten jedoch die Stelle über die Blumen mit den Dornen, und ich hoffe, sie weiß, dass ich im Grunde wie eine Rose bin und eigentlich niemandem wehtun möchte. Es ist nur so, dass ich die Dornen als Schutz brauche, weil ich so verletzlich bin und schwach. Aber das kann ich ihr natürlich nicht sagen, denn ICH HABE DAS BUCH NICHT GELESEN, und deshalb sage ich nur: »Im Juli bringen Henry und ich dir Platterbsen, und die werden so schön sein wie der Sonnenuntergang, und ich habe nachgeschaut, Platterbsen haben keine Dornen, falls du dich das fragst.« Dann sage ich ihr, dass sie ihren Stuhl überhaupt nicht bewegen muss, um die Platterbsen zu sehen, weil Zimmer 212 so klein ist, dass sie sie von überall aus sehen kann.

Sie hat diesen überraschten und irgendwie verwirrten Ausdruck auf dem Gesicht, als wäre ich eine Kiste VOLLER LÜGEN und sie kann nicht entscheiden, ob sie mehr darüber wissen will, was dahintersteckt, oder ob das die schlechteste Idee überhaupt ist und sie einfach ihre Augen bedecken und den Kopf in die andere Richtung drehen soll, weil Asher eine Kiste ist, in die man unter keinen Umständen hineinschauen möchte. Aber dann tauchen zum Glück all die Leute auf, die bald jemanden verlieren werden, und lenken sozusagen vom Thema ab.

Ich versuche, nichts zu sagen, was irgendjemanden in Aufregung versetzen könnte, aber sie sagen alle möglichen Dinge, die mich in Aufregung versetzen, weil es mir vor der

Freitagabend-Sitzung nicht in den Sinn gekommen war, dass manche Menschen schon im Vorhinein wissen, dass sie jemanden verlieren werden, was ein bisschen wie Schmerz in Zeitlupe ist, statt gar keine Warnung zu bekommen und mitten am Tag von einem Sattelschlepper überrumpelt zu werden.

Die Leute in der Freitagabend-Gruppe haben überwiegend Angehörige, die gerade an Krebs sterben, denn das passiert langsam oder wenigstens langsamer als ein Autounfall, und alle sagen, dass es so schwer ist zuzusehen, wie ihre Angehörigen Schmerzen haben und leiden und sich vor dem Tod fürchten. Ich sehe das allerdings anders: Die Leute in der Zeitlupengruppe können sich vorbereiten und verabschieden, und das bedeutet, sie können darauf achten, dass ihnen die Fußballschuhe nicht geklaut werden, sodass ihre Mom nicht zum Einkaufszentrum fahren und sterben muss, sondern lebt, bis sie achtzig oder hundert ist. Und sie können vielleicht ein paar nette Worte vorbereiten, statt wie ich, wenn ihre Mom sie ermahnt, sorgsamer mit ihren Sachen umzugehen, einfach wütend aufzulegen, weil sie das Spiel gegen die Mannschaft vier Städte entfernt verpassen und sich jetzt nicht einmal entschuldigen, ihre Worte nicht zurücknehmen und nicht wütend auflegen können, und sie können auch nicht planen, etwas Nettes zu sagen, wenn sie so alt ist wie Henry und sie die Schlaftabletten, die sie zur Seite gelegt hat, in ihren Schokoladenpudding mischen, damit sie in Frieden und selbstbestimmt gehen kann, nachdem sie gesagt haben: »Ich liebe dich mehr als alles in der Welt, und ich werde mich um alles kümmern, besonders um Chloe, also mach dir keine Sorgen.«

Im Grunde ist niemand in der Freitagsgruppe so gut wie Henry oder Sloane oder Will, deshalb ist es eine ziemliche Pleite. Aber als ich Zimmer 212 verlasse, beginne ich darüber nachzudenken, wie ich Jack Daniels umbringen will, also ist die Sitzung keine komplette Zeitverschwendung. Ich überlege, ob es *langsam* sein soll, damit seine Familie sich verabschieden kann, oder *schnell*, damit sie sich schlecht fühlen, weil sie keine Möglichkeit hatten, sich zu verabschieden, und dann denke ich intensiver über Connor und Grace und ihre Mom nach und über alles, was sie fühlen werden, wenn ich Jack Daniels entweder langsam oder schnell töte, und das ist so beschissen, dass ich beschließe, vielleicht einfach nur in die Culvert Street 114 in Memphis zu fahren, anzuhalten, an der Tür zu klingeln, ihnen zu sagen, wer ich bin, mich von Grace zu trennen und Jack Daniels mit eigenen Augen zu sehen, ihn aber nicht umzubringen.

Ich bin auf dem Weg aus dem Krankenhaus hinaus, als ich denke: *Was wäre besser, langsam oder schnell oder keines von beidem?* Wenn ich die Wahl hätte, würde es mir wohl ziemlich schwerfallen, zwischen Krebs und Autounfall zu entscheiden oder dazwischen ein Mörder zu sein oder einen Mörder umzubringen. Dann übergebe ich mich im Klo, weil mir klar wird, dass *ein Mörder zu sein und einen Mörder umzubringen* ziemlich genau dasselbe ist. Mein Gesicht im Toilettenspiegel sieht total blass und erschöpft aus, und ich bin ziemlich sicher, dass ich Krebs habe, der mich von innen auffrisst. Vielleicht Hirnkrebs und Magenkrebs und Herzkrebs, wenn es so was überhaupt gibt, und all dieser Krebs macht mich verrückt, und dann beschließe ich, dass ich vielleicht versuchen sollte, gelegentlich über etwas anderes nachzudenken als über die Fußballschuhe und die Rettungsscheren und den Strommast, der auf das Auto meiner Mom fiel und sie zerquetschte. Dann würden sich nicht alle so viele Sorgen um mich machen, und ich müsste nicht sechzehn Stunden und einundfünfzig Minuten in die Culvert Street 114 in Memphis fahren, um Jack Daniels vielleicht zu töten oder auch nicht.

14

Am Samstagmorgen gehe ich zu Henry, um Platterbsen zu säen, und mein Dad, der mich hinfährt, hat gute Laune. Okay, sogar richtig gute Laune, Unter-der-Dusche-singen- und Bis-zum-Mond-und-wieder-zurück-tanzen-gute-Laune, wahrscheinlich weil er denkt, dass es aufwärtsgeht, weil ich etwas Normales mache, wie am Samstag Freunde besuchen, aber dann fällt er beim Anblick von Henrys altem Haus und der Rostlaube in der Einfahrt mit dem fehlenden Rad und den Büschen, die geschnitten werden müssen, und der abblätternden Farbe in ein tiefes schwarzes Loch. Und als er Henry mit seiner Gehhilfe aus Aluminium an der Tür sieht, verschluckt das schwarze Loch ihn komplett, denn ich habe ihm erzählt, dass ich einen Freund aus der Trauergruppe treffen will, den neuen Freund Henry, von dem ich ihm schon einmal berichtet hatte, aber er dachte wahrscheinlich nicht, dass Henry jemand wäre, der hundert Jahre alt ist und in einem Haus mit abblätternder Farbe und maroden Dachrinnen wohnt, und ich denke, dass es mir leidtut, aber manchmal hält das Leben einfach Überraschungen für dich bereit.

Die dir, einfach so, eine reinhauen, dass du blutest.

Ich glaube, Henry ist erstaunt, mich zu sehen, obwohl ich ihm am Mittwochabend sagte, dass ich am kommenden

Samstag um elf zu ihm kommen und Platterbsen säen würde. Vielleicht ist er nicht so überrascht wie mein Dad und schon gar nicht so, dass er in ein schwarzes Loch fällt, sondern eher positiv überrascht, als ob er von etwas Hellem und Strahlendem verschluckt würde, was überhaupt gar keinen Sinn ergibt, denn ich bin das am wenigsten helle und strahlende Ding im ganzen Universum. Bevor ich aussteige, fragt mein Dad: »Hast du mal daran gedacht, Emily anzurufen?«

»Ich habe dir doch gesagt, dass wir uns schon vor einem Jahr getrennt haben«, antworte ich, »also frag mich nicht dauernd nach ihr.« Dann füge ich hinzu: »Außerdem habe ich dir von meiner neuen Freundin erzählt, die ich online kennengelernt habe.« Er wirft mir einen misstrauischen Blick zu, und ich ermahne mich, weniger zu quasseln.

Mein Dad sieht besorgt aus und verzieht das Gesicht, als ob er Schmerzen hätte, als ob ihm gerade jemand auf den Fuß getreten wäre oder ich ihm erzählt hätte, dass ich Chloe im Einkaufszentrum verloren habe, aber dann zuckt er seufzend zusammen und lässt diese Art von Verhör und fragt stattdessen. »Was ist in der Tüte, Asher?«, und dieses Mal sage ich es ihm.

»Platterbsen.«

Jetzt sieht mein Dad aus, als würde er gleich weinen, und dann hebt Henry die Hand von seiner Gehhilfe und winkt uns und lächelt das Lächeln eines alten Menschen, und mein Dad schaut zu ihm hinüber und fragt: »Hast du dein Handy?«, und ich nicke, und er fügt hinzu: »Ruf mich an, wenn ich dich abholen soll.« Ich steige aus, und er fährt weg, und einen Augenblick lang habe ich Angst, dass er mit hoher Geschwindigkeit gegen einen Baum kracht oder von einem Sattelschlepper überrollt wird, den ein Typ namens Jack Daniels lenkt. Dann müsste ich ganz allein für Chloe sorgen, und das macht mir Angst, denn sie mag keine Salami auf der Pizza, weil orangefarbenes Fleisch in Scheiben geschnitten irgendwie sinnlos ist und merkwürdig schmeckt, und wenn man es versehentlich bestellt, weil man es vergessen hat, dann muss es von der Pizza runtergesammelt werden, sonst kann sie sie nicht essen, und dann verhungert sie und ich hätte überhaupt niemanden mehr.

Als mein Dad losfährt, winkt Henry mir immer noch, und ich gehe den Weg zu seinem Haus hinauf. Seine Haut sieht blass aus in der Sonne, fast durchsichtig. Ich hätte das schon vorher bemerken können, habe es aber nicht, und während ich näher komme, versuche ich nicht auf seine Unterarme und seine Stirn zu starren, aber hier draußen im Sonnenlicht auf seiner Vordertreppe sieht er aus wie eine weiße Qualle, durch die man hindurchsehen kann. Henry spricht, aber ich höre nicht zu, stattdessen folge ich mit dem Blick den dicken blauen Adern, die wie ein Gewirr von Straßen zu seinem Herzen und von ihm weg führen und habe Angst, dass mein Dad bei einem schlimmen Autounfall verbrennen könnte.

Henry führt mich in sein Haus, und dort ist alles dunkel und verrammelt und riecht nach alten Leuten, und Evelyn ist überall, auch wenn sie nicht mehr da ist. Sie ist in den Teetassen und den Bildern und den Vorhängen und den Kissen auf der Couch, und es ist so viel Evelyn hier, dass es Sinn ergibt, wenn Henry sagt: »Ich könnte niemals von hier wegziehen, und ich verlasse das Haus auch nur für wenige Minuten höchst ungern, denn wenn ich hier bin, dann ist es überall, als würde Evelyn mich umarmen.«

Henry führt mich in den hinteren Teil des Hauses, und wir setzen uns in die Küche, und ich reiche ihm die Platterbsen-Tütchen, die ich gekauft habe, und er zeigt mir, wie man die Samen mit dem Fingernagel einritzt, damit sie schneller aufgehen. Danach lassen wir die Samen eine Stunde lang auf nassen Handtüchern quellen, damit sie weicher werden, und dann holt er ein paar große Landkarten aus Papier und zeigt mir ein paar der Orte, die er und Evelyn nicht mehr besuchen konnten. Danach gehen wir hinters Haus und ziehen ungefähr zwei Zentimeter tiefe Rillen und begraben dann die Samen in der Erde. Henry besprenkelt sie mit Wasser und zeigt mir dann, wie man lange Reihen von Schnüren aufhängt, an denen die Platterbsen hinaufranken können, denn obwohl die Pflanzen sehr hoch werden, sind ihre Stängel ganz dünn und die Blüten klein, und wenn die Samen aufgehen, brauchen die jungen Keime etwas, um sich daran festzuhalten.

Wir benötigen etliche Stunden, um die Platterbsen zu säen, denn ich bin kein Gärtner, und Henry kommt mit der Schaufel nicht gut zurecht. Als wir fertig sind, sagt Henry: »Du kannst jederzeit wiederkommen, im Juli wird es hier so viele Blüten in so vielen Farben geben, dass es aussehen wird, als wäre Evelyn nie gegangen.« Henry steht auf der Treppe zum Garten und sieht so schlaksig und dünn aus wie eine Platterbse. Ich habe Angst, dass der Wind ihn umbläst, und als ich gerade aufspringen will, um ihn zu stützen, hält er sich an seiner Gehhilfe fest, schaut zu mir herüber und sagt: »Evelyn ist Eva, und ich bin Adam.«

»Du meinst, wie in der Bibel?«, frage ich, und dann sitze ich auf der Erde, während er nach oben schaut und hinzufügt: »Evelyn ist der Garten im Quellgebiet von vier Flüssen.« Er hält ein paar leere Platterbsen-Tütchen in den Händen und blickt jetzt, an die Gehhilfe geklammert, in den Himmel hinauf, während seine Hände zittern und seine Lippen beben, als würde er beten oder anfangen zu weinen, und ich habe jetzt keine Angst mehr, dass er fallen könnte, ich habe Angst, dass er einen Schlaganfall hat oder dass dies der Beginn einer Demenz oder Alzheimer oder einer anderen Hirnerkrankung alter Menschen ist, von der ich nichts weiß, deshalb frage ich nervös: »Was bedeutet das?«, und Henry sagt: »Alles. Es bedeutet alles.« Dann sieht er mich an: »Du kannst das nicht verstehen, Asher.«

»Das stimmt nicht«, widerspreche ich. »Ich hatte früher auch alles.« Henry sieht mich streng an, nickt und betritt das Haus, und als die Fliegengittertür gegen das Holz schlägt, bleibe ich einfach dort auf dem Boden sitzen und schaue zu den Schnüren hinauf und denke darüber nach, dass es keinen Sinn ergibt, dass so etwas Filigranes wie eine Platterbse einfach aus dem Boden wächst und ganz von selbst darauf kommt, dass sie sich etwas suchen muss, an dem sie sich festhalten kann.

Aber dann komme ich zu dem Ergebnis, dass die Henrys und Ashers und Wills und Sloanes sich gar nicht von Regentropfen auf einer Glasscheibe oder Platterbsen unterscheiden. Wir alle sind einfach sehr bemüht, uns an etwas zu klammern, von dem wir nicht ganz sicher sind, ob es uns festhalten kann.

15

Ich rufe meinen Dad nicht an, dass er mich abholen soll. Stattdessen gehe ich von Henry zu Fuß nach Hause, auf dem Weg bekomme ich eine Nachricht von Grace: *Ich freu mich so auf den Prom-Ball* und dazu tausend Ausrufezeichen und Emojis von einem Ballkleid und einer Champagnerflasche, und ich denke *Oh, Mist, das ist ja schon in einer Woche.*

Und dann denke ich, dass ich einfach nur meinen Dad fragen muss, ob ich wieder Auto fahren darf, und er wahrscheinlich sagen würde: »Klar, hier ist der Schlüssel!«, denn auch wenn er Angst haben und denken wird, dass es keine gute Idee ist, wenn ich Auto fahre, weil ich von einen Sattelschlepper überrollt werden oder das Gaspedal durchdrücken und einfach so gegen einen steinernen Brückenpfeiler donnern könnte, schafft er es wahrscheinlich einfach nicht mehr, Nein zu sagen, weil seine Frau tot ist und niemals wieder nach Hause kommen wird. Wahrscheinlich denkt er, dass ich nur rumfahren und einen Freund besuchen möchte – hoffentlich nicht Henry, denn der ist einfach nur merkwürdig –, aber er würde nie auf die Idee kommen, dass ich nach Memphis, Tennessee, in die Culvert Street 114 fahren will, weil Jack Daniels dort lebt.

Dann antworte ich Grace: *Ich auch! Freue mich! Kann's*

gar nicht erwarten!, und füge ein Smoking-Emoji und sechs Herzen hinzu und überlege, dass ich vielleicht Sloane und Will fragen könnte, ob sie mit mir nach Memphis kommen wollen, weil es genau passen würde, denn ab Donnerstag sind Ferien. Als Nächstes überlege ich, dass ich vielleicht auch Henry fragen könnte, ob er mitkommen möchte, weil er sich gut mit Landkarten auskennt. Ich weiß das, denn als er die große Weltkarte hervorkramte, bevor wir die Platterbsen säten, und mir all die Orte zeigte, die er und Evelyn besuchen wollten, es aber nicht mehr schafften, weil das Leben ihnen in die Quere kam, sah er aus, als würde er sich in der Welt auskennen, jedenfalls wenn die Welt zu einem Gewirr aus Linien auf einem großen Bogen Papier komprimiert war.

Wahrscheinlich würden wir Henry brauchen, denn das Auto meines Dads ist alt und hat kein Navi, und möglicherweise müssen wir eine Karte benutzen, wenn wir unsere Handys ausschalten, weil mein Dad gemerkt hat, dass wir weg sind, und die Polizei ruft und die Polizei uns orten kann, wenn unsere Handys angeschaltet sind. Henry wird sein Handy nicht ausschalten müssen, denn ich habe es gesehen – es ist kein Smartphone. Es diente nur dazu, Evelyn anzurufen, wenn sie im Haus waren und er sie nicht finden konnte, und jetzt ist sie nicht mehr da, und dann diente es dazu, die Polizei und seine Kinder anzurufen, als Evelyn den Schokoladenpudding gegessen hatte und gestorben war, aber das ist ja schon passiert, sodass sein Handy jetzt nie klingelt und er auch nie jemanden anruft. Es ist einfach nur ein rechteckiges Plastikding mit großen Zahlen, die alte Menschen erkennen können, und es spielt keine Rolle, ob es an ist oder aus, denn all die Leute, die man kennt, sind schon tot, und die, die nicht tot sind, wollen nichts von einem hören.

Wieder zurück zu Hause gehe ich in mein Zimmer und rufe bei *Father and Sun Formal Wear* an und bestelle für nächsten Donnerstag einen Smoking in Größe M. Dann schicke ich Henry eine Postkarte. Ich habe keine andere Wahl, denn er hat kein richtiges Handy, an das ich eine Nachricht schicken kann, und auch keine E-Mail-Adresse, und anrufen wäre komisch, denn vielleicht schläft er gerade, und ich würde nicht wissen, was ich sagen soll, und er hört nicht gut, und außerdem kenne ich seine Nummer sowieso nicht, also suche ich eine alte Postkarte in meinem Schreibtisch, die ich nach unserem Besuch in Disney World aufgehoben habe, und schreibe:

Lieber Henry,
du wolltest mit Evelyn nach Graceland fahren und das Haus des Kings anschauen und den Meditationsgarten und Elvis' Bühnenkostüme, aber mit ihr zusammen hast du es nicht mehr geschafft, deshalb dachte ich, dass du vielleicht zusammen mit mir hinfahren möchtest. Du kannst mir bei unserem Gruppentreffen in Zimmer 212 zusagen oder mir eine Postkarte schicken, so oder so, aber es wird sechzehn Stunden einundfünfzig Minuten dauern, bis wir nach Memphis gefahren sind, ich kann dich abholen und dich dorthin fahren, und wir sind rechtzeitig zurück, wenn die Platterbsen blühen, und vielleicht wäre es cool, eine solche Reise zu machen.

Als ich die Postkarte in den Briefkasten stecke, schmerzt mein Kopf, und meine Füße fühlen sich an, als hätte ich Beton in den Schuhen, aber die Postkarte ist so leicht wie Luft. Fast als hätte sie Flügel und Federn und könnte ganz allein zu Henrys Haus fliegen.

16

In der Klassenlehrerstunde am Montag frage ich, ob ich zur Krankenstation gehen darf, weil ich eigentlich nicht hier sein möchte. Mr. Killroy schaut mich an, als wollte er sagen: *Nicht das schon wieder.* Oder. *Oh, Mist, Asher.* Aber tatsächlich sagt er: »Ist gut. Geh nur.«

Die Krankenschwester begrüßt mich mit: »Hallo, Asher, was fehlt dir heute?« Und ich sehe sie nur an, als wollte ich sagen: *Was denken Sie denn?* Aber tatsächlich sage ich: »Das Übliche«, und sie antwortet: »Okay, dann leg dich hin«, und dann muss sie Fieber messen, denn das gehört sich so, wenn jemand zur Krankenstation kommt. Kurze Zeit später verkündet sie: »Sechsunddreißig fünf, ganz normal.« Und dann betrachtet sie mich mit diesem Wir-wissen-alle-dass-du-nur-so-tust-Ausdruck auf dem Gesicht, also sage ich: »Wir wissen beide, dass ich glühe und Ihr blödes Thermometer kaputt ist«, und sie lässt die Schultern hängen und stößt eine Art Seufzer aus und fragt dann: »Magst du ein bisschen Apfelsaft?«, und ich antworte: »Ja, gern. Das klingt gut.«

Es läuft immer ziemlich genau gleich ab, wenn ich zur Krankenstation gehe. Große Enttäuschung und massive Zweifel auf Seiten von Schwester Ratched, gefolgt von einer Portion Mitgefühl und Resignation. Wenn sie mir den Apfelsaft in einem kleinen Pappbecher bringt, fragt sie immer:

»Wie geht's Chloe?«, und ich sage immer: »Es geht ihr so gut, wie es dir gehen kann, wenn deine Mutter bei einem Autounfall verbrennt und du sie nie wiedersehen wirst.« Wenn es dann keinen Notfall gibt und der Rettungsdienst auf dem Weg ist, weil ein Kind einen Asthmaanfall hatte und nicht atmen kann oder jemand Halluzinationen und Krämpfe hat oder völlig psychotisch ist, weil er mit Kenny Silbert im Klo *Adderall* geschnupft hat, fragt sie ziemlich sicher: »Asher, magst du *Go Fish* spielen?«, und ich antworte: »Ja.« Aber diesmal ruft sie meinen Dad an, und ich darf früher nach Hause.

Zu Hause frage ich Dad, ob ich eine Woche lang das Auto haben kann, um mit Henry nach Memphis zu fahren und mir Graceland anzuschauen. Er sieht aus, als hätte er Schmerzen, als er Nein sagt, was mich wirklich überrascht, nicht der Teil mit den Schmerzen, sondern das »Nein«. Da beschließe ich, dass ich das Auto einfach trotzdem nehme.

Du verstehst schon, es einfach *klaue*. Diesen Freitag.

In vier Tagen.

Wahrscheinlich wird mein Vater nichts tun, wenn ich das Auto klaue, weil sich der Wahrheit stellen ist, wie an einem heißen Tag in die Sonne zu schauen, und das tut niemand freiwillig, denn es schmerzt so sehr, dass das Herz explodieren und die Augen verbrennen können.

Niemand möchte hinschauen, wenn Asher außer Kontrolle gerät, weil niemand ihn stoppen kann.

Sogar für mich ist es offensichtlich, dass »die Wiesel immer näher kommen«.

17

Am Montagabend erzählt Peter Pan in Zimmer 212 mir und Henry und all den anderen alten Menschen von einem Jungen namens Zachary.

Als er drei Jahre alt war, wurde sein Vater von einem durch eine Substanz beeinträchtigten Fahrer getötet. Also von jemandem, der Drogen nahm, entweder illegale oder legale, wie ein Medikament, das man beim Arzt bekommt und bei dem auf dem Beipackzettel steht *Vorsicht beim Führen eines Kraftfahrzeugs oder bei der Bedienung von schwerem Gerät*. Als Zachary neun war, starb seine Mutter an Krebs, und als er fünfzehn war, wurde er von einem unter Drogen stehenden Fahrer überfahren. Der unter Drogeneinfluss stehende Fahrer, der Zachary überfuhr, musste nur einen Monat ins Gefängnis, weil der Richter sagte, der Unfall sei Zacharys Schuld gewesen, denn er war Fahrrad gefahren, wo er nicht hätte fahren sollen. Und ich denke *Was zum Teufel* oder eher WAS ZUM TEUFEL!!!!!! und vermute, dass ich aus dieser Geschichte die Lehre ziehen soll, ich könne froh sein, dass Jack Daniels nur meine Mom getötet hat. Aber das trifft es überhaupt nicht. Vielleicht habe ich Beton statt eines Gehirns, aber ich denke sofort darüber nach, dass ich und Chloe und mein Dad jede Minute sterben könnten – genauer gesagt WAHRSCHEINLICH STERBEN WERDEN.

Dann denke ich darüber nach, dass Zachary jeden einzelnen Tag in der Woche zu einer Trauergruppe gehen müsste, um all seine Probleme abzudecken, nur dass er das gar nicht kann, weil er ja auch getötet wurde, und es gibt keine Trauergruppe für Menschen, die tot sind, weil sie nicht kommen können.

Zu Hause gehe ich schnurstracks in die Garage und montiere die Räder von Chloes Fahrrad ab. Nicht nur die Stützräder, sondern auch die richtigen. Dann schlage ich mit einem Hammer auf das Fahrrad und zertrümmre es in tausend kleine Stücke, denn es gibt keinen anderen Weg, sicher zu sein, dass Chloe nicht auf der falschen Seite der Straße fährt oder auf der falschen Straße oder mit geschlossenen Augen auf der doppelten gelben Linie in der Mitte einer Autobahn. Wegen des Lärms kommt mein Dad und streckt den Kopf in die Garage und schaut sich um, und ich schaue auf und sehe, dass er wirklich müde und erschöpft aussieht und seine Haare irgendwie überall vom Kopf abstehen, und dann höre ich, wie er seufzt, bevor er fragt: »Was ist mit Chloes Fahrrad passiert?«

Ich stehe einfach da und antworte: »Sieht so aus, als wäre jemand in die Garage eingebrochen und hätte die Räder abmontiert und es dann zertrümmert.« Dann lege ich den Hammer hin, und wir beide starren darauf.

Auf den Hammer, nicht auf das Fahrrad.

Als Nächstes erzähle ich ihm, was Zachary zugestoßen ist, und er sagt, er habe nie von dieser Geschichte gehört, und ich sage, das überrasche mich, weil diese Geschichte wirklich bekannt sein sollte wie die Mondlandung oder Pearl Harbour oder 9/11, und ich sage zu ihm, dass Zachary sich wahrscheinlich gewünscht hätte, dass jemand sein Fahrrad mit einem Hammer zertrümmert, also hätte Chloe eigentlich Glück. Mein Dad sieht mich einfach an, als wollte er etwas sagen wie: *Alles wird gut werden.* Oder. *Magst du einen anderen Therapeuten ausprobieren?* Oder. *Warum kannst du nicht einfach normal sein?* Oder. *Was hältst du davon, wenn du Chloe ein neues Fahrrad besorgst, weil sie weinen wird, wenn sie das hier sieht?* Aber ich denke mir, dass er sich wahrscheinlich denkt, dass er lieber gar nichts sagt, weil, was immer er sagt, nicht helfen wird, oder wenn es helfen würde, dann läge das daran, dass was immer er sagt, eine Lüge ist, denn nichts wird gut sein, wenn es deine Schuld ist, dass ein Sattelschlepper dich überfährt und du einfach nur ein Kind auf deinem Fahrrad bist oder eine Mom im Auto und der Fahrer ist Jack Daniels oder Meth Amphetamines, oder wenn nicht nur ein Mensch in deinem Leben stirbt. Ich meine, wenn dein Dad stirbt und dann deine Mom und dann du, was hat dann das alles noch für einen Sinn?

Dann denke ich darüber nach, wie viele Trauergruppen man allein für die 10 262 Menschen bräuchte, die letztes Jahr von betrunkenen Fahrern überfahren wurden, und dass es einfach nicht genügend Tage in der Woche gibt, um sich um so viele Menschen mit toten Angehörigen zu kümmern, also setze ich mich einfach auf die Garagenstufen und denke an Hammer und Baseballschläger, und mein Vater setzt sich neben mich.

Ich denke darüber nach, dass ich nur noch drei Tage Schule habe und nur noch vier Tage, bis ich nach Memphis in die Culvert Street 114 fahre, deshalb schreibe ich Will und Sloane, um herauszufinden, ob sie mit mir zusammen auf eine wilde Reise ins Herz meines amerikanischen Albtraums kommen wollen, das heißt auf einen Roadtrip nach Memphis, aber ohne Drogen oder Äther oder einen Liter Tequila.

Ich erzähle ihnen, dass mein hundertjähriger Freund Henry, dessen Frau gestorben ist, das Haus von Elvis sehen möchte, und dass wir ihn hinbringen sollten.

Beide sagen sofort Ja, als wäre eine Fahrt nach Graceland mit einem alten Mann und dem neuen Typen, den sie gerade erst in Zimmer 212 kennengelernt haben, genau das, worauf sie gewartet hatten.

Mein Dad fragt mich, wem ich schreibe, und ich sage: »Meinen neuen Freunden Sloane und Will«, und ich habe das Gefühl, als hätte ich ihm ein bisschen was von seiner Last abgenommen. Aber das liegt nur daran, dass er nicht weiß, was noch kommt, und wie schwer die Last wäre, die er zu tragen hätte, wenn er wüsste, dass ich vorhabe, jemanden umzubringen.

18

Auf dem Weg ins Krankenhaus am Dienstagabend schicke ich im Auto eine Nachricht an Grace. Mein Dad schaut herüber und fragt, wem ich schreibe. »Dem Mädchen, von dem ich dir erzählt habe, die ich online kennengelernt habe«, und er lächelt, also lächelt wirklich, und es bricht mir das Herz, wie sehr er sich wünscht, dass ich wieder Freunde habe und normal bin, während ich weiß, dass ich von normal so weit entfernt bin, dass normal wie ein Land auf der anderen Seite der Welt ist, das vielleicht mein ganzes Leben lang unerreichbar für mich sein wird.

Nachdem ich mit dem Fahrstuhl in den ersten Stock gefahren und an den Verkaufsautomaten und Toiletten zur Linken vorbeigegangen bin und mich auf einen der Stühle im Stuhlkreis in Zimmer 212 hingesetzt habe, beginnt Peter Pan die Sitzung mit der Frage, ob jemand etwas hat, worüber er oder sie sprechen möchte. Da sich niemand meldet oder etwas sagt, fährt sie fort: »Als heilende Übung möchte ich heute, dass ihr darüber nachdenkt, was die Leute zu euch gesagt haben, nachdem der von euch geliebte Mensch gestorben ist. Dinge, von denen sie dachten, sie würden euch helfen, die aber vielleicht gar nicht geholfen haben.«

Ein paar Leute im Stuhlkreis scharren mit den Füßen über den Boden, und fast alle sehen aus, als wäre ihnen unbehaglich zumute. Da sich niemand freiwillig meldet, werfe ich Will einen Blick zu: *Das floppt*, aber Peter Pan spricht weiter. »Vielleicht sagte jemand etwas, das euch trösten sollte, in Wirklichkeit euch aber verletzt hat.« Sie schaut in die Runde, aber immer noch sagt niemand etwas, weil einfach niemand auf diesen Zug aufspringen will. Aber sie bittet uns eindringlicher. »Kommt, Leute. Wir müssen uns anstrengen, wenn es uns besser gehen soll.« Sie schaut sich wieder im Raum um, und wir alle beobachten sie und hoffen, dass ihr Blick nicht auf uns landet. Aber dann landet ihr Blick auf mir.

»Asher?«

Ich zucke zusammen. Ein Finger-am-Stift-einer-Handgranate-Zucken.

Dann, ich weiß gar nicht genau, warum, zündet etwas in meinem Innern und explodiert. *Angst. Panik. Wut.* Ich will wegrennen. Oder um mich schlagen. Und ich weiß, dass ich beides nicht kann. Also ziehe ich mich zurück. Schaue auf den Boden. Finde einen sicheren Hafen in meinen Turnschuhen. Niemand sagt etwas, und ich zähle von hundert rückwärts, wie es mir Dr. KeineAhnungvonnichts für besonders stressige Situationen empfohlen hat. Bevor ich bei neunzig bin, sagt Peter Pan: »Komm schon, Asher.«

Ich schaue von meinen Füßen auf und lasse den Blick durch den Raum schweifen, und es ist klar, dass wir alle mehr oder weniger *kaputt* sind. Als wäre Zimmer 212 eine Reparaturwerkstatt voller Menschen, die alle hoffen, wieder zusammengesetzt zu werden, und jetzt warten alle darauf, dass ich antworte, als ob ich eine Möglichkeit hätte, sie zu reparieren. Als ob meine Worte die Toten auferstehen lassen oder ein gebrochenes Herz in einem zerbrochenen Menschen heilen könnten, wo ich doch nicht einmal mich selbst heilen kann.

Ich sage nichts. Ich werde nichts sagen. Ich kann nichts sagen.

Sloane senkt den Blick und starrt auf ihre Füße.

Will zieht sich hinter seine Haare zurück.

»Will jemand anderes etwas sagen?«, fragt Peter Pan voller Hoffnung, während ihr Blick sich von mir löst und wieder durch den Raum wandert.

Ein Mädchen meldet sich, aber sie spricht so leise, dass ich sie kaum verstehe: »Das Schlimmste war, als ich zufällig hörte, wie meine beste Freundin sagte ›Mann, Andrea sollte jetzt langsam damit aufhören‹.«

Will platzt heraus: »Mich störte am meisten, wenn die Leute sagten ›Michael ist jetzt bei Gott‹.«

Ein paar Leute scharren wieder mit den Füßen über den Boden und nicken zustimmend. Wir alle haben das auf die eine oder andere Weise gehört. *Deine Mom ist jetzt an einem besseren Ort, Asher.*

Während der Raum sich immer noch dreht und mein Herz heftig pocht und meine Gedanken in meinem Kopf wild randalieren, fragt Peter Pan Will: »Wie hast du dich dabei gefühlt?«

»Ich hätte am liebsten geantwortet: ›Richte Gott aus, dass er ihn verdammt noch mal zurückgeben soll‹«.

Jemand ruft: »»Wenigstens musste sie nicht leiden«. Und das trifft mich heftig, weil das *alle* zu mir sagten, und jedes Mal, wenn ich es hörte, wollte ich schreien: *ABER ICH LEIDE! MEIN DAD LEIDET! CHLOE LEIDET!*

Ich höre mir alles an und bin immer noch total zittrig, weil mein Körper Adrenalin ausstößt, als würde mir über eine Infusion Red Bull direkt in meine Venen gepumpt, aber ich spüre, wie sich die Panik langsam verflüchtigt, weil es irgendwie guttut, all die anderen reden zu hören. Als würde ich herausfinden, *dass ich nicht ganz allein bin mit diesem Monster in meinem Kopf.*

Peter Pan fragt die Gruppe: »Und hat sie euch geholfen? Diese liebevolle Ermahnung, darüber wegzukommen?«

Ich möchte schreien: *Nein, denn wenn sie geholfen hätte, wären wir nicht hier, und wir wären auch nicht so eine verdammt große Ansammlung von Chaos*, aber ich sage es nicht, und sonst sagt es auch niemand, also fährt sie fort: »Ich vermute mal, sie hat nicht geholfen. Ich vermute, sie hat euch einfach nur wütend gemacht und einsam.« Und dann sieht sie mich ziemlich direkt an.

Ich sage immer noch nichts, aber ich wende den Blick auch nicht ab. Ich höre ihr zu. Und ich denke. Ja, ich habe diese Worte gehört. Alle und noch viel mehr. Und ja, ich bin wütend und einsam. Vielleicht nicht so einsam, wie noch vor ein paar Minuten, aber SO EINSAM.

»Aber ich will, dass ihr Folgendes nicht vergesst«, fährt sie fort. »Niemand will uns verletzen, wenn er oder sie so etwas sagt. *Sie alle versuchen zu helfen.*«

Ich schaue wieder zurück auf meine Schuhe. Es sind nicht die lindgrünen Superflys von Nike in Größe 44 $\frac{1}{2}$. Es sind rote Converse High Tops aus Stoff in Größe 45 $\frac{1}{2}$. Es sind die falschen Schuhe. Einfach alles an ihnen ist falsch.

Ich sehe Peter Pans Gesicht nicht, weil ich auf meine Füße schaue, aber ich höre ihre Stimme: »Wenn die Leute sagen, ›sie ist jetzt an einem besseren Ort‹ oder ›er ist bei Gott‹ oder ›warum geht es dir immer noch nicht besser?‹, wollen sie uns nicht verletzen. Die Wahrheit ist, dass wir nicht wissen, wie man trauert, und unsere Freunde und Familienangehörige wissen nicht, wie sie uns helfen können. Deshalb sind wir alle ein bisschen verloren.« Und dann fügt sie hinzu: »Und ich möchte, dass ihr Folgendes versteht. Was jedem Einzelnen in diesem Raum zugestoßen ist, ist der größte Verlust, den ein Mensch erleiden kann. Es ist grauenvoll und unendlich traurig. Und jemanden zu verlieren, den du liebst, ist nicht einfach ein großer Kummer. Es kann auch ganz schrecklich beängstigend sein. Und es kann Gefühle auslösen, von denen du nicht geahnt hast, dass du sie haben könntest. Deshalb gebe ich euch hier und jetzt die Erlaubnis, alle eure wohlmeinenden, aber ahnungslosen Freunde und Familienangehörigen zu ignorieren, die euch sagen, ihr sollt es durchstehen. Oder die euch sagen, dass ihr falsch trauert. Ich sage euch: Los, seid einfach so traurig, wie ihr wollt, so lange ihr wollt und auf jede Art und Weise, die ihr wollt, allerdings mit einer Einschränkung.«

Ich schaue auf.

Sie sieht sehr ernst aus. Alle schauen sie an. Als wollten wir alle ganz unbedingt hören, was sie zu sagen hat. *Wir müssen wissen, wie wir uns wieder besser fühlen können.*

»Seid nicht so traurig, dass die Trauer euch kaputtmacht. Haltet kurz davor inne. Denn wenn ihr *so* traurig seid, so traurig, dass die Trauer euer Leben zerstört, bedeutet das, dass der Krebs oder der Unfall oder der Herzinfarkt, der euch das Liebste genommen hat, auch euch geholt hat.«

Sie hält inne, um ihre Worte sacken zu lassen, dann fügt

sie hinzu: »Ich möchte, dass ihr alle euch sagt: ›Ich darf all die Wohlmeinenden ignorieren, die enttäuscht sind, dass ich nicht schnell genug wieder zur Normalität zurückfinde, und Dinge sagen, die mir wehtun, weil ich weiß, dass sie nur *helfen* möchten, aber nicht *wissen*, wie sie helfen sollen. Und ich darf traurig sein. Ich *soll* traurig sein, wenn es sich *richtig anfühlt, traurig zu sein*, auch schrecklich traurig für eine lange Zeit, wenn mir danach zumute ist. Nur nicht *selbstzerstörerisch* traurig. Niemals selbstzerstörerisch traurig‹«.

Sie hört auf zu reden, und die Stille ist ohrenbetäubend. Und dann fängt ein Mädchen an zu weinen.

Sloane steht auf, um das Mädchen zu trösten, und ihre Motorradstiefel machen ein lautes, stampfendes Geräusch, als sie schlurfend quer durch den Raum stapft.

Sonst bewegt sich niemand, aber ich möchte *davonstürzen*. Durch die Tür hinausrennen, nach links an den Verkaufsautomaten und den Toiletten zur Rechten vorbei, den Fahrstuhl auslassen und immer zwei Stufen auf einmal nehmend die Treppe hinunter. Nicht, weil die Sitzung vorbei ist, sondern weil sie zu heftig ist. Und nicht, weil das, was geschehen ist, schlecht ist, sondern weil es geholfen hat. Niemand hat jemals so etwas zu mir gesagt. Niemand hat je gesagt, dass es *normal* ist, so traurig zu sein. Ich war immer *zu traurig* oder *auf die falsche Art traurig*. Oder *trauriger*, als ich nach Ansicht der Leute sein sollte.

Eigentlich will ich losrennen, aber ich bleibe sitzen und schaue auf meine roten Turnschuhe von Converse, als ich in die ohrenbetäubende Stille hineinschreie: »Das Schlimmste war, dass jemand zu mir gesagt hat: ›Es ist okay zu trinken und Auto zu fahren, auch wenn man jemanden tötet‹«.

Meine Stimme ist so laut und so kräftig, dass sie die Aufmerksamkeit von allen bekommt, allerdings bin ich selbst wahrscheinlich überraschter als alle anderen. Ich wollte eigentlich gar nichts sagen. Die Worte sind einfach aus mir *herausgebrochen.*

Ich schaue auf, und Peter Pans Mund ist offen. Der Raum steht still. Das Mädchen hat aufgehört zu weinen. Ich fange Sloanes Blick auf, als sie sich zu mir wendet. Sofort wünsche ich, ich könnte die Worte zurückholen, die gerade mit solcher Macht aus meinem Mund herausgestürzt sind, DASS ICH SIE NICHT STOPPEN KONNTE, denn wenn ich Sloane und Peter Pan und die anderen anschaue, ist es offensichtlich, dass ich gerade die Welt aus den Angeln gehoben habe und wir alle in die Besinnungslosigkeit stürzen.

Ich schaue wieder auf meine Turnschuhe hinunter.

»Asher«, sagt Peter Pan, »ich bin sicher, dass niemand das tatsächlich gesagt hat. Vielleicht ...« Ihre Stimme ist sanft wie die einer Mutter, die mit ihrem kleinen Kind spricht, aber ich weiß, dass sie genau so ist wie all die anderen, die Mist reden und es gut meinen, aber VERDAMMT NOCH MAL KEINE AHNUNG HABEN, und ich kann mir das jetzt nicht anhören, deshalb sage ich. »Doch. Jemand. Hat. Es. Gesagt. Meine Mutter wurde von dem betrunkenen Fahrer eines Sattelschleppers getötet, und der Richter urteilte ›nicht schuldig‹. Er sagte, dass meine tote Mom kein überzeugender Beweis sei. Sie wurde geköpft, als ihr Wagen von der Straße gedrängt wurde und mit hoher Geschwindigkeit in einen Strommast krachte, der umknickte und sie zerquetschte, während ihr Auto auf dem Kopf stand und sie in den Fahrersitz geschnallt war. Dann entzündete sich der

Tank, und ihr Körper verbrannte. Und der Typ, der es getan hat, war betrunken, und er kam davon, weil der Polizist am Unfallort ihn nicht blasen ließ. Das heißt, *dem Lastwagenfahrer passierte überhaupt gar nichts. Das Schlimmste, was jemand nach dem Tod einer Mutter zu mir sagte, war also, dass es* okay ist zu trinken und Auto zu fahren, auch wenn man jemanden tötet.«

Peter Pan und ich starren uns so intensiv an, als würde all die Energie wie ein Laser aus unseren Augen schießen, aber ich bin mir immer noch der anderen Mitglieder meiner Gruppe im Raum bewusst. Sloane hält das Mädchen fest, das sie umarmt hat. Will sieht mich mit offenem Mund und weit aufgerissenen Augen an und duckt sich dann wieder hinter seinen Stahlhelm aus Haaren.

Niemand will hören, was ich gerade gesagt habe, und niemand will sich damit beschäftigen, jetzt, nachdem ich es gesagt habe. Es ist einfach ein weiterer hässlicher Klumpen auf dem Boden von Zimmer 212, den ich gerne wegnehmen würde, wenn ich könnte. Ich kann ihn nicht wegnehmen, aber Peter Pan kann ihn auch *nicht einfach dort liegen lassen.* Sie muss *irgendetwas* sagen oder tun, denn er ist so abscheulich, gestaltlos und zerstörerisch, und er LIEGT DA EINFACH, VERDAMMT NOCH MAL.

Ich erwarte, dass sie sagt: Geh jetzt, Asher! Geh nach Hause oder geh weg! Du bist zu kaputt, um hier zu sein! Ich kann dir nicht helfen! Oder: Das stimmt nicht! Oder: Die Sitzung ist vorbei! Denn die Wahrheit, meine Wahrheit, ist einfach so brutal und so abscheulich, dass sie nicht laut ausgesprochen werden kann, sie ist so brutal und abscheulich, dass ein Mensch sie nicht hören kann, ganz zu schweigen davon, mit ihr zu leben. Dann will ich ihnen von den 10 262 Menschen erzählen, die im vergangenen Jahr bei Unfällen gestorben sind, die von betrunkenen Fahrern verursacht wurden, aber das kommt mir so verdammt grausam vor, dass ich einfach dasitze und den Mund halte.

Weil die gottverdammte Sache, von der ich gerade gesprochen habe, so groß und kaum zu fassen ist, braucht Peter Pan eine Weile, um zu überlegen, wie sie reagieren soll. Schließlich sagt sie: »Mein Gott, Asher, das ist furchtbar und ein Schlag ins Gesicht der Gerechtigkeit, und es tut mir schrecklich leid.« Und sie kommt zu mir herüber, setzt sich neben mich und nimmt mich in den Arm. Diesmal ist es nicht unangenehm, und ich entziehe mich nicht, denn es ist genau die richtige Art von Umarmungen, eine große, warme, feste Mutter-die-ein-weinendes-Kind-hält-Umarmung, deshalb lasse ich mich darauf ein und erwidere die Umarmung.

»Ich möchte den Kerl umbringen, der meiner Familie das angetan hat.«

»Ich würde genau dasselbe fühlen«, antwortet sie. »Aber Gefühle sind nur Gefühle, und wir müssen nicht nach ihnen handeln.«

Ich erzähle ihr nicht, dass meine Mom einfach nur Fußballschuhe im Einkaufszentrum holen wollte, weil ein minderwertiger Loser mir meine geklaut hat, obwohl sie in meinem Schließfach lagen, denn ICH HABE AUF MEINE SACHEN AUFGEPASST, und ich erzähle ihr auch nicht, dass ich den Typen, der sie genommen hat, und Mia Hamm, wegen der ich Fußball liebe, und wer immer Teer erfunden hat und die Leute, die das Einkaufszentrum gebaut haben, und den Gouverneur von New Jersey, der Menschen erlaubt,

Auto zu fahren, dafür verantwortlich mache. Und ich erzähle ihr nichts von Grace und Connor und dem Prom-Ball. Ich weine einfach und denke darüber nach, was hier gerade gesagt wurde – dass ich es ertragen muss, mir anzuhören: *Asher, du warst jetzt lange genug traurig.* Oder: *Es macht keinen Spaß mehr mit Asher* oder mich mit Leuten abzugeben, die meinen, mir zu helfen, wenn sie mich darauf hinweisen, dass es mir gut gehen sollte, obwohl es mir einfach nur beschissen geht. Dann denke ich: *Als ob sie alles daransetzen würden, damit es mir schlechter geht, wenn ich einfach nur hören will, dass alles Scheiße ist.* Dass ich traurig sein darf. Sehr traurig, weil jemand, den ich nicht kenne, entschieden hat, Jack Daniel's zu trinken und dann mit einem riesigen Sattelschlepper in meine Mom hineinzufahren.

»Ich weiß nicht, wie ich jemals über diesen Schmerz hinwegkommen soll«, flüstere ich.

Und Peter Pan antwortet: »Niemand weiß das, Asher. Aber wir alle werden den Weg gemeinsam mit dir gehen.«

19

Am Mittwoch in der Gruppe mit den alten Leuten passiert nicht viel, außer dass Henry mir mitteilt, er komme mit nach Memphis, um sich das Haus des King anzuschauen, und ich ihm sage, dass ich ihn am Freitagmorgen um zehn abhole. Am Dienstag in meiner wöchentlichen Sitzung in der Schule sagt Dr. KeineAhnungvonnichts nichts, und ich sage auch nichts, also fange ich an, dieses Lied aus dem Kinder-Zeichentrickfilm *Daniel Tiger's Neighbourhood* zu summen, das Chloe immer singt.

Dann lasse ich den Blick durch das Büro schweifen und entdecke das Poster mit der Erde vom Weltraum aus gesehen, und die Erde ist von einem ätherischen bernsteinfarbenen, feurig goldenen Kranz umgeben, als ob sie wundersame magische Energie verströmen würde, und das erinnert mich an einen Film mit Denzel Washington über das Ende der Welt, den ich einmal sah. Ich versuche gerade, mich an seinen Filmpartner zu erinnern, als Dr. KeineAhnungvonnichts auf einmal beschließt, doch zu reden, wahrscheinlich weil er denkt, dass er seine Arbeit nicht macht, wenn ich eine ganze Therapiesitzung lang den Titelsong eines Zeichentrickfilms summe und er seine Katzenstatuen betrachtet und keiner von uns spricht. Und er eröffnet das Gespräch mit einem echten Hammer. Nicht mit: *Wie war deine Wo-*

che, Asher? Oder: *Möchtest du über irgendetwas Bestimmtes reden?* Oder: *Was hast du im Sommer vor?* Sondern er sagt: »Lass uns darüber sprechen, was mit dem Baseballschläger passiert ist.«

Ich denke: *Mist, nein!* Dann sagt er: »Du hast damals in der Umkleidekabine ziemlich viel kaputt gemacht, und wir haben eigentlich nie darüber gesprochen.« Vermutlich will er vor den Sommerferien ein paar offene Punkte in meiner Akte abhaken, deshalb summe ich einfach lauter. Er beginnt mit seinem Bleistift auf den gelben Block zu klopfen, als könne er es nicht erwarten, eine letzte vernichtende oder entmutigende Notiz in den offiziellen Bericht über mich zu schreiben, aber ich denke, dass der Vorfall mit dem Baseballschläger über ein Jahr her ist, sodass ich mich frage, warum ich jetzt darüber reden sollte oder warum *überhaupt* irgendwer darüber reden wollen sollte? Und da entscheide ich, dass ich EIN ABLENKUNGSMANÖVER BRAUCHE, also stürze ich mich auf das Thema Katastrophenfilme.

»Sie wissen schon, dass in allen postapokalyptischen Filmen nach den Eröffnungsszenen immer dieser *eine Typ* zu sehen ist – ein Überlebender, der durch die Trümmer einer von Pflanzen überwucherten Stadt streift, wo Winden an leeren Gebäuden emporranken und bissige Hunde und ...«

Dr. KeineAhnungvonnichts folgt meinem Blick zu dem Poster der Erde und schaut mich dann enttäuscht an, als würde er viel lieber darüber reden, warum ich die Umkleidekabine mit dem Baseballschläger aus der Vitrine vor dem Sportbüro zertrümmert habe, statt über das Ende der Welt. Dann notiert er sich etwas wie STELLTE EINE WICHTIGE FRAGE, ABER SCHÜLER WENDET VERMEIDUNGS-

STRATEGIE AN auf seinen Psychologenblock, aber ich denke: *Es war richtig, das Thema zu wechseln, weil ich nicht über die Zeit reden will, als ich mit dem Omaha-519-Louisville-Schläger, mit dem Timmy Ingram 2017 bei der Ligameisterschaft seinen Home Run schlug, siebzehn Schließfächer zertrümmerte.* Deshalb rede ich weiter: »Nachdem die Kamera die Landschaft gezeigt hat, schwenkt sie wieder auf den Typen zurück, und er durchsucht ein verlassenes Haus oder einen Mülleimer auf der Suche nach etwas Essbarem wie zum Beispiel ein paar Schuhe oder ein Gummiband oder Antibiotika oder vielleicht ein paar Batterien, und er stopft sich den ganzen Mist in die riesigen Taschen seiner Cargo-Militärjacke.«

Dr. KeineAhnungvonnichts nickt leicht mit dem Kopf, als ob er mir für den Augenblick zustimmen würde, aber wahrscheinlich denkt er: *Herrje, fühlt Asher sich, als würde er nach einer Apokalypse in den Trümmern wühlen?* Oder ist es eher: *Was zur Hölle? Glaubt Asher, dass die Welt untergeht?*

»Jedenfalls«, fahre ich fort, »zeigt diese Szene, dass, wer immer auf der Erde übrig geblieben ist, irgendwann aufstand und die Trümmer seines Lebens durchstöberte und dann weiterging zu den Überresten des Planeten und irgendwie wieder zurück ins Leben fand.«

Dr. KeineAhnungvonnichts erkennt seine Chance, beugt sich nach vorn und sagt: »Und was will uns das deiner Meinung nach sagen?«

Ich hatte eigentlich gar nicht an eine Botschaft gedacht, sondern nur daran, dass Denzel Washington bestimmt ganz schön angepisst war, weil die Welt untergegangen ist und er keine andere Wahl hat, als sich durch die Trümmer hindurchzucontainern und sich aus dem, was übrig geblieben ist, ein Leben zusammenzuschustern. Aber das sage ich nicht. Ich antworte, was er hören will. »Die Botschaft ist, dass Menschen wie Löwenzähne sind, die so unbedingt überleben wollen, dass sie, selbst wenn man sie mit Beton übergießt, einen Weg finden, ihren Kopf aus einem Riss im Gehweg zu strecken, oder beim Versuch, das zu tun, sterben.«

Ich habe den Eindruck, dass ich ihn hier an dieser Stelle meiner Blumenanalogie abhänge, rede aber trotzdem weiter.

»Ich meine, wir sollten diese Art von Resilienz besitzen. Das heißt, wir sollten, auch wenn ein Meteor einschlägt oder wir mit Beton übergossen werden, einen Riss suchen und hindurchkriechen. Diese Löwenzähne haben vielleicht eine Weile gedacht: ›Scheiße, woher kommt der ganze Beton?‹ Aber wie die Kerle in den Filmen, die überlebt haben, müssen sie ihre Einstellung verändern und denken: ›Ich bin heute aufgewacht, und überall, wo früher Gras war, ist jetzt Beton – also wo ist der verdammte Riss, durch den ich hindurchkriechen kann?‹«

»Achte auf deine Ausdrucksweise, Asher.«

»Oder die Löwenzähne denken: ›Scheiße! Da ist kein Riss! Wie kann ich selbst dafür sorgen, dass einer entsteht?‹«

»Achte auf deine Ausdrucksweise. Zweite Warnung.«

»Wenn der verdammte Löwenzahn diesen Riss nicht findet – diesen Ausweg aus einer alle-Lichter-aus-alles-vorbei-persönlichen Apokalypse –, dann stirbt er.«

Dr. KeineAhnungvonnichts ignoriert meine Ausdrucksweise und sagt: »Du willst damit also sagen, dass diese Überlebenden ihren Weg durch die Trümmer finden und dann mit der schmerzlichen neuen Gegenwart fertigwerden müssen.«

»Genau«, sage ich, »nur, dass …«

Jetzt will ich eigentlich erklären, was mich an der ganzen Sache wirklich nervt. Aber er hat diesen herablassenden Ausdruck auf dem Gesicht. Als ob er denken würde: *Jetzt kommt es. Jetzt kommt Asher vom logischen Weg ab und driftet in den Wahnsinn.* Aber das ist mir egal. Obwohl es zur vierten Stunde klingelt, rede ich weiter, als ob Vernunft und Rationalität aus der Mode gekommen wären. »Der wesentliche Unterschied ist, dass in *diesen* Filmen, in *diesen* Szenarien die Apokalypse für *alle* passiert. *Alle* sind entweder tot oder Opfer.«

»Und worauf willst du hinaus?«

»Dass im Fall der Löwenzähne und dem neuen Gehweg die Apokalypse nur einige von uns trifft.«

Er sieht erschrocken aus und springt auf, als ob gerade einer seiner Psychologen-Notknöpfe gedrückt worden wäre. »Du hast gesagt *uns*. Die Apokalypse traf einige von *uns*.«

Ich zucke zusammen. Er redet weiter.

»Dann siehst du dich als Löwenzahn. Und du meinst, dass es auch Löwenzähne gibt, die, anders als du, nicht unter Beton begraben wurden?«

Ich sage weder Ja noch Nein. Ich sitze einfach da und denke: *Im Grunde genommen? Ja.*

Er notiert etwas. Wahrscheinlich: *Was soll dieser Mist über Löwenzähne?* Oder: *Gott sei Dank ist das unsere letzte Sitzung, Asher ist ja völlig aus der Spur geraten.* Aber ich rede einfach weiter, als würde mein Mund den Rest von mir mit hoher

Geschwindigkeit direkt auf ein Schild aus Stahl steuern. »Im Grunde sind wir deshalb stinksauer, weil wir irgendwie mit dem Untergang der Welt fertigwerden müssen, und alle anderen nicht.«

»Und *wir* sind die Löwenzähne?«, fragt er und kritzelt jetzt hektisch auf seinem Psychologenblock herum.

»Die Löwenzähne und die Leute in Zimmer 212«, stelle ich klar.

Er schaut auf: »Zimmer 212?«

»Im Krankenhaus. Die Trauergruppen treffen sich in Zimmer 212.«

»Verstehe. Du gehst also zu einer Trauergruppe?«

»Drei.«

Er hebt die Augenbrauen. Sie bewegen sich ungefähr zwanzig Zentimeter nach oben und gleiten fast über seine Stirn hinweg und rutschen dann seinen Rücken hinunter. »Du bist in drei Trauergruppen?«

»Bislang drei. Alte Leute. Teenager. Und Noch-keine-Toten.«

»Wie oft trefft ihr euch?«

»Jeden Tag. Die alten Leute montags und mittwochs. Die Teenager dienstags und donnerstags. Die Noch-keine-Toten freitags. Am Wochenende haben wir frei.«

Er sieht besorgt aus.

»Aber aus dem Freitag, der Gruppe, die noch keine Toten haben, bin ich gerade wieder ausgestiegen.«

»Aber zu einer Gruppe für alte Menschen gehst du?«

Ich nicke. »Wegen Henry.«

»Henry?«

Ich nicke. »Und Evelyn.«

Er notiert das. »Das sind viele Gruppen. Helfen sie dir?«

»Ich habe viele andere Löwenzähne kennengelernt, die von Beton begraben wurden, wenn Sie das meinen.«

Er lehnt sich zurück. »Ist es das, was du fühlst? Dass du mit einem Verlust klarkommen musst, den andere nicht erfahren haben?«

Ich drehe mich zum Fenster, das zum Pausenhof hinausgeht. Auf dem Hof wimmelt es von Jungen und Mädchen, die an ihren Handys sind und Kaffee trinken und lachen und flirten und in der Sonne herumtollen, während ich hier im Dunkeln festsitze und versuche, diesen Riss im Beton zu finden, damit ich hindurchkriechen kann.

»*Für sie*«, sage ich und zeige auf den Pausenhof, »dreht sich die Welt einfach weiter, wie sie sich immer gedreht hat, und ich wurde von einer Apokalypse heimgesucht.«

»Du willst also sagen, dass sie die Löwenzähne auf der Wiese ein paar Meter entfernt von dir sind, die nicht unter dem Beton begraben wurden. Und das macht dich wütend.«

Es ist keine Frage, und wenn es eine wäre, würde ich nicht antworten. Ich schaue einfach durch das Fenster auf das Leben, das ich früher hatte. »Es ist nicht so, dass sie *bessere Löwenzähne* wären oder etwas getan hätten, warum sie es verdienen, nicht unter Beton begraben zu werden, sondern es ist einfach *zufällig* passiert. Und damit kann ich nicht umgehen. Es liegt an der Dualität.«

»Dualität?«

Ich drehe mich um und sehe ihn an. »Was wissen Sie über Existenzialismus?«

Er seufzt. »Sehr wenig.«

»In aller Kürze«, sage ich. »Dinge passieren zufällig. Tiere versuchen nicht, irgendeinen Mist zu *verstehen*. Sie kümmern sich nicht um das *Warum*. Aber *Menschen* tun es. Das ist der Kern unseres existenziellen Kampfes.«

Er legt seinen Bleistift hin. Ich rede weiter.

»In der Welt passieren Dinge zufällig, doch die Menschen wollen für alles eine Erklärung. Aber es gibt keine. Es ist ein Paradox. Weil wir rationale Wesen sind, suchen wir im Grunde eine Erklärung für Dinge, die ... wissen Sie ... *unerklärlich* sind.«

Er lehnt sich zurück. Wahrscheinlich denkt er, es wäre viel einfacher, wenn ich ihm einfach gesagt hätte, dass ich alle hasse und angepisst bin und deshalb mit einem Baseballschläger ein paar Schließfächer zertrümmert habe.

»Dann liest du Bücher über Existenzialismus?«

»Vorwiegend Kierkegaard.«

Seine Augenbrauen heben sich wieder.

»Es ist im Grunde meine neue Religion.«

»Der Versuch, eine Erklärung für Dinge zu finden, die sich nicht erklären lassen?«

Ich nicke. Warum gibt er mir das Gefühl, dumm zu sein?

»Dann denkst du, dass das Universum ungerecht ist und du ungerecht behandelt wurdest?«

»Ist das nicht verdammt offensichtlich?«

Er sagt nicht: *Achte auf deine Ausdrucksweise, Asher. Letzte Warnung*. Aber ich weiß, dass er es gerne sagen würde.

Dann überrascht mich Dr. KeineAhnungvonnichts. Er sagt nämlich: »Das Universum ist nicht gerecht, und was dir widerfahren ist, war absolut ungerecht, Asher. Du hast das nicht verdient. Und es wird wahrscheinlich immer sinnlos bleiben. Aber es wird leichter, damit umzugehen, wenn du

akzeptierst, dass die Welt nicht gerecht ist. Sie hat nie versprochen, gerecht zu sein. Und sie wird es niemals sein.«
»Dann haben Sie es verstanden.«
»Was verstanden?«
»Meinen existenziellen Kampf.«
Er sackt in seinem Stuhl zusammen. Er ist der Situation nicht gewachsen.

Ich drehe mich um und betrachte durch das Fenster die Löwenzähne, die nicht unter Beton begraben wurden. Aber ich erzähle ihm nicht den wirklich schlimmen Teil der Löwenzahngeschichte.

Für mich besteht der wirklich schlimme Teil der Löwenzahngeschichte darin, dass, während ich unter Beton begraben und meine Mom in die Leichenhalle getragen wurde, für einige andere Löwenzähne die Welt *besser* wurde. In ihrem Leben passierten gute Dinge – Emily zum Beispiel erhielt die Hauptrolle im Theaterstück unserer Schule, und Brian bekam ein neues Auto. Ich war wütend, weil ihr Leben besser wurde und meines schlechter. *Weil sie bleiben durften, wo sie waren, und ich anderswohin geschickt wurde.*

Und dann fragt er mich, ob ich irgendwelche Erinnerungen an den Unfalltag habe oder daran, wie mein Vater mir erzählte, dass meine Mom tot ist. Ich schüttle den Kopf. Er notiert das. Und da wird mir klar, was der absolut schlimmste Teil meiner Geschichte über die Löwenzähne und den Beton ist, aber diesen Teil erzähle ich ihm auch nicht.

Die meisten Löwenzähne, die unter Beton begraben werden, finden niemals einen Riss, durch den sie hindurchkriechen können.

Sie schaffen es nicht.

Als es klingelt, gehe ich nicht in die nächste Unterrichtsstunde, sondern direkt ins Büro der Krankenschwester und sage: »Ich glühe vor Fieber.« Schwester Ratched mustert mich von oben bis unten, als mache sie eine Gefahrenabschätzung, aber offenbar sieht sie, in was für einem katastrophalen Zustand ich bin, denn sie zieht nicht mal ihr kaputtes Thermometer heraus, um mir zu beweisen, dass ich nicht im Geringsten krank bin, sondern geht direkt zu ihrer Frage über: »Wie geht's Chloe?«, und ich antworte: »Es geht ihr so gut, wie es dir gehen kann, wenn deine Mutter bei einem Autounfall verbrennt und du sie nie wieder sehen wirst.« Dann reicht sie mir einen Pappbecher mit Apfelsaft und fragt: »Magst du *Go Fish* spielen?« Und ich sage: »Ja.« Und dann frage ich: »Hat der Psychologe Sie angerufen und Ihnen gesagt, dass ich ihm etwas Wirres über eine Apokalypse und Beton und Löwenzähne erzählt habe?« Schwester Ratched antwortet: »Nein. Warum sollte er das tun?« Und ich antworte: »Keine Ahnung. Sie sind dran, *Go Fish*.«

20

Am Freitag klaue ich das Auto.

Ich muss.

Grace' Prom-Ball ist morgen Abend, und bevor ich Henry und Will und Sloane einlud, habe ich mit dem Routenplaner hundertmal nachgeschaut: Mit dem Auto von hier zu ihrem Haus zu fahren, dauert sechzehn Stunden und einundfünfzig Minuten. Während mein Dad am Morgen unter der Dusche ist, lege ich also als Erstes den Smoking, das Smoking-Hemd, den Kummerbund und die Fliege, die ich gestern bei *Father and Son Formal Wear* abgeholt habe, in den Kofferraum seines Autos.

Ich werde den Smoking mit meinen alten Fußballschuhen tragen, weil meine eigentlichen Fußballschuhe aus meinem Schließfach gestohlen und von einem Loser aus Jux in einen Mülleimer gestopft wurden und die neuen bei dem Unfall zusammen mit meiner Mutter verbrannt sind. Ich finde die alten Fußballschuhe in einem Mülleimer in der Garage, werfe sie in den Kofferraum und stürme dann wieder hoch und packe ein paar Klamotten und sonstige Dinge, die ich brauche, in meinen Rucksack und erstarre, weil Chloe singend an meinem Zimmer vorbeigeht. Als sie auf der Treppe ist, schließe ich meinen Rucksack und nehme den Brief meiner Mutter aus der Schreibtischschublade.

Er ist schwer wie ein Ziegelstein.

Ich habe nie zuvor einen echten Brief von jemandem bekommen, nur Post-it-Nachrichten in meiner Brotdose, als ich klein war: *Sei brav in der Pause! Es sind so viele Kekse, dass du welche abgeben kannst! Ich hab dich lieb!* Und Textnachrichten, als ich älter wurde: Bitte räum vor dem Training dein Zimmer auf! Iss Chloes Eislollys nicht komplett auf! Wenn du der Rennmaus kein Wasser gibst, stirbt sie! Denk dran: heute Abend Filme und Pizza!

Bis jetzt konnte ich mich nicht dazu durchringen, aber diesmal schaffe ich es, die Lasche anzuheben und den Brief vorsichtig aus dem Umschlag zu nehmen.

Es ist ein einziges, dreifach gefaltetes Blatt Papier.

Ich möchte nicht undankbar erscheinen, aber ich habe mehr erwartet. Parfüm und Konfetti zum Beispiel und Unmengen von Seiten mit tausend und abertausend winzigen, akkuraten, WICHTIGEN Wörtern.

Man sollte meinen, dass du viel schreiben musst, wenn du jemandem einen Brief schreibst, der überhaupt nichts weiß.

Besonders wenn du viel früher stirbst, als diese Person es erwartet hat.

Ich weiß, dass, was immer meine Mom in diesen Brief sagte, das Letzte sein wird, das sie jemals zu mir sagt, und sie sagte es, lange bevor wir uns überhaupt kannten.

Ich meine, wir haben uns an diesem Tag ja gerade erst kennengelernt.

Das heißt, als sie den Brief schrieb, waren wir praktisch Fremde. Aber es stört mich trotzdem, dass alles, was sie zu sagen hatte, auf eine Seite passt.

Es ist also wahrscheinlich nicht besonders schwer zu verstehen, warum ich mich nicht dazu durchringen kann, es zu lesen.

Ich starre auf das akkurat gefaltete taubenblaue Papier und schiebe es dann zurück in den Umschlag, den ich in meinen Rucksack stecke, dann ziehe ich den Baseballschläger meines Dads unter meinem Bett hervor. Er hat ihm gehört, als er jung war, aber er spielt nicht mehr, also braucht er ihn nicht. Ich bleibe in meinem Zimmer, bis ich meinen Dad in der Küche höre, wo er mit Chloe Rosinen in der Form eines lächelnden Gesichts auf einen kalten Pfannkuchen legt, dann schicke ich Will und Sloane eine Nachricht: Bin in fünfzehn Minuten da, schalte mein Handy aus, trage den Rucksack und den Baseballschläger die Treppe hinunter, schnappe mir die Autoschlüssel vom Tisch in der Diele, gehe durch die Tür, lege den Rucksack in den Kofferraum des Jeeps und den Schläger auf den Boden vor dem Rücksitz und fahre los.

21

Ich halte vor Henrys Haus. Er steht schon auf seine Gehhilfe gestützt vor der Treppe und wartet auf mich, zu seinen Füßen ein Koffer mit rotem Schottenkaro und breiten Lederriemen und direkt daneben eine Pappschachtel. Ich steige aus, renne über den Rasen, trage seinen Koffer zum Auto und gehe dann noch einmal zurück, um die Schachtel zu holen, die, wie Henry mich ermahnt, SEHR WICHTIG UND SEHR ZERBECHLICH ist. Ich trage sie für ihn, während Henry mit seiner Gehhilfe langsam zum Auto geht und mich die ganze Zeit ermahnt, vorsichtig zu sein. Ich bin nervös. Das dauert alles so lange, und ich denke unentwegt daran, dass mein Dad vielleicht auftaucht und sagt: *Was machst du da, und warum hast du mein Auto genommen?*, was überhaupt keinen Sinn ergibt, denn er kann ja gar nicht kommen, WEIL ICH SEIN AUTO GEKLAUT HABE UND DER LAND ROVER MEINER MOM BEI DEM UNFALL EINEN TOTALSCHADEN HATTE UND ICH CHLOES FAHRRAD MIT EINEM HAMMER ZERTRÜMMERT HABE. Außerdem hat er keine Ahnung, wo ich sein könnte. Trotzdem: Henry bewegt sich so langsam, dass es mich total stresst. Als wir endlich ihn und all sein Zeug am Wagen haben und ich mit der Schachtel in der Hand neben dem Koffer stehe, sagt er: »Koffer und Gehhilfe können in den

Kofferraum, aber die Schachtel muss hier vorn bei mir mitfahren.«

Auf meine Frage, *warum* die Schachtel vorne mitfahren müsse, sagt er, das liege daran, dass Evelyne darin sei.

Ich denke *Ach, du meine Scheiße!*, oder vielmehr *ACH, DU MEINE SCHEISSE!*, denn vor meinem geistigen Auge läuft eine ganze Reihe von möglichen Szenarien ab, und dazu gehört NICHT NUR, DASS MEIN DAD MIT UBER HIERHERKOMMEN KÖNNTE. Da ist auch noch die ganze Geschichte mit EVELYN IST IN DER SCHACHTEL.

Ich betrachte die Schachtel und beuge mich dann langsam vor, um sie vorsichtig auf den Rasen zu stellen. Dann klappe ich die Laschen hoch: In der Schachtel ist eine Urne.

Ich schaue wieder auf, und Henry sagt: »Das ist das Premiummodell ›Ewige Liebe‹ aus reinem Messing von *Heavenly Creations*.«

Ich reiße mich zusammen und schaffe es zu sagen: »Okay, aber vielleicht müssen wir es nicht allen erzählen«, und Henry fragt: »Was allen erzählen?«, und ich flüstere: »Dass Evelyn in der Schachtel ist.«

»In der Urne. Sie ist in der Urne.«

»Schon verstanden.«

Und dann fragt er: »Wer sind alle?«, also erkläre ich ihm: »Meine zwei Freunde Will und Sloane aus meiner Dienstagabend-Trauergruppe.«

Henry späht durch die Scheiben, als wolle er nachsehen, ob Will und Sloane im Auto sitzen und er es irgendwie nicht bemerkt hat, aber dann scheint er sie vollkommen zu vergessen und wendet sich erstaunt an mich: »Du bist nicht nur in einer Gruppe?«

»Ja«, sage ich, und darauf sieht er noch trauriger aus als sonst. Traurig wie ein Basset. Oder so traurig, als sei EVELYN EIN ZWEITES MAL GESTORBEN. Ich knie immer noch neben der Urnenschachtel auf dem Rasen und flüstere: »Hallo, Evelyn« und »Wie schön, Sie kennenzulernen«, und achte sorgfältig darauf, so laut zu sprechen, dass Henry mich hört, und offenbar ist er doch nicht so taub, denn seine Miene hellt sich sofort auf, und er sieht jetzt glücklich aus – so glücklich wie ein alter Mann, der Rad schlägt, oder vielleicht sogar EVELYN-IST-GAR-NICHT-SO-TOT-glücklich.

Als Nächstes verfrachte ich Henry und Evelyn auf den Beifahrersitz, und dann fahren wir los und sammeln Sloane am vereinbarten Ort einen Block von ihrem Zuhause entfernt ein. Sie hat ihrer Mutter erzählt, die Rennmaus ihrer Freundin Mallory sei bei der Geburt ihrer Jungen gestorben und sie werde ein paar Tage oder länger bei ihr bleiben, um die Baby-Rennmäuse mit Puppenfläschchen rund um die Uhr zu füttern, denn sie konnte ihrer Mom ja nicht sagen, dass sie mit drei Typen nach Tennessee fährt, auch wenn einer von ihnen schon richtig alt ist und der andere ihre Tochter zum Traualtar führen wird, wenn sie mal heiratet.

Henry und ich nähern uns dem vereinbarten Treffpunkt. Sloane wartet schon, sie trägt einen kurzen gelben Rock und knallrote Kniestrümpfe und Motorradstiefel wie immer. Obwohl es Sommer ist, hat sie über ihrem Tanktop eine riesige Lederjacke an, die ich noch nicht an ihr gesehen habe. Sie sieht angepisst aus, was ziemlich genau einem von zwei möglichen Gemütszuständen bei ihr entspricht. Sloane sieht entweder aus, als sei sie wütend auf die Welt oder von ihr umgeworfen worden. Sie ist entweder ein *grimmiges wildes Raubtier* oder eine *verletzliche Beute*, und ich kann das nachempfinden, denn so geht es mir auch die ganze Zeit. ›Schwach und verletzlich‹ könnte meine Heimat sein, aber ›angepisst‹ ist ein sicherer Hafen, wo man sich aufhalten kann, wenn das Leben auseinanderfliegt – es ist so schön dort, dass sich, wie Dr. KeineAhnungvonnichts mehrfach mir gegenüber ausgeführt hat, manche von uns (er meinte mich) dort einrichten und auf Dauer bleiben.

Ich steige aus und versuche Sloane ein Lächeln zu entlocken, indem ich sage: »Deine Stiefel und deine Jacke sind viel zu groß«, aber sie giftet zurück: »Sie sind gar nicht zu groß. Sie passen perfekt.« Dann wechselt sie von angepisst zu am Boden zerstört und murmelt: »Sie haben meinem Vater gehört.«

Ich denke, *ach du meine Scheiße* und flüstere: »Okay. Alles klar. Die Stiefel und die Jacke sind perfekt.« Da lächelt sie mich schief an, als ob sie sagen wollte, es sei okay, dass ich ihre Gefühle verletze, aber dann wird es für eine Minute irgendwie komisch und unbehaglich zwischen uns, sodass ich fürchte, sie würde es sich anders überlegen und nicht mit nach Memphis kommen. Aber sie späht durch die Scheibe zu Henry auf den Beifahrersitz, zieht eine Grimasse und sagt: »Mann, Will sieht ganz schön scheiße aus.« Danach reicht sie mir grinsend zwei Zeitschriften, die sie in der Hand hatte, und rollt ihren Koffer nach hinten zum Kofferraum. Ich werfe ihn hinein und stelle sie dann Henry vor.

Bevor Sloane einsteigt, schaue ich auf die Zeitschriften

hinunter und dann wieder zu ihr auf. Sie geht gleich in Verteidigungsstellung und fragt feindselig: »Was?«

»Nichts«, antworte ich lächelnd und gebe ihr die Ausgaben von *Easyriders* und *Biker World* mit Motorrädern und halb nackten Frauen auf dem Titelblatt wieder zurück, die sie mir zum Halten in die Hand gedrückt hatte.

Nachdem Sloane eingestiegen ist, holen wir Will ab. Während er zu Sloane auf den Rücksitz steigt, verkündet er, er habe seinen Eltern erzählt, er begleite mich, weil ich meinen Großvater, der zu einem Gedächtnisgottesdienst für meine Mom gekommen war, zurück nach Atlanta bringe. Als er ihnen das erzählt hatte, hätten sie beide ihre Handys rausgezogen und ihm Geld für die Reise überwiesen, ihn gelobt, was für ein guter Freund er sei, und ein bisschen geweint. Dann erzählt Will weiter, er habe sich wegen seiner Lüge schlecht gefühlt, allerdings nur kurz. Während er sich auf dem Rücksitz einrichtet, begrüßt er Henry und fragt dann: »Wozu hast du den Baseballschläger mitgenommen, Asher?«

Ich möchte ihm nicht erzählen, dass ich damit Jack Daniels umbringen will, deshalb sage ich: »Um Flugbälle zu schlagen.« Da wechselt Henry das Thema und sagt: »Kein Techtelmechtel, ihr beide.« Zuerst denke ich, er meint mich und Will, merke aber dann, dass er Will und Sloane meint, und alle lachen gequält, und ich denke, das alles hier ist schon merkwürdig genug, wie gut, dass ich den Plan, Jack Daniels zu töten, und die Tatsache, dass in der Schachtel zu Henrys Füßen die Urne mit Evelyn steht, weggelassen habe. Ich meine, Will und Sloane wären bestimmt nicht mitgekommen, wenn ich gesagt hätte: *Hey, ich werde einen Typen umbringen, und das ist Henry, er hat seine Frau Evelyn mitge-*

bracht, und falls ihr euch wundert, warum ihr sie nicht seht – das liegt daran, dass sie tot ist.

Auf der Auffahrt zum Highway sagt Henry: »Asher, bitte fahr nicht schneller als vierzig Meilen pro Stunde.«

Ich drehe mich zu ihm: »Auch nicht auf dem Highway?«, und er antwortet: »Ja. Evelyn fährt nicht gern schnell.« Ich setze den Blinker, fahre möglichst genau neununddreißig Meilen pro Stunde und warte starr vor Schreck darauf, dass Will oder Sloane fragen: *Wer ist Evelyn?* Oder: *Wo ist Evelyn?*, aber Henry lenkt alle ab. Er sieht mich direkt an und fragt: »Ist Sloane deine Freundin?«

Ich bin verlegen, schaffe es aber zu sagen: »Nein. Wir kennen uns kaum«, und dann denke ich, dass das vielleicht genau das Falsche war, aber es ist zu spät. Ich tröste mich damit, dass es im kosmischen Maßstab gesehen, nicht *ganz so schlimm war*. Wenigstens habe ich nicht gesagt: *Ich habe meine Mom getötet.* Oder: *Vielleicht kann ich zu dir kommen und Platterbsen säen.*

Im Rückspiegel sehe ich, dass Sloane aus dem Fenster schaut und ein Lächeln unterdrückt, deshalb versuche ich meiner Antwort die Schärfe zu nehmen, indem ich sage: »Sloane hat ihren Vater verloren und ich meine Mutter, deshalb haben wir viel gemeinsam und sind Freunde.«

Henry lächelt und fragt dann Will: »Ist Sloane dann *deine* Freundin?«, und Will antwortet verlegen: »Nein«, und ich sage mit Blick auf die Zeitschriften: »Vielleicht steht Sloane auf Mädchen, Henry«, aber Sloane widerspricht: »Nein, das stimmt nicht. Ich hab sie für die Hogs mitgebracht.« Das geht über seinen Horizont, und im Rückspiegel sieht Will mich an, als wollte er mich fragen: *Was zum Teufel geht hier vor*, aber da hält Sloane eine der Motorradzeitschriften hoch, und Will sagt »Oh, verstehe. Hogs wie ›Harley Owners Group‹ und nicht wie ›Säue‹.« In diesem Augenblick verkündet Henry, seine Liebste, Evelyn, gehe lieber zu *Applebee's* als zu *TGI Fridays*, und alle sehen verwirrt aus, weil Henry die Sache mit Evelyn ganz offen angesprochen hat. Als er hinzufügt: »Wir müssen bei *Applebee's* essen«, mache ich einfach mit und sage: »Dann eben *Applebee's*«, während ich denke, wie froh ich bin, dass Sloane mich möglicherweise mag.

Wahrscheinlich überlegen Sloane und Will jetzt: *Wer zum Teufel ist Evelyn? Und wo sammeln wir sie auf?* Und dann fragen sie sich wahrscheinlich: *Verdammt, wo soll Evelyn sitzen, das Auto ist doch schon voll?* Und während sie das denken, überlege ich, ob Henry die tote Evelyn mit ins Restaurant nimmt, weil sie am liebsten bei *Applebee's* isst, aber zum Glück stellt niemand diese Fragen laut.

Eigentlich schlafen alle ein, und ich fahre, habe also richtig viel Zeit zum Nachdenken.

Was nicht gut ist.

Dann wachen alle auf, und die ganze Evelyn-Geschichte spitzt sich zu, weil wir zum Essen anhalten und Henry mich bittet, die Schachtel mit Evelyn in den Gastraum von *Applebee's* zu tragen.

Niemand sagt etwas, aber ich denke: *Oh, Mist!* Oder eher: *OH, MIST!*

Und dann weist Henry mich an, Evelyn auf den Stuhl ihm gegenüber zu stellen, und bestellt Pfannkuchen mit Erdbeeren für sie, obwohl es gar nicht mehr Frühstückszeit ist. Immer noch schweigen alle, aber ich bin mir ziemlich sicher, dass Will und Sloane inzwischen herausbekommen haben, was in der Urne ist, die Henry in der Schachtel verstaut hat, denn Henry hat die ganze Zeit mit Evelyn gesprochen, als wäre sie wirklich hier. Und er hat Essen für sie bestellt. Und sie haben in die Schachtel gespäht, als Henry auf der Toilette war und ich vorgab, nichts zu bemerken, indem ich den Daniel-Tiger-Song summte und mich über *Applebee's Dollarmama Bahama Mama*-Drink mit Kokosnuss-Rum aus Malibu informierte, der auf der dreieckigen Speisekarte in dem Ständer mitten auf dem Tisch angepriesen wurde.

Dann wird alles noch merkwürdiger, denn Evelyns Essen kommt, und die Kellnerin stellt es vor die Schachtel: ein ganzer Stapel Pfannkuchen, und niemand sitzt auf dem Stuhl. Henry macht alles noch schlimmer und sagt: »Evelyn, Liebes, möchtest du Tee?« Als die Schachtel nicht antwortet, und Henry sagt: »Ja, sie möchte. Eine Tasse Earl Grey, bitte«, erscheint dieser *Und ich dachte, ich hätte schon alles erlebt*-Ausdruck auf dem Gesicht der Kellnerin, wahrscheinlich weil sie nicht sicher ist, ob sie verarscht wird oder ob er es verdammt ernst meint. Aber Sloane mischt sich ein, lächelt ein wirklich süßes *Bin ich nicht hinreißend*-Lächeln, das zu ihrer verletzlichen Seite gehört, und wechselt das Thema, indem sie sagt: »Erzähl mir von deiner Mom, Asher«, und die Kellnerin verschwindet – wahrscheinlich um eine Tasse Earl Grey zu holen.

»Sie war groß – wie ich«, antworte ich, »und hatte auf beiden Knien die gleichen Narben, weil sie als Kind immer von Bäumen fiel, ihr Dad nannte sie deshalb seinen Orang-Utan, und in meiner Schule half sie immer bei Festen oder

Veranstaltungen mit, und seit ich denken kann, buk sie freitags Kekse, denn sie sagte, Freitage seien für Partys da, auch wenn wir uns verrückte Gründe ausdenken mussten, um eine zu feiern.« Dann sage ich: »Erzähl mir von deinem Dad, er hört sich irgendwie lustig an.« Wir lächeln beide, als die HÖCHST ARGWÖHNISCHE UND VÖLLIG DURCHGEDREHTE KELLNERIN den Tee für Evelyn bringt und Sloane so tut, als wäre alles total normal, und sich dann hinüberbeugt und ein bisschen Milch in Evelyns Tee gießt und uns erzählt, wie ihr Dad ihnen als Weihnachtsüberraschung einen kleinen Hund mitbrachte und mit der ganzen Familie nach Colorado zum Rafting fuhr, obwohl er Angst vor Wasser hatte, weil er nicht schwimmen konnte. Dann erzählt Henry uns, dass Evelyn eine ganz hervorragende Hühnerpastete macht, und Will sagt, er hätte versprochen, mit seinem Bruder Michael zu einem Spiel der New Jersey Devils zu gehen, aber Michael erlebte den Winter nicht mehr, also ging er dieses Jahr allein zum ersten Spiel der Saison und tat so, als wäre Michael bei ihm, und Henry sagte darauf, Evelyn werde am 4. Juli ihren berühmten Pfirsich-Pie backen. Auf der Rezeptkarte, erklärt er, stehe in Evelyn Handschrift *Das ist Henrys Lieblingspie,* und wir sollten alle zu ihm kommen und ihn probieren. Er werde Evelyn beim Backen helfen, denn sie könnte eine zusätzliche Hand gut gebrauchen.

Das glaub ich gleich, denke ich.

Nach dem Essen haben alle gute Laune, und ich bezahle alles, das ganze Essen und auch das Benzin, denn mit dem Auto meines Vaters habe ich auch seine Kreditkarte genommen. *Warum auch nicht?* Ich meine, was bedeutet das Stehlen einer Kreditkarte, wenn du ein Auto geklaut hast und jemanden umbringen willst? Wenn ich alles bezahle, kann Will sein Bargeld behalten, und das braucht er vielleicht, wenn ich Jack Daniels töte und die drei mit dem Bus nach Hause fahren müssen, weil ich nach Ecuador fliehen und mich verstecken muss.

Jedes Land schickt Mörder zurück in die Vereinigten Staaten außer Länder wie Iran und vielleicht Nordkorea, und dorthin komme ich nicht mit dem Auto, und ich möchte auch nicht Farsi oder Koreanisch lernen und mir ein Visum besorgen, also fahre ich einfach nach Ecuador und warte, bis ein SWAT-Team der Polizei kommt und mich holt. Ecuador habe ich ausgesucht, weil mir die Fotos gefallen haben. Ich meine, da gibt es Wasserfälle und coole Strände und Berge und Palmen, und die Leute sehen glücklich aus und spielen Fußball, und Empanadas schmecken mir eigentlich auch.

Als wir das Restaurant verlassen, ruft Henry: »Shotgun!« Das bringt Will zum Lachen, und niemand macht ihm den Beifahrersitz streitig. Ich trage Evelyn zurück zum Auto, verstaue Henrys Gehhilfe im Kofferraum und nehme den Brief meiner Mom heraus. Den Umschlag öffne ich aber nicht, und ich ziehe auch den Brief nicht heraus. Ich halte den Umschlag einfach ein paar Minuten in den Händen und betrachte den optimistischen Bogen des *A* und den dynamischen Kringel des *r*, dann drehe ich ihn um und betrachte das zerbrochene Herz der Rückseite, und dann blicke ich auf und sehe zu, wie Sloane in den riesigen Motorradstiefeln ihres Vaters und der Jacke, die perfekt zu ihrer schmalen Gestalt passt, zum Auto schlurft.

Beim Einsteigen schaut sie zu mir herüber und fragt mit Blick auf den Umschlag: »Was ist das?«, und ich sage:

»Nichts«, und sie sagt: »Es sieht nicht aus wie nichts. Es sieht aus wie ein Brief«, und ich lege den Umschlag zurück in meinen Rucksack und schlage den Kofferraum zu, als wäre der laute Knall und all der Stahl des Autos eine Metapher für *Ende des Gesprächs*.

Aber sie fragt trotzdem: »Von wem ist er?«

»Von einer toten Person«, antworte ich, und sie sieht weg. Ich meine, ich versteh schon. Sie versucht, sich einfach ganz normal zu verhalten – wir alle versuchen das –, und ich weiß, wenn wir normal wären, hätte sie fragen können: *Was ist das?* Und ich wäre in der Lage gewesen zu sagen: *Ein Brief von einer toten Person*, und sie hätte dann einen Witz machen können und sagen: *Einer toten Person wie George Washington oder einer toten Person wie Biggie Smalls?* Und ich hätte lächelnd antworten können: *Biggie. Woher weißt du das?* Sie hätte mich total arrogant angeschaut, und ich hätte ihr gesagt: *Er schreibt mir dauernd.*

Aber sie weiß, dass er von meiner Mom ist, deshalb sagt ihr Mund nichts, aber ihre Miene sagt: *Oh, Scheiße!* Und sie steigt ein.

Dann warten wir eine gefühlte Ewigkeit, bis Henry sich vorn auf dem Beifahrersitz mit Evelyn auf dem Boden neben seinen Füßen eingerichtet hat, und ich denke: *Mir geht es tatsächlich schon besser. Als ob es mir taugt, die Stadt zu verlassen.* Und dann denke ich: *Es ist egal, wie lange Henry braucht*, denn es steht ihm ins Gesicht geschrieben, dass er total happy ist, weil er gerade seiner Liebsten in ihrem Lieblingsrestaurant Pfannkuchen spendiert hat. Und dann frage ich mich, was Peter Pan wohl von der GROSSEN Lüge halten würde, die Henry sich selbst erzählt, und ich beschließe, dass sie es okay finden würde, denn sie war es, die uns gesagt hat, wir könnten auf jede Art und Weise trauern, wie wir wollen.

22

Bevor ich den Motor starte und wir den Parkplatz von *Applebee's* verlassen, checken alle außer Henry ihr Handy, also schalte ich meines auch wieder an und schaue nach, wie oft mein Dad mich angerufen und mir geschrieben hat.

Es sind im Grunde viel zu viele Nachrichten, um sie zu zählen. Er schrieb Sachen wie: Asher, wo bist du? Hast du mein Auto genommen? Ich mach mir Sorgen! Bitte melde dich.

Gefolgt von: Okay, ich weiß, dass du das Auto genommen hast! Melde dich SOFORT!

Und: Bitte zwing mich nicht, zur Polizei zu gehen. Ich muss wissen, dass alles in Ordnung ist.

Und noch ungefähr fünfzig weitere.

Ich hab echt ein schlechtes Gewissen, weil ich nicht möchte, dass er sich Sorgen macht, aber ich muss das hier tun, also schreibe ich ihm: Ich musste wohin. Ein paar Freunde sind bei mir, mach dir keine Sorgen, und bitte ruf nicht die Polizei an oder bestell Pizza mit Peperoni oder kauf Chloe ein neues Fahrrad.

Er schreibt: Gott sei Dank geht es dir gut! Und es klingt wie ein Seufzer, obwohl es eine Textnachricht ist.

Will legt sein Handy zur Seite und sagt: »Los, Asher, lass uns starten«, und ich sage ihm, er solle warten, während ich meinem Dad schreibe.

Ich schreibe zurück: Versprich, dass du nicht die Polizei verständigst oder die Toilettendeckel aufgeklappt lässt oder Chloe erlaubst, Schokoladenpudding zu essen. Und er antwortet: Asher, ich verspreche es. Keine Polizei. Keine aufgeklappten Toilettendeckel. Keinen Pudding. Sag mir einfach, dass es dir gut geht, und versprich mir, dass du wohlbehalten nach Hause kommst.

Ich schreibe: Es geht mir gut, und ich werde wohlbehalten nach Hause kommen. Darauf tippt er: Wann? Ich schreibe: Bald. Aber gerade bin ich mir mal wieder ziemlich sicher, dass nichts, was ich sage, wirklich stimmt. Ich denke: *Wenigstens eines ist gut.* Da mein Dad versprochen hat, nicht zur Polizei zu gehen, können alle ihre Handys angeschaltet lassen.

Dann schreibt er: Asher, die Ärzte fürchten, dass du dich mit dieser Aktion überforderst. Du musst sofort heimkommen.

Mit »Ärzten« meint er Seelenklempner, und nicht nur Dr. KeineAhnungvonnichts, sondern das ganze Team Asher an Psychologen, die sich seit dem Unfall um mich gekümmert haben, aber ich schreibe: Ich kann nicht heimkommen, ich muss das jetzt tun.

Ich habe Angst, dass etwas passiert. Gehst du ran, wenn ich anrufe, damit wir reden können, statt zu schreiben?, antwortet er.

Ich kann nicht sprechen. Ich kann deine Stimme nicht hören. Und ich muss das jetzt tun.

Er fragt: Warum können wir nicht reden?

Ich will nicht, dass du mich umstimmst.

Wie umstimmen?

Nichts. Einfach so.

Eine Weile tippt er nichts. Ich starre auf mein Handy und warte, dann schreibt er: Chloe vermisst dich.

Ich wische mir eine Träne weg und tippe: Ich vermisse sie auch, und ich werde zurückkommen. Meine Finger und mein Herz brennen, denn ich bin nicht sicher, ob das stimmt, also der Teil *ich werde zurückkommen*. Ich bin mir über gar nichts mehr sicher, deshalb schreibe ich: Unter meinem Bett ist noch Alufolie für ihre Hände.

Ich warte, aber danach schreibt mein Dad nichts mehr. Wahrscheinlich denkt er: Wie vollkommen durch den Wind muss Asher sein, wenn er unter seinem Bett Alufolie aufbewahrt, um Chloe vor Strahlung zu schützen, während sie schläft, und was ist falsch an Schokoladenpudding?

Deshalb tippe ich: Dad????

Ich bin da.

Versprich mir einfach, dass du die Alufolie verwendest.

Es entsteht eine lange Pause, also füge ich hinzu. Und dass sie keinen Pudding bekommt.

Dann schreibt er: Ich verspreche es.

Ich schreibe: Sorry wegen dem Auto.

Und er schreibt: Schon gut.

Ich checke meine anderen Nachrichten, aber es gibt nur eine von Grace. Sie schickte ein Foto von ihrem Ballkleid. Sie hält es in die Kamera und strahlt übers ganze Gesicht.

Es ist lila.

Das Kleid, nicht ihr Gesicht.

Ich finde es schrecklich.

Es ist das hässlichste Kleid in der Geschichte aller hässlichen Kleider.

Sloane, die direkt hinter mir auf dem Rücksitz sitzt,

beugt sich vor und fragt: »Was ist das für ein Foto, Asher?« Aber ich antworte nur: »Nichts«, und betrachte noch eine Minute lang das Kleid, schreibe: WOW! Und schicke die Nachricht ab.

Ich denke: *Grace fühlt sich wahrscheinlich gerade richtig gut.* Genau wie meine Mom, als sie die neuen Fußballschuhe kaufte und vom Einkaufszentrum nach Hause fuhr.

Da tippt Sloane mir auf die Schulter: »Wem schreibst du?«

Ich kann nicht sagen: Dem Mädchen, das ich gecatfisht habe. Ich bin sozusagen mit ihr zusammen, und sie denkt, ich heiße Sam Hunt, aber keine Sorge, ich bin kein Soziopath. Ich mach das nur, weil ihr Vater meine Mom umgebracht hat. Im Grunde habe ich euch, was diese Reise angeht, alle angelogen, denn wir fahren nach Memphis, damit ich ihn töten kann. Aber jetzt muss ich irgendwas antworten, deshalb sehe ich sie im Rückspiegel an und sage: »Elvis Presley.«

Sie grinst.

Henry lächelt.

Dann fragt Sloane: »Hilfst du Elvis Presley dabei, ein Kleid auszuwählen?«, und Will schaut von seinem Handy auf.

Ungefähr eine Sekunde lang ist es gespenstisch still, dann grinst Sloane noch einmal und stürzt sich über die Lehne meines Sitzes, um sich mein Handy zu schnappen. Davon ermuntert greift Will auch nach meinem Handy und entreißt es mir. Er drückt sich auf der Rückbank in die Ecke am Fenster, betrachtet den Bildschirm und scrollt weiter, sodass ich Angst habe, dass er meine Nachrichten an Grace oder die von meinem Dad sieht. Ich muss praktisch auf den Rücksitz klettern, um mein Handy wiederzubekommen. In dem ganzen Getümmel fällt es auf den Boden, und ich kann es greifen, dann klettere ich zurück auf den Vordersitz und verstecke es in der Tasche meines Sweatshirts, ich lass den Motor an und lege den Rückwärtsgang ein. Als ich beim Rückwärtsausparken über die Schulter schaue, sehe ich dieses verschmitzte Grinsen auf Sloanes Gesicht, was mich zum Lächeln bringt, und dann stellt sie mir die nächste offensichtliche Frage.

»Und was hast du Elvis gesagt?«

Ich sehe sie direkt an und antworte lächelnd: »Lila ist nicht deine Farbe.«

Dann drehe ich mich wieder um und schaue eine Weile zur Frontscheibe hinaus. Sloane fragt: »Und was hast du noch zu ihm gesagt?«

Ich sehe sie im Rückspiegel an: »Ich hab ihm gesagt: ›Wir sehen uns bald‹«.

Dann schiebe ich den Ganghebel nach vorn, und wir kriechen zurück auf die Autobahn.

23

Am Freitagabend um kurz nach zehn erreichen wir Roanoke in Virginia, und ich verkünde: »Wie ihr wisst, habe ich eine Kreditkarte. Lasst uns ein Hotel suchen.« Dann frage ich Henry: »Welche Hotelkette mag Evelyn am liebsten?«, aber bevor er antworten kann, sagt Will, er habe den ganzen Tag geschlafen und könne die Nacht über fahren, sodass ich auf dem Rücksitz schlafen kann, auf diese Weise würden wir Memphis erreichen, bevor im September die Schule wieder losgeht. Wir tauschen die Plätze, und ich gehe nach hinten zu Sloane, während Henry sich umdreht und mit ernster Stimme sagt: »Denkt daran, ihr zwei, kein Techtelmechtel dahinten.« Dann wendet er sich an Will: »Du brauchst eine Haarspange für deine Haare, damit du etwas siehst.«

Sloane sagt lachend: »Ich glaub, ich hab eine, die du ausleihen kannst«, und wühlt in ihren Taschen, aber Will wirft ihr im Rückspiegel einen bösen Blick zu, und Sloane streckt ihm die Zunge raus. Da setzt Will seine Baseballkappe verkehrtherum auf, um die Haare aus den Augen zu halten.

Henry wirft ihm einen lobenden Blick zu: »Fahr nicht schneller als neununddreißig und lass den Blinker an.« Dann fragt er: »Wer mag Oper?« Sloane hebt mit diesem lustigen Grinsen auf dem Gesicht die Hand, aber Will sieht aus, als würde er gleich weinen. Henry stellt einen Radiosender ein, der ihm gefällt, und informiert uns, das sei *Music of the Night* aus dem *Phantom der Oper*. Dann schläft er ein.

Auch Sloane und ich dösen langsam weg, und als ich ein paar Stunden später aufwache, ertönt nach wie vor Opernmusik leise im Hintergrund. Sloane ist immer noch im Reich der Träume und so zusammengesackt, dass sie an meiner Schulter lehnt und ich Angst habe, mich zu bewegen, weil ich sie nicht wecken will, denn wenn ein wichtiger Mensch in deinem Leben stirbt, ist die einzige Zeit, in der du nicht leidest, entweder wenn du schläfst oder in dieser kurzen Zeitspanne nach dem Aufwachen und bevor du dich an die schlimmen Dinge erinnerst. Im Laufe eines Tages bist du nur in diesen Zeiten vor der Wahrheit sicher. Ich weiß also: Wenn ich sie wecke, wird es diesen Augenblick des Nicht-Erinnerns geben, wenn sie die Augen öffnet, sich umsieht und denkt: *Wo bin ich, und was geschieht gerade in meinem Leben?* Und dann denkt sie: *Oh, vielleicht ist das heute ein guter Tag und die Platterbsen gehen auf,* bevor die schlimmen Dinge in sie hineinkrachen wie ein Sattelschlepper, der von einem Typen wie Jack Daniels gelenkt wird. Sie erinnert sich, dass ihr Dad tot ist, und das fühlt sich an, als würde sie mit hoher Geschwindigkeit gegen einen Brückenpfeiler prallen, sich dreimal überschlagen und mit gebrochenem Genick auf dem eingedrückten Autodach landen, während Flammen am Benzintank lecken, der jeden Augenblick explodieren kann. Und dieser Augenblick wird so wehtun, dass es sein wird, als wäre ihr Vater gerade noch einmal gestorben, und dieses Szenario wird sich jeden einzelnen Tag ihres Lebens immer und immer wieder wiederholen, bis sie stirbt, ich weiß das, denn genauso geht es mir auch. Und wenn du denkst, das bedeutet, dass Aufwachen der schlimmste Teil des Tages ist, weil du dich dann erinnerst, liegst du falsch. So schrecklich dieser Augenblick auch ist, von da an geht es eigentlich nur noch bergab.

Deshalb denke ich manchmal, es wäre besser, wenn ich gar nicht aufwachen würde. Aufwachen setzt den ganzen Schmerzkreislauf nur wieder von Neuem in Gang. Aber wenn dieser Gedanke sich in meinem Kopf einwurzeln will, fallen mir normalerweise Chloe und mein Dad ein, und ich möchte nicht, dass sie jeden Tag aufwachen und sich daran erinnern, dass zwei Menschen tot sind statt nur einem, denn schon der Tod eines einzigen Menschen ist so schlimm, dass es kaum möglich scheint, den Tod von zweien zu überleben. Was mich dann meistens dazu bringt, wieder über Zachary nachzudenken. Denn bevor er überfahren wurde und starb, weil er mit seinem Fahrrad auf der falschen Seite einer Straße unterwegs war, wachte er jeden Tag auf, und die einzig glücklichen Augenblicke, die er hatte, waren wahrscheinlich die sechsundzwanzig Sekunden, in denen er sich nicht daran erinnerte, dass seine Mom und sein Dad tot waren.

Ich habe die Zeit einmal mit meinem Handy gestoppt. Am Abend zuvor hatte ich mir eine Post-it-Notiz geschrieben: *Starte deine Stoppuhr nach dem Aufwachen und miss, wie lange es dauert, bis du dich umbringen willst.* Als ich am nächsten Morgen aufwachte, fand ich das total merkwürdig und dachte: *Was stimmt nicht mit mir?*, aber ich startete die Stoppuhr dennoch, und dann erinnerte ich mich daran, dass meine Mom bei einem Autounfall verbrannt ist, und da fand ich meine Notiz überhaupt nicht mehr merkwürdig.

Es dauerte sechsundzwanzig Sekunden.

Sechsundzwanzig Sekunden, bis all die schlimmen Erinnerungen in meinen Kopf geströmt waren und ihn angefüllt hatten.

Das war's. Das ist alles, was ich hatte.

Habe. Das ist alles, was ich *habe.*

Aber jetzt auf der Fahrt nach Memphis, wo ich mich intensiv bemühe, mich nicht zu bewegen, damit ich Sloane nicht wecke, schlafe ich wieder ein mit dem Gedanken, wie angenehm es ist, dass ihre Wange auf meinem Arm ruht, und dann mache ich alles kaputt, weil ich eine Stunde später schreiend aufwache.

Ich sitze kerzengerade, nach vorn gelehnt da und stoße einen Schrei aus, der klingt wie ein Hirschkalb, das von einem Rudel Kojoten zerfleischt wird, oder vielleicht eher wie ein Triceratops in den Fängen eines T. rex, denn ich schreie so laut, dass Will zusammenfährt, das Lenkrad verreißt und »Mensch, Asher!« brüllt und auch Sloane aufwacht – Henry allerdings nicht –, den Arm zu mir ausstreckt und meinen Rücken tätschelt: »Alles okay.«

Völlig desorientiert und verwirrt sage ich: »Ich bin nicht im Krankenhaus«, und Sloane antwortet: »Du bist auf dem Rücksitz im Auto deines Dads. Will fährt. Es ist nur ein Albtraum.«

Ich bin immer noch verwirrt und desorientiert und zittere, aber sie schaut mich total süß an, und ich will nicht, dass sie damit aufhört, deshalb frage ich: »Wer ist Will?« Und Sloane antwortet grinsend: »Ein Kierkegaard-Gelehrter«, und dann schnarcht Henry so laut, dass Will noch einmal das Lenkrad verreißt und fast gegen die Leitplanke prallt, was mir fast einen Herzinfarkt beschert.

Ich drücke meine Hand gegen die Scheibe. Es regnet, und da sind wieder die schimmernden, funkelnden Tropfen auf dem Glas, die sich in Todesangst festklammern, als ob sie wüssten, dass sie mit einer Geschwindigkeit von neununddreißig Meilen pro Stunde auf das Pflaster knallen, wenn sie loslassen, was dann ihr Ende wäre.

Es ist im Grunde derselbe Albtraum wie zu Hause. Manchmal verändern sich Einzelheiten ein bisschen, und normalerweise regnet es nicht, aber das Ende ist immer dasselbe. Und du kannst mir glauben, es ist nicht gut.

Manchmal bekomme ich beim Aufwachen nicht mal die guten sechsundzwanzig Sekunden, in denen ich mich nicht erinnere, sondern bin direkt beim brennenden Auto und den Flammen, die an Fleisch lecken.

Es ist immer derselbe schwarze Land Rover.

Dieselbe Mom.

Derselbe Sattelschlepper.

Derselbe Jack Daniels.

Ich kann sein Gesicht sehen.

In dem Albtraum dröhnt immer Lil Durk im Radio, und meistens fährt meine Mom, aber manchmal fahre auch ich oder mein Dad und Chloe, und meine Mom sitzt auf dem Rücksitz.

Dann gibt es immer ein helles weißes Licht. So hell, dass ich mir die Augen zuhalten muss. Das Kreischen der Reifen, wenn wir zusammenstoßen, immer in Z-e-i-t-l-u-p-e. Der Song bricht immer an derselben Stelle ab, an der Lil Durk rappt: »Dis ain't what you want. Dis ain't what you want ...«

Dann öffnen sich die Airbags mit einem lauten Knall *Pffffft! Baaaammmmm!* direkt vor meiner Nase.

Mein Hinterkopf schlägt gegen die Kopfstütze. *Hart.*
Ich höre Glas splittern.
Mein Kopf dreht sich – nein, wir drehen uns –, das ganze Auto dreht sich. Dann überschlägt es sich immer wieder ... Und dann merke ich plötzlich: Nein, der Song ist nicht abgebrochen. Ich kann ihn nur nicht mehr hören, wegen der Schreie. Meiner Schreie.
Dann stelle ich fest, dass meine Mom nicht schreit.
Und dann kommt die Erkenntnis, dass sie nicht schreien kann, weil ... *Oh, Gott!*
Dann wird die Welt dunkel.
Es gibt nichts mehr.
Nur schwarze leere Stille.
Und dann nach einer halben Ewigkeit in der Ferne Sirenen.
An diesem Punkt steht mein Fuß normalerweise fest auf dem eingebildeten Bremspedal, oder ich versuche, meine Mom durch das Fenster des imaginären Autos herauszuziehen, aber ihr Kopf ist nicht mehr mit ihrem Körper verbunden, oder er ist noch mit ihrem Körper verbunden, aber wenn ich an ihren Armen ziehe, geht ihr Kopf ab, er fällt einfach ab und rollt weg, als wäre er gar nicht befestigt. Da wache ich normalerweise auf, und der echte Schrecken beginnt, weil ich mich daran erinnere, *dass sie tot ist.*
Sloane streicht immer noch langsam über meinen Rücken, als Will fragt, ob alles in Ordnung ist. Auch Henry ist jetzt wach und dreht sich zu mir um. Er sieht aus wie der Sensenmann. Der Tod selbst greift vom Beifahrersitz aus mit den knorrigen Händen eines alten Menschen nach hinten, um mein Bein zu tätscheln. Seine durchsichtige Haut,

die blauen Adern, die den Weg zu seinem Herzen sichtbar machen. *Bumm bumm. Bumm bumm.*

Ich merke, dass es mein Puls ist, den ich in meinem Kopf pochen höre. Nicht seiner.

Ich möchte mich von Henry zurückziehen und von Sloane – von dem Auto, von allen und allem. Sogar *von mir selbst.*

Von mir selbst ganz besonders.

Aber es gibt keinen Platz. Keinen Platz auf dem Rücksitz des fahrenden Autos. Keinen Platz in meinem Kopf. Keinen Platz in meinem Leben. Ich stecke fest und kann nirgendwohin entkommen.

»Asher, es ist nur ein schlimmer Traum«, sagt Henry.

Ich sehe Henry an und denke: *Es ist nicht nur ein schlimmer Traum. Es ist mein schlimmes Leben,* aber ich sage nichts, denn die Flammen verschlingen immer noch das Gesicht meiner Mutter, und ihr Kopf ist immer noch von ihrem Körper getrennt, und ich kann das Bild vor meinem geistigen Auge einfach nicht vertreiben.

Als ich meinem letzten Therapeuten von dem Albtraum erzählte – nicht Dr. KeineAhnungvonnichts, sondern einem anderen außerhalb der Schule, zu dem mein Dad mich brachte –, sagte er: »Vielleicht hast du diesen Albtraum, weil du denkst, du hättest deine Mutter retten können, wenn du dort gewesen wärst.« Und dann fragte er: »Was meinst du dazu, Asher?«

Ich sagte ihm, man müsse ein dummes Arschloch von Therapeut sein, um diese Frage zu stellen.

Ich meine, im Ernst? Der Typ fragte mich, ob ich gerne im Auto gewesen wäre, damit ich meine Mutter hätte retten können, als hätte ich einfach sagen können: *Hey, Mom, da kommt ein Sattelschlepper. Vielleicht solltest du rüber auf die andere Spur wechseln.* Oder ich hätte sie nach dem Aufprall herausziehen können, bevor ihr Kopf sich von ihrem Körper löste und in den Flammen verbrannte.

Der Therapeut sagte nichts zu meinem »Dummes Arschloch«-Kommentar, sondern notierte sich nur etwas auf seinen Block und warf sich ein Pfefferminz in den Mund, als wäre das ein guter Zeitpunkt, seinen Atem aufzufrischen.

Ich ging nicht mehr zu diesem Therapeuten.

Meinem Dad erzählte ich, er würde schrecklich aus dem Mund riechen, und ich könnte nur noch mit einer Gasmaske hingehen, aber mein Dad sagte, er hätte an diesem Tag mit ihm telefoniert, und der Seelenklempner hätte gesagt, er hätte *mich* rausgeschmissen. Mein Dad sagte nicht direkt »rausgeschmissen«, sondern irgendwas davon, dass der Therapeut der Ansicht sei, er würde nicht für mich passen oder so, aber mein Dad klang wütend, deshalb bin ich ziemlich sicher, dass es etwas damit zu tun hatte, dass ich den Therapeuten ein dummes Arschloch genannt hatte.

Ich musste mich verteidigen, deshalb erzählte ich meinem Dad, dass ich ihn ein dummes Arschloch genannt hätte, weil er ein dummes Arschloch sei, aber mein Dad fragte nur: »Wer sagt, dass du ihn ein dummes Arschloch genannt hast? Er hat es mir nicht erzählt.« Ich dachte, *ups*, und dann entstand eine lange Pause – du weißt schon, die Art von Pause, in der jemand sich einen Reim auf alles macht und herausfindet, dass einer der Akteure in diesem Spiel im Begriff ist, eine ganze Reihe von Lügen zu erzählen – und dann sagte mein Dad »Asher« und schüttelte nur den Kopf.

Aber Sloane sucht meine Hand, hebt sie hoch und flüstert: »Versuch das.« Sie spreizt meine Finger: »Beginne mit deinem Daumen und streiche mit dem Zeigefinger deiner anderen Hand langsam an der einen Seite eines jeden Fingers hinauf, während du einatmest, und dann atme langsam aus, während du auf der anderen Seite hinunterstreichst.« Dann hält sie mein Handgelenk fest, während ich langsam ein- und ausatme und an jedem Finger entlangstreiche. Als ich an meinem kleinen Finger ankomme, flüstert sie: »Fünf-Finger-Atmung. Mich beruhigt das.« Ich sehe sie an, und sie sieht mich an, und dann beginnt sie mit ihrem Finger an meinen Fingern entlangzustreichen, und Will schaut uns im Rückspiegel lächelnd zu: »Kein Techtelmechtel, ihr zwei.« Dann singt er einen Elvis-Presley-Song, den ich nicht kenne. Über einen Jungen, der ein Mädchen kennenlernt.

Henry stimmt mit ein, und ich nehme Sloanes Hand und streiche langsam mit meinem Finger an ihren Fingern entlang.

24

Nach dem Albtraum-Vorfall biegt Will in eine Raststätte ab, weil er zur Toilette muss, und wir steigen alle aus. Ich kaufe drei Päckchen *Peanut Butter Cups* von der Sorte, bei denen immer zwei Stück in einem Päckchen sind, und esse alle sechs nacheinander auf. Dann kaufe ich vier Zahnbürsten und vier kleine Tuben Zahnpasta und verteile sie an die anderen. Nachdem Will und ich uns auf der Toilette die Zähne geputzt haben, schaut er in den Spiegel und fragt: »Findest du, ich sollte mir die Haare schneiden?«, und ich antworte: »Auf keinen Fall«, aber ich sage ihm das nicht, weil es gut aussieht, sondern weil ich nicht will, dass er ohne einen Helm herumläuft, unter dem er sich verstecken kann und den er so offensichtlich braucht. Er lässt das Thema Haare fallen und sagt: »Hey, Asher, wir kommen kaum voran, wenn wir dauernd unter vierzig Meilen die Stunde fahren. Meinst du, du könntest mal mit Henry reden?«

Ich antworte: »Das ist Evelyns Regel. Ich müsste mit Evelyn reden.«

Will sieht mich an, fragt nach meiner Adresse und ruft dann auf seinem Handy einen Routenplaner auf und zeigt mir, dass es sechzehn Stunden und einundfünfzig Minuten gedauert hätte, um von meinem Haus nach Memphis zu kommen, wenn wir fünfundsechzig Meilen pro Stunde fahren würden, dass es jedoch achtundzwanzig Stunden und achtzehn Minuten dauern wird, wenn wir weiterhin neunundreißig Meilen pro Stunde fahren. Da kommt Henry mit seiner Gehhilfe angewackelt und sagt: »Asher, ich habe keine Zähne mehr, deshalb brauche ich auch keine Zahnbürste.«

Ich sage: »Das tut mir leid, Henry«, in der Bedeutung von: Tut mir leid, dass du keine Zähne mehr hast, und »Nein«, zu Will, in der Bedeutung von: Nein, ich werde nicht mit Henry oder Evelyn sprechen, wir fahren weiterhin neununddreißig, und dann nimmt Henry direkt in der Herrentoilette der Raststätte seine Zähne heraus, um uns zu zeigen, wie ein hundertjähriger Mund aussieht. Wenn er lächelt, sieht er so lustig aus, dass er Evelyn damit bestimmt zum Lachen gebracht hat. Will lacht auch, und dann kommt ein kleiner Junge mit seinem Dad herein, und Henry schneidet lustige zahnlose Grimassen für ihn, und der Junge lacht sich kaputt, und dann sagt Henry: »Das passiert, wenn du dir nicht die Zähne putzt«, und gibt dem Jungen die Zahnbürste und die Zahnpasta, die ich für ihn gekauft hatte.

Als wir die Toilette verlassen, lachen Will und Henry immer noch. Ich entdecke Sloane, die an eine Wand gelehnt dasteht. Sie wird von den zu großen Stiefeln und der Motorradjacke ihres Dads, in die sie sich gehüllt hat, praktisch verschluckt, und ihr Blick brennt Löcher durch etwas oder jemanden auf der anderen Seite des Raststätten-Vorraums. Es sieht aus, als würde sie ohne die Unterstützung der Wand einfach flach auf dem Boden liegen wie eine Pfütze. Will geht zusammen mit Henry in Richtung Parkplatz, ich stürze zu Sloane hinüber und folge ihrem Blick quer durch den

Raum, und meine Augen landen auf einem ungefähr vierzigjährigen großen Kerl mit braunen Haaren und Brille, der zwei kleine Mädchen mit Schleifen im Haar und den gleichen gelben Pullovern an der Hand hält. Obwohl Sloane nichts sagt, weiß ich genau, was hier gerade passiert, denn es ist mir selbst tausendmal passiert.

Ich höre eine Stimme oder sehe einen Mantel oder einen Haarschopf, irgendjemanden in einer Menge oder vielleicht nur eine Silhouette in der Ferne, und einen Sekundenbruchteil lang ist das *meine Mom* – nicht: *klingt wie sie* oder *sieht wie sie aus*, sondern ist sie. Ich bin in diesen Augenblicken *ganz* sicher. Und dann erinnere ich mich daran, dass sie tot ist und dass es *nicht* meine Mom *sein kann*, und das fühlt sich an wie eine Klinge aus Stahl mitten ins Herz.

Ich lege den Arm um Sloanes Schulter und flüstere: »Es ist okay.«

Sie sagt: »Dieser Typ ... mit den kleinen Mädchen ... Er sieht aus wie mein ...«

Ich sage: »Ich weiß«, nehme ihre Hand, halte sie hoch und streiche, beginnend mit ihrem Daumen mit dem Zeigefinger meiner anderen Hand langsam an der Seite ihrer Finger entlang, während wir beide einatmen, dann streiche ich auf der anderen Seite eines jeden Fingers hinunter, während wir ausatmen. Bei ihrem kleinen Finger angekommen flüstere ich: »Fünf-Finger-Atmung. Mich beruhigt das.«

Sie lächelt, und dann umarme ich sie.

Sie ist zarter, als ich gedacht hätte, und es ist eigentlich mehr Motorradjacke und Lederstiefel als Mädchen, aber sie passt perfekt in meine Arme. Es fühlt sich an, als wären wir die letzten zwei Teile, die nötig sind, um ein Puzzle fertigzustellen. Aber nicht die Ecken oder Ränder oder andere eindeutig erkennbare Teile. Ich und Sloane sind die einfachen Teile in der Mitte des Puzzles, unifarben wie der Himmel, zwei der Teile, die du zur Seite gelegt hast, weil du nie gedacht hättest, dass sie irgendwo passen.

25

Ich und Sloane holen Will und Henry am Auto ein, wo Henry gerade seine Zähne in eine Tupperbox legt, die er mit einer grünen Flüssigkeit aus einer Flasche in seinem Koffer gefüllt hat. Wir steigen ein, Will fährt, Henry hat sich wieder den Beifahrersitz gesichert, und ich und Sloane sitzen hinten. Will fährt den Rest der Nacht, er kriecht über die Autobahn, halb auf der langsamen Spur und halb auf dem Standstreifen. Ich schaue aus dem Fenster und sehe all die anderen Autos vorbeizischen, während wir deutlich unter dem Tempolimit Richtung Graceland tuckern. Immer wieder döse ich ein, werfe mich unruhig hin und her in dem Bemühen, nicht noch einen Albtraum zu haben oder Sloane zu stören, die inzwischen den Kopf gegen das Fenster gelehnt schläft. Henry wacht immer wieder auf und schaut entweder nach Evelyn oder hustet etwas Ekliges aus seiner Kehle hoch oder murmelt etwas, das für niemanden einen Sinn ergibt. Irgendwann mitten in der Nacht setze ich meinen Kopfhörer auf und höre mir immer wieder Paul Simons Song *Graceland* an, während Henry auf dem Vordersitz schnarcht und Will fünfundzwanzig Meilen pro Stunde unter dem Tempolimit fährt und die Lichter der Autobahn vorbeiströmen und Paul Simon *And my travelling companions are ghosts and empty sockets ...* singt.

Unter dem Haufen von Pullovern und Jacken, die zwischen uns auf dem Rücksitz liegen, finde ich die Hand der schlafenden Sloane und ergreife sie.

Als sie aufwacht, drückt sie meine Hand. Ich ziehe den Kopfhörer herunter und flüstere: »Ist das okay?«, und sie lächelt und sagt: »Ja.« Dann beuge ich mich näher zu ihr und erzähle ihr, dass die Seeotter sich im Schlaf an den Händen halten, damit sie nicht voneinander wegtreiben, und ihre Lippen verziehen sich zu ihrem typischen halben Lächeln.

26

Bei Sonnenaufgang am Samstagmorgen halten wir auf dem *Merchant Drive* in Knoxville, Tennessee, an und genehmigen uns Kaffee und Donuts, und Henry setzt direkt dort auf dem Parkplatz seine Zähne wieder ein. Als wir wieder losfahren, lässt Will sein Fenster offen, aber Henry wendet ein, wir könnten nicht mit offenen Fenstern fahren, denn wenn sich der Deckel der Schachtel löst, könnte Evelyn wegfliegen. Niemand sagt etwas dazu, aber Will kurbelt rasch sein Fenster hoch, und Sloane reicht Henry wortlos ihren pinkfarbenen Pullover. Henry hängt den Pullover über Evelyns Schachtel, und wir fahren, die Klimaanlage auf höchster Stufe, weiter, bis wir für einen frühen Lunch in irgendeiner Kleinstadt westlich von Knoxville bei *Applebee's* anhalten. Wir vier bestellen das Essen, das wir uns ausgesucht haben, und dann bestellt Henry noch Caesar-Salat mit gegrilltem Hühnchen für Evelyn, die in der Schachtel auf dem Stuhl gegenüber von ihm sitzt. Die Kellnerin schaut sich am Tisch um, zählt vier Personen und bestätigt dann: »Dann sind das fünf Gerichte?«

Ich nicke.

Und dann geht es erst richtig los.

Henry fragt: »Asher, was würde deine Mom gerne bestellen?«

Die Kellnerin steht Kaugummi kauend da und klopft mit dem Kuli auf ihren Block, während sie sich verwirrt noch einmal die am Tisch sitzenden Personen betrachtet und wahrscheinlich versucht herauszufinden, warum wir so viel Essen bestellen und wer meine Mutter sein könnte.

Ich möchte Henrys Gefühle nicht verletzen, deshalb studiere ich noch einmal die Speisekarte und sage dann: »Sie würde den Caesar-Salat mit dem gegrillten Hühnchen nehmen, genau wie Evelyn.«

Die Kellnerin sagt: »Soll ich das notieren?«

Ich nicke.

»Dann sind das die vier Essen, die ihr ursprünglich bestellt habt, plus zweimal den Caesar-Salat mit gegrilltem Hühnchen?«

»Ja«, sage ich.

Sie betrachtet mich mit hochgezogenen Augenbrauen, die fragen, FÜR WEN ZUM TEUFEL SIND DIE CAESAR-SALATE MIT HÜHNCHEN, und ich bestätige: »Ja, zwei Caesar-Salate mit gegrilltem Hühnchen für die beiden Evelyns.« Henry lächelt, als wären meine Mom Evelyn und seine Evelyn beste Freundinnen, die im Restaurant die gleichen Gerichte bestellen und gegenseitig ihre Sätze beenden.

Dann schaut Sloane zu der Kellnerin auf und sagt: »Ich und die beiden Evelyns hätten gerne eine Tasse Earl Gray, und mein Dad mag ganz sicher das Bourbon Street Steak und das Kartoffelpüree mit Knoblauch.« Und dann springt auch Will auf den verrückten Karren auf und sagt: »Michael nimmt eine Cola, ganz bestimmt eine Cola, und die Makkaroni mit Käse und Huhn von der Kinderkarte.« Die Kellnerin sieht mich an, und ich nicke: *Los, notieren Sie das,* und dann sagt Will: »Michael klaut immer Pommes vom Teller meines Dads, und mein Dad sagt dann: ›Michael, du hast deine eigenen Pommes‹, aber er lächelt dabei, und dann fragt Michael: ›Kann ich einen Nachtisch haben?‹« Die Kellnerin fragt: »Ist das dann alles?«

Lächelnd antworte ich: »Für den Augenblick, ja.«

An diesem Punkt ist das für mich auch nicht anders, als mit Chloe Bären-Picknick zu spielen, aber die Kellnerin denkt wahrscheinlich: *Was zum Teufel geht da an Tisch zwölf ab?* Ich und Will und Sloane und Henry dagegen sind in Gedanken mit unseren kompletten Familien zusammen, sind acht Jahre alt und werden in wenigen Minuten die Dessert-Karte ansehen, und es fühlt sich an, als wäre die Sonne herausgekommen und würde auf unsere Hölle scheinen, und in diesen wenigen wertvollen Minuten, bevor sie sich wieder hinter die schwarze Wolke zurückzieht, die über unseren Leben schwebt – die übrigens verdammt viel größer ist als die schwarze Wolke in Form dieser Kellnerin –, sind wir glücklich. Also fasse ich den Entschluss, dass wir beim nächsten Mal einfach gleich nach einem größeren Tisch fragen.

Nach einem Tisch, der groß genug ist für acht Personen.

Dass wir den brauchen, wird ziemlich klar, als die Kellnerin die ersten vier Gerichte auf den Tisch stellt und dann fragt: »Wohin soll ich die anderen stellen?« Hinter ihr wartet ein Hilfskellner mit einem weiteren großen Tablett voller Essen.

Es gelingt uns, Platz zu schaffen, aber nur knapp, und dann haben wir ein Festmahl.

Nach dem Essen zeigen wir der Kellnerin Fotos von meiner Mom und Evelyn und Michael und Sloanes Dad, Henry, und sie schaut sich suchend im Restaurant um, wann sie wohl auftauchen und wie wir ihnen erklären, warum wir ihre Essen verspeist haben, also lenke ich sie ab, indem ich für alle einen Triple Chocolate Meltdown bestelle. »Acht?«, bestätigt die Kellnerin, und ich nicke: »Ja, genau acht Triple Chocolate Meltdowns.« Ich mache das vor allem, weil Will Michael vermisst und ich meine Mom vermisse und Sloane ihren Dad vermisst und Henry Evelyn vermisst, aber eigentlich auch wieder nicht, denn heute sind sie für ein paar Minuten hier unter uns.

Nachdem wir alle so viel gegessen haben, wie in uns hineinging, ist Sloanes Gesicht mit Schokoladensoße verschmiert, und ich lächle sie an und sage ihr, sie solle sich den Mund abwischen, weil das nicht zu dem ganzen taffen Biker-Look passe, den sie sich verordnet hat, und sie erwidert mein Lächeln, macht aber keine Anstalten, sich zu säubern. Die Kellnerin hat einen Buckel wie eine Katze, und ihre Ohren scheinen vor Aufregung zu zucken, während sie uns unablässig mit ihren argwöhnischen Katzenaugen beobachtet. Als sie dann herüberkommt, um zu fragen, ob wir noch einen Wunsch hätten, wird es noch ein bisschen merkwürdiger. Ich meine, mit den acht halb leeren Schälchen und den vier Menschen und der Urne könnte Margaret das alles ein bisschen *absonderlich* vorkommen.

Margaret. So heißt die Kellnerin. *Margaret, die Fröhliche.* Das steht auf ihrem Namensschild. Als ob ihr Nachname ein Emoji wäre.

Margaret betrachtet Sloane in ihrer riesigen ledernen Motorradjacke und den traurigen Augen und dem schokoladenverschmierten Gesicht, dann wendet sie sich Henry zu, der auch Schokoladensoße an den Lippen und an seinen weißen Koteletten hat, die nach allen Richtungen abstehen, als wäre sein Gesicht eigentlich gar kein Gesicht, sondern ein verwahrloster, verdorrter Rasen mit kahlen Stellen. Dann schaut sie zu Evelyn, die dort in ihrer Urne, die es sich in der Schachtel gemütlich gemacht hat, vor ihrem halb gegessenen Nachtisch sitzt. Als sie Evelyn betrachtet, hat Margaret diesen Ausdruck im Gesicht, der zeigt, dass sie Mitleid mit uns hat. Aber nicht auf eine gemeine Art, sondern so, wie man vielleicht einen Schmetterling mit einem gebrochenen Flügel betrachtet oder etwas anderes, das früher wunderschön war, aber jetzt nicht mehr repariert werden kann. Es ist ein Ausdruck, der sich einfach einstellt, denn du willst dem kaputten Ding nicht sagen, dass es total kaputt ist und nicht mehr repariert werden kann, aber du musst es anschauen, auch wenn es dich traurig macht. Margaret fängt an, mit ihrem Kuli auf ihren Notizblock zu klopfen, als würde sie darauf warten, dass Evelyn – die Urnen-Evelyn – auf magische Weise erscheint oder einen Wunsch äußert wie: *Ich hätte gern noch ein bisschen Tee*, und einen Augenblick lang sieht es aus, als würde sie gleich etwas sagen wie: *Soll ich jemanden anrufen, der euch abholt?* Oder: *Wer hat hier das Sagen?*

Doch dann kommt sie zu demselben Ergebnis wie alle anderen, die jemals diesen Gesichtsausdruck hatten: Schweig und geh weg, weil die einzige Hoffnung hier darin besteht, dass das zerbrochene Ding keine Ahnung davon hat, dass seine Möglichkeiten ausgereizt sind. Aber nachdem Margaret sich schon ein paar Schritte entfernt hat, dreht sie sich um: »Der Nachtisch geht aufs Haus.«

Sie sagt das auf eine sehr nette Art und Weise, aber trotzdem dauert es danach wirklich lange, bis man wieder etwas schlucken kann. Ich meine, es fällt schwer zu essen, wenn man über kaputte Dinge wie Schmetterlinge mit gebrochenen Flügeln nachdenkt. Besonders, wenn das kaputte Ding du selbst bist. Und ganz besonders, wenn du gerade dein Essen und noch das Essen einer toten Person gegessen hast.

Wir mussten das alle machen, denn Essen für dich selbst und eine tote Person zu bestellen und es dann nicht anzurühren, geht gar nicht. Also denke ich wieder über die 10 262 Menschen nach, die im vergangenen Jahr von betrunkenen Fahrern getötet wurden, und über all die Familien mit toten geliebten Menschen und all die Kellnerinnen, die traurig mit ihren Stiften auf ihre Blöcke klopfen.

Dann blicke ich auf. Sloane fotografiert Will und Henry mit ihrem Handy, und die Kellnerin flüstert mit den Hilfskellnern und dem Koch, der hinter der Schwingtür zur Küche hervorspäht und uns beobachtet. Seht uns nicht an, als hättet ihr Mitleid mit uns. Seht uns an, als wärt ihr verdammt beeindruckt. Als hätten wir einen Ort gefunden, der für euch vielleicht gar keinen Sinn ergibt, aber für uns ist das anders, weil wir an einem schlimmen Ort sind und uns auf dem Weg zu einem noch schlimmeren Ort befinden, und jetzt haben wir für einige wenige Minuten einen guten Ort gefunden, wo wir uns aufhalten können.

Vielleicht ist dieser Tisch in *Applebee's* heute eine Fata Morgana in der Wüste, auch wenn nicht alle sie sehen können.

Beim Verlassen des Restaurants lächle ich Margaret an und sage: »Danke für die Triple Chocolate Meltdowns«, und ich trage Evelyn zum Auto, weil Henry seine Gehhilfe hat. Dann streite ich mit Will darüber, wer fährt. Er sagt, er wolle fahren, und ich sage: »Aber du bist die ganze Nacht gefahren und hast nicht geschlafen«, und er sagt, er sei fit. Eigentlich glaube ich ihm nicht, aber ich will neben Sloane auf dem Rücksitz sitzen, deshalb sage ich: »Okay.«

Wenn du dich auf einen Road Trip machst, um jemanden umzubringen, rechnest du nicht damit, dich auf dem Weg zu verlieben. Aber mir ist es passiert.

Bis zu *Applebee's* zwei Stunden westlich von Knoxville, Tennessee, brauchten wir sechsundzwanzig Stunden und siebenunddreißig Minuten.

Auf dem Weg verliebte ich mich in ein Auto voller Fremder.

Und die Hälfte von ihnen war tot.

27

Will fährt, und ich bin gerade am Eindösen, als Sloane aufschreit: »Oh, nein!« Ich schlage die Augen auf, blinzle wegen dem hellen Licht und sehe, dass Sloane endlich auf ihr Handy schaut, das schon den ganzen Tag vor sich hin summt. Sie sitzt vornübergebeugt da und starrt mit offenem Mund und aufgerissenen Augen auf den Bildschirm.

»Was?«, frage ich, immer noch halb auf der Seite liegend, den Kopf an das Fenster gelehnt.

»Wo sind wir?«, ruft sie ein bisschen hektisch.

»Interstate 40 West. Von Knoxville aus in Richtung Memphis unterwegs«, antwortet Will.

»Meine Mom hat das mit den Hamstern herausgefunden.«

Ich richte mich auf. »Ich dachte, es wären Rennmäuse.«

Sloane verdreht die Augen, und Will schaut uns im Rückspiegel an: »Ist dieses Hamster-Rennmaus-Ding eine Art Code?«

»Nein!«, sagt Sloane. Sie ist sauer. *Richtig* sauer. »Ich hab meiner Mom erzählt, dass ich bei einer Freundin bin und mich um einen Wurf Hamster kümmere.« Sie wirft mir einen Blick zu und korrigiert sich: »Rennmäuse. Einen Wurf Rennmäuse. Ich hab ihr gesagt, dass ich mich um Rennmäuse kümmere.«

»Ich vermute, es gibt gar keine Rennmäuse-Hamster«, stellt Will fest, und Sloane verdreht wieder die Augen.

»Was genau hat deine Mom geschrieben?«, frage ich.

»›Ruf mich sofort an! Ich weiß, dass du nicht bei Mallory bist.‹ Alles in Großbuchstaben und mit vielen Ausrufezeichen und einem Ratten-Emoji.«

»Oh-Oh.«

Will betrachtet uns wieder im Rückspiegel. »Mensch, Sloane! Du musst sie anrufen!«

»Mensch, Will!« Sloane schreit ihn fast an. »Ich weiß, dass ich sie anrufen muss! Aber was soll ich sagen?«

»Sag ihr …« Ich kann den Satz nicht vollenden.

Henry ist jetzt wach. Er hat die Augen geschlossen, aber er hört zu. »Die Wahrheit«, ruft er. »Sag deiner Mom einfach die Wahrheit.«

Sloane fängt an zu lachen. Dann fragt sie: »Und das bedeutet *was* genau?«

Henry öffnet kurz die Augen, sieht verwirrt aus und schweigt.

»Sag ihr, sie soll sich beruhigen«, schlage ich vor. »Bleib bei deiner Lüge und füge weitere Details hinzu. Je verrückter, desto besser. Erzähl ihr, dass die Baby-Rennmäuse gestorben sind und du …«

Will unterbricht mich: »Mensch, Asher, was ist los mit dir?«

»… die Rennmäuse-Beerdigung plant …«

»Hör nicht auf ihn, Sloane«, fügt Will hinzu. »Henry hat recht. Rede mit ihr, sag ihr die Wahrheit.«

Sloane seufzt: »Dann halte ich mich lieber an die Grandpa-Geschichte, die Will erzählt hat.«

Ich werfe Will einen Blick zu, der sagt: *Siehst du? Du hast auch gelogen!*

Sloane gibt schon die Nummer ein. »Seid alle einfach still, außer ich frage euch etwas!«

Ihre Mom geht ran.

»Mom, ich bin's«, sagt sie. Dann entsteht eine lange Pause, in der Sloane nichts sagt und ihre Mutter schreit. So laut, dass Sloane das Handy von ihrem Ohr weghält und wir alle ihre Mutter schreien hören.

»Mom, beruhige dich«, gelingt es Sloane einzuwerfen. »Lass mich mal reden!«, und es wird eine Weile still. »Zuallererst«, fängt sie an, »mir geht es gut. Ich musste dich mit den Rennmäusen/Hamstern anlügen, weil ich wusste, dass du mich nicht gehen lassen würdest, wenn ich dir die Wahrheit erzähle ... Ja, ich hab dir doch gesagt, dass es mir gut geht ... Ich bin bei meinem Freund Asher.«

Sloane sieht zu mir herüber und reißt dann das Handy von ihrem Ohr weg, und wir alle hören, wie ihre Mutter schreit: »Wer zum Teufel ist Asher?«

»Er ist ... Er ist ...« Sloane schaut mich die ganze Zeit an. Ich zucke die Achseln.

»Ich kann das jetzt nicht erklären«, sagt sie, »aber er ist in meiner Trauergruppe, und wir bringen seinen Großvater nach Graceland ... Ja, in Tennessee! Ja, ich weiß, wie weit das weg ist!«

Es ist wieder still, und dann sagt Sloane: »Nein! Ich denke mir das nicht aus.«

Sloane schweigt wieder eine Weile, dann sagt sie: »Mom, Asher hat seine Mutter verloren. Außerdem ist es nicht nur sein Großvater. Seine Großmutter ist auch hier.«

Sie schaut zuerst mich an und dann Henry. Ich zucke zusammen. Henry lächelt.

Sloane zuckt mit der Achsel und flüstert: »Sie heißt Evelyn.« Dann wieder eine Pause, gefolgt von: »Nein! Du kannst nicht mit ihr reden!«

Sloanes Mom schreit: »Warum nicht?«

»Es ist kompliziert«, flüstert Sloane.

Ich frage mich, was Henry denkt.

»Ja, Graceland ... Nein. Das ist nicht komisch ... Ja, es ist total wahr.«

Wieder folgt eine lange Pause, solange Sloane die nächste Abreibung bekommt. Sie senkt das Handy und scrollt durch ihre Fotos, während ihre Mutter schreit. Dann nimmt sie das Handy wieder an ihr Ohr. »Mom, ich hab dir gerade ein Foto von Ashers Großvater geschickt. Ja, ich esse! Schau dir das Foto an! Wir haben gerade bei *Applebee's* gegessen. Ich hatte zwei Hauptgerichte und zwei Nachspeisen. Nein! Ich nehme nicht zu! Mensch, Mom! Und, kennst du Will? Von meiner Dienstagabend-Gruppe? Er ist auch dabei. Ja, *dieser Will* ...«

»MOM! Er ist nicht noch kaputter als ich!«

Will sieht sie im Rückspiegel an.

Ich greife nach Sloanes freier Hand und streiche langsam an ihren Fingern entlang, Will fängt im Rückspiegel meinen Blick auf und sagt: »Ist das ein merkwürdiges Sex-Spiel?«, und Sloane tritt mit dem Fuß von hinten gegen seinen Sitz, während ich mit »Ja« antworte, und dann schreit Sloane: »NEIN! Ich möchte nicht mit dir facetimen, Mom! Und NEIN! Ich komme nicht nach Hause!« Sloane zieht ihre Hand weg und schirmt damit das Mikro ab. »Verdammt! Meine Mom möchte ein Foto von Henry mit der heutigen

Tageszeitung. Sie meint, das Foto, das ich geschickt habe, könnte alt sein oder irgendeinen x-beliebigen alten Mann darstellen, mit dem ich gar nicht unterwegs bin.«

»Sag ihr, dass Zeitungen nicht mehr gedruckt werden«, rät Will, »und dass dies keine Entführung ist. Du bist freiwillig mitgekommen.«

»Und warum solltest du Fotos von irgendwelchen alten Typen auf deinem Handy haben?«, frage ich.

»Stopp! Keiner von euch ist besonders hilfreich!« Dann schreit sie in das Handy. »Mom, DU HÖRST AUCH AUF! Ich habe keinen S-E-X mit Henry. Oder Asher! Oder Will!« Dann wirft sie mir einen flüchtigen Blick zu.

Ich schneide Grimassen. Lustige Grimassen, wie manchmal für Chloe, wenn sie sich aufregt. Ein Goldfischgesicht, wackelnde Kaninchennase, Hirschgeweihe … Ich habe eine regelrechte Choreografie. Sloane hat die ganze Zeit versucht nicht zu weinen, jetzt versucht sie nicht zu lachen. Das Gespräch geht noch ein paar Minuten weiter, und als Sloane es beendet hat, frage ich: »Ist alles okay?«, und sie hat diesen total kaputten, Am-Boden-zerstört-Ausdruck auf dem Gesicht, aber sie sagt: »Sozusagen. Sie ruft nicht bei der Polizei an und meldet mich als vermisst, wenn du das meinst. Ich habe ihr gesagt, dass ich in ein paar Tagen wieder zu Hause bin. Und sie fand das sozusagen okay.«

Dann fragt Henry, wo mein Großvater ist, und ich erwäge tatsächlich, ihm zu sagen, dass er sich direkt hier unter uns befindet, aber aus Rücksicht auf Will widerstehe ich diesem Drang und sage Henry die Wahrheit. Es ist der erste wahre Satz, den ich seit Langem gesagt habe: »Meine Großväter sind beide tot.«

Henry fragt: »Tot-tot?«, und erstaunt damit alle.

Da ich nicht weiß, was ich antworten soll, sage ich nichts.

Dann fragt Henry: »Und welcher kommt mit uns nach Graceland?«

Ich schwöre, dass er genau das sagt. Also gehe ich mit:

»Mein Grandpa Frank, mütterlicherseits. Er liebt den King und alle seine Alben.«

Henry summt den Elvis-Song *If I can Dream* vor sich hin und macht Evelyn mit Grandpa Frank bekannt. Dann stimmt Will mit dem Songtext ein, und es ist, als wären alle hier bei uns im Auto. Nicht nur meine Mom und Wills Bruder und Sloanes Dad und Evelyn, sondern auch mein Grandpa Frank und der King.

Ich weiß, das klingt merkwürdig, aber das ist es nicht.

Es ist tatsächlich irgendwie schön.

28

Zwei Stunden später fahren wir bei einer riesigen, 24/7 geöffneten Raststätte mit Snacks und Fast Food und Flipperautomaten und herumrennenden Kindern von dem Highway ab, um eine Pause zu machen. Nachdem ich Henry aus dem Auto geholfen habe, klingelt mein Handy. Es ist Grace, also lehne ich den Anruf ab.

In der Raststätte bleibt Sloane bei einem Bällebad stehen und schaut den Kindern, die ungefähr im Chloe-Alter sind, beim Spielen zu. »Weißt du, wie viele Kinder jedes Jahr auf Spielplätzen sterben?«, frage ich sie, und sie antwortet wie aus der Pistole geschossen: »Fünfzehn.«

Ich fasse es nicht, aber sie geht einfach weiter.

Ein paar Minuten später hole ich sie im Chips-Gang des Minimarkts ein, und sie sagt abwehrend: »Und? Ich hab's recherchiert.« Ihr Handy summt, sie liest die Nachricht, verdreht die Augen und schiebt das Handy zurück in ihre Jackentasche.

»Was ist?«, frage ich, als ob es nicht offensichtlich wäre.

»Meine Mom nervt immer noch.« Dann dreht sie sich um und schaut zu, wie ein Typ mit langem Pferdeschwanz, der einen Motorradhelm trägt und von Tattoos bedeckt ist, einen Sixpack Budweiser aus dem Kühlschrank zieht und dann das Mädchen neben sich auf den Mund küsst.

»Wenn du mich anschaust – was siehst du da?«, fragt Sloane, den Blick immer noch starr auf das Paar gerichtet.

Ich möchte sagen: *Ich sehe das schönste Mädchen, das ich in meinem ganzen Leben gesehen habe*, aber ich weiß, das wäre, als würde ich sagen: *Ich sehe einen Hut*. Und wenn ich sage, *ich sehe einen Hut*, weiß sie, dass ich sie gar nicht sehe.

Also betrachte ich ihr Gesicht. Mein Blick wandert an den Umrissen von Stiefeln und Jacke und dem seidigen Haar und den traurigen, dunklen Augen und den Lippen entlang, die immer aussehen, als ob sie sich entweder nach oben zu einem Grinsen verziehen oder zittern und sie in Tränen ausbrechen lassen. Ich sehe über das Kaputte und das Hübsche, das Zerbrechliche und Verletzliche hinweg und suche nach dem, was darunter liegt und in ihr steckt, was sie hinter sich herzieht und was selbstbestimmt über ihr schwebt.

Ich flüstere: »Ich sehe ein Mädchen, das von Liebe überwältigt wurde«, aber kaum habe ich es ausgesprochen, weiß ich, dass es falsch ist, denn das ist nicht *alles, was ich sehe*. Das ist die falsche Liebe, es ist eine traurige Liebe, die sie überwältigt hat, und ich weiß, dass das nicht alles ist, und mir wird auf der Stelle klar, dass das nach hinten losgeht und alles kaputtmacht, und so kommt es auch.

Sloane wischt sich eine Träne ab, und ich sage mir, dass das sowieso passiert wäre, egal, was ich sage – denn sie war gestresst und kurz davor zu weinen – und dann sage ich mir, dass ich NIEMALS EHRLICH SEIN sollte oder vielleicht sollte ich EHRLICHER SEIN, SOGAR GANZ BRUTAL EHRLICH oder vielleicht sollte ich einfach MEHR WÖRTER LERNEN oder BESSERE WÖRTER oder VIELLEICHT EINFACH LERNEN, DEN MUND ZU HALTEN UND

GAR NICHT ZU REDEN, denn ich sehe ja gar kein Mädchen, das von *Trauer und Liebe überwältigt wird*. Sondern ich sehe ein Mädchen, *das Liebe ist, brennende und leidenschaftliche und starke Liebe*. So viel brennende Liebe, dass der Verlust ihres Vaters sie umwirft, sodass sie in tausend Teile zerspringt. So viel brennende Liebe, dass sie den Schlaf ihrer Schwestern bewacht, um sicherzugehen, dass sie atmen. So viel starke Liebe, dass sie sich zurückkämpft und sich aus der Asche erhebt. Das hätte ich ihr sagen sollen.

Sie sagt: »Schau mich doch an! Ich stecke einfach ... fest!« Also küsse ich sie. Direkt hier am helllichten Tag im Chips-Gang des Minimarkts einer Highway-Raststätte. Riskanter Schritt, ich weiß, aber ich mache es trotzdem. Und ich rede hier nicht von einem liebevollen, süßen Kuss zwischen besten Freunden wie in der Spaghetti-Szene in *Susi und Strolch*. Ich gehe aufs GANZE. Mit der Hand auf ihrem unteren Rücken und geöffnetem Mund, ganz direkt, mit einem leidenschaftlichen Kuss, der sie umhaut und die *Fritos* von den Regalen fegt. Einem Filmkuss, der ihr sagt, wie unendlich liebenswert sie ist. Aber stell dir nichts Nettes, Romantisches vor wie Jasmine, die Aladdin küsst. Mein Kuss ist viel epischer und leidenschaftlicher. Es ist Jack, der Rose küsst in *Titanic*. Oder der Katniss-und-Peeta-Kuss in *Die Tribute von Panem*. Nur GRÖSSER UND BESSER. Es ist ein Kuss aus einem zukünftigen Film, zu dem es noch gar kein Drehbuch gibt, mit tragischen, romantischen Figuren, die dem Untergang geweiht, aber für immer aneinandergebunden sind, die ihre Welt davor bewahren müssen, in einem schrecklichen Ende unterzugehen oder auf den Grund des Ozeans zu sinken.

Es ist ein Kuss, der die große Leinwand zum Schmelzen bringt. Als er vorbei ist, öffne ich die Augen und weiche ein paar Zentimeter zurück. Sloane lässt ihre Augen noch ein paar Sekunden geschlossen und öffnet sie dann langsam. Sie schaut mich jetzt irgendwie erschrocken und zugleich irgendwie verwirrt an, aber auf eine gute Weise erschrocken und auf eine gute Weise verwirrt. Sie redet nicht und ich rede auch nicht. Dann wendet sie ihren Blick ab, richtet sich auf und zieht die Motorradjacke ihres Dads gerade. Ich spüre, dass da noch jemand ist, und denke: *Oh, Mist! Was, wenn es Will ist oder Henry? Was, wenn sie es gesehen haben?* Ich drehe mich um, aber es ist keiner von beiden, sondern die Frau, die ich schon vorhin gesehen habe, mit einem ganzen Haufen kleiner Kinder, die jetzt durch die Gänge toben. »Ich will euch ja nicht stören«, sagt sie, »aber ihr zwei blockiert die salzigen Snacks.« Ihr Gesicht ist aufgedunsen und rot, und sie ist ungehalten. Die Kinder flattern wie Glühwürmchen durch den Laden, aber wir bewegen uns nicht. Sloane nicht. Die Frau nicht. Und ich nicht.

Sloane beachtet sie nicht und sagt grinsend: »Das hat dir hoffentlich nicht gefallen.«

»Nein«, lüge ich, »nicht im Geringsten. Dieser Kuss sollte dich einfach ... na, du weißt schon.«

Sie sieht mich an. *Nein. Ich weiß nicht.*

Ich zucke die Achseln: »Du weißt schon, dich ...«

Sie zieht die Augenbrauen hoch.

»Befreien.«

Ich wollte ihr sagen, dass *ich unrecht hatte.*

Dass ich kein Mädchen sehe, das von Trauer und Liebe überwältigt wird.

Und ich wollte ihr sagen, dass *sie unrecht hat.*
Du steckst nicht fest. Du überlebst. Und das ist schon der halbe Weg.
Aber ich bringe nichts davon raus. Nicht zu Sloane. Nicht hier. Nicht im Minimarkt einer Raststätte. Deshalb lächle ich nur und trete beiseite, damit die Frau mit den vielen Kindern Kartoffelchips kaufen kann. Dann hat sie wieder diesen Ausdruck auf dem Gesicht – Sloane, nicht die Kartoffelchips-Frau –, ihre Lippen verziehen sich zu einem Lächeln, das eher ein Grinsen ist, ein hinreißendes Grinsen.
»Mich befreien?«, fragt sie.
»Jap«, sage ich. »Um dich zu befreien.«
»Als wenn dein Kuss Superkräfte hätte?«
»Hat er«, sage ich und grinse zurück.
Jetzt lächelt sie richtig, und ich lächle auch richtig, und ich sehe ihr unverwandt in die Augen, dann trete ich einen Schritt zurück und stoße fast mit den sorgsam aufgereihten Suppendosen auf dem Regal hinter mir zusammen.
Ich kann es nicht erklären, aber Sloane hat diesen *Ausdruck* auf ihrem Gesicht, als ob sie *mich sehen* würde. Es ist, als würde ich ihr ein Bild malen, das *genau aussieht wie ein Hut*, und *sie wüsste*, dass es kein Hut ist und niemals ein Hut war und *unmöglich jemals ein Hut sein könnte.*
Als ob sie sofort und ohne nachzudenken wüsste, dass das, was ich ihr gezeichnet habe, eine Boa constrictor ist, die einen Elefanten verschlungen hat.

29

Nachdem Will und Sloane und ich zurück im Auto eine halbe Stunde diskutiert haben, was der beste Filmkuss aller Zeiten ist – Will hatte das Thema aufgebracht, sodass ich mich frage, ob er uns nicht doch im Chips-Gang des Minimarkts gesehen hatte –, wacht Henry auf und verkündet, es sei der Kuss zwischen Grace Kelly und Cary Grant in *Über den Dächern von Nizza* gewesen.

»Tut mir leid«, sagt Sloane. »Hab den Film nicht gesehen.«

»Ich auch nicht«, sage ich, und Will fügt hinzu: »Mach drei draus.«

Ich hatte mich inzwischen für *Susi und Strolch* ins Zeug gelegt, war aber nicht weit gekommen, weil Will darauf besteht, dass Pudelknutschen nicht zählt.

»Sie sind keine Pudel«, beharre ich, aber Sloane sagt: »Tut mir leid, Asher. Aber Vierbeiner und schwanztragende Lebewesen gehören definitiv nicht in den Kusswettbewerb.«

»Das ist ungerecht!«, protestiere ich, aber die anderen beachten mich nicht.

Sloane hatte argumentiert, dass es »fraglos und unbedingt Bella und Edward in *Twilight* sind«, deshalb frage ich schließlich: »Welche Folge von *Twilight*?«, und ihre Gesichtszüge werden ganz weich, als sie verträumt antwortet: »Alle.«

Ich ziehe mein Handy raus, rufe auf YouTube *Twilight*-

Clips auf und muss zugeben, dass sie recht hat. Aber ich frage sie dennoch: »Im Ernst, Sloane. Welche Folge?«

Lächelnd sagt sie: »Der erste Kuss in Bellas Zimmer, nachdem Edward ihr erzählt hat, dass er durch ihr Fenster eingestiegen ist, um ihr beim Schlafen zuzusehen.«

Ich rufe den Clip auf, vor allem, um ein paar Kusstipps zu bekommen, und ich werde nicht enttäuscht.

Henry fragt: »Worum geht es in *Twilight*?«, und Sloane antwortet: »Es ist eine Liebesgeschichte zwischen einem Mädchen und einem Vampir«, und Will ergänzt: »Eher ein gruseliger Vampir-Porno mit einem heißen Stalker.«

»Mach mir den Film nicht kaputt!«, kreischt Sloane und gibt Henry mein Handy, damit er den Film-Clip anschauen kann. Ich protestiere und starte einen allerletzten Versuch für *Susi und Strolch*, vor allem, weil das Chloes Lieblingsfilm ist. Mein Argument besteht im Grunde darin, dass wenn Vampire erlaubt sind, auch Hunde erlaubt sein sollten, aber Will und Sloane überstimmen mich.

Sloane informiert Will, dass er sich noch nicht festgelegt hat, und er sagt: »Okay, der beste Kuss ist zweifellos der Kuss zwischen Bram und Simon auf dem Riesenrad in *Love, Simon*.«

»Verteidige deinen Standpunkt«, verlangt Sloane.

»MTV sagte das.«

Sloane entgegnet: »MTV hat auch *Twilight* zum besten Kuss gewählt«, und Henry fragt: »Was ist MTV?« Und Sloane sagt: »Kabelfernsehen.« Aber Will wirft ein: »Nein, das stimmt nicht. Es ist, als hätte NPR ein Baby mit *Rolling Stone* und TikTok und Carson Daly und einem Klatschmagazin ...«

Henry unterbricht ihn: »Simon und Bram – das klingt nach zwei Jungs.«

Will antwortet: »Sie sind zwei Jungs.« Dann sieht er Henry an und versucht, seine Reaktion zu erkennen, und der Wagen driftet aus unserer Spur, und mein Herz fängt an zu rasen, und meine Hände werden schweißnass, und ich schreie: »Verdammt, Will! Schau auf die Straße, wenn du fährst!«

Will sagt mir, dass ich mich beruhigen soll, aber dann erinnert er sich wohl daran, wie meine Mutter starb, sucht meinen Blick im Rückspiegel und fügt hinzu: »'tschuldigung, Asher. Ich schaue auf die Straße!« Währenddessen erzählt Henry uns, dass Cary Grant lieber Clark Gable oder Rock Hudson hätte küssen sollen statt Grace Kelly, denn viele Leute halten die beiden für schwul wie Simon und Bram, und Will lächelt ihn an. Dann fügt Henry hinzu, dass küssende Mädchen oder küssende Jungs oder küssende Hunde für ihn okay seien, aber es dürfe keine Filme geben, in denen Vampire jemanden küssen, also zähle ich das als Stimme für *Susi und Strolch*. Dann rät Henry Sloane, dass sie unbedingt *Über den Dächern von Nizza* anschauen müsse, weil es eine großartige Liebesgeschichte sei, so wie die von ihm und Evelyn.

»Die Geschichte von Henry und Evelyn sollte zu einer unbegrenzten romantischen Serie auf Netflix verarbeitet werden«, schlägt Sloane vor, aber Will widerspricht: »Du meinst wohl begrenzte Serie.« »Nein«, sagt Sloane. »UNBEGRENZT. Das ist doch der Punkt. Endlos. Es sollte Tausende von Episoden geben, die für immer und ewig weitergehen.« Sloane verspricht Henry, dass sie sich *Über den Dächern von*

Nizza anschaut, wenn er *Twilight* und *Love, Simon* guckt. Henry antwortet: »*Love, Simon* ja, aber Vampire nicht.« Er lächelt Sloane an, wahrscheinlich wegen dem, was sie gerade über die unendliche Liebesgeschichte zwischen Henry und Evelyn gesagt hat. Ich lächle Sloane gerade auch an, mit einem breiten zuversichtlichen Lächeln, denn ich finde, dass unser Kuss im Chips-Gang des Minimarkts mindestens so episch war wie der von Bella und Edward in *Twiglight* Teil 2, deshalb verkünde ich: »Ich küsse wie Edward, sogar noch besser, denn mein Kuss erfordert nicht, dass die Person, die ihn empfängt, ihre Seele verkaufen muss.«

»Bist du dir sicher, Asher?«, fragt Sloane mit ihrem feixenden Grinsen. »Ich meine, ich habe schon den Eindruck, dass du vielleicht eine dunkle Seite hast.«

»So dunkel wie die von Edward?«, frage ich.

Will schaltet sich ein: »Dunkler.«

Ich antworte nicht, aber ich denke, sie kennen nicht mal die Hälfte davon.

Doch Sloane sieht mich an, wie Bella Edward ansieht, deshalb taste ich nach ihrer Hand und finde sie unter den Sweatshirts und Jacken und all dem anderen Zeug, das hier aufgehäuft zwischen uns liegt.

30

Ich habe Sloanes Hand eine Stunde, siebenundzwanzig Minuten und viel zu wenige Sekunden lang gehalten, als sie sich auf einmal kerzengerade hinsetzt, meine Hand loslässt und nach rechts zeigt: »Fahr da raus!«

Wir haben den Highway verlassen und fahren jetzt an Matratzenläden und Autowerkstätten vorbei, und Will fragt: »Wohin?«

»Dorthin. Da drüben«, sagt sie, und ihre Stimme klingt, als gäbe es einen dringenden Notfall. Sie zeigt auf ein heruntergekommenes Einkaufszentrum links der Straße knapp vor uns. Will wirft einen prüfenden Blick in die Rückspiegel, entdeckt eine Lücke im Gegenverkehr und reißt das Steuer nach links, und wir schleudern über zwei Fahrspuren und biegen schlingernd in den Parkplatz ein. Die Aktion hat ein bisschen was von einem Stunt-Manöver, und ich kriege schon wieder fast einen Herzinfarkt. Dann denke ich, wie gut, dass Henry schläft, denn wenn Evelyn schon nicht schneller als vierzig Meilen pro Stunde fahren mag, dann wäre Wills Manöver von gerade eben nicht gut bei ihr angekommen.

»Hier?«, fragt Will, und Sloane nickt.

Ich schaue mich um, um herauszufinden, was Sloane wohl so verlockend fand, aber erfolglos. »Das Waffengeschäft oder der Schnapsladen?«, frage ich spöttisch, während ich weiterhin mit den Augen die Ladenreihe absuche und Will vorwärts in eine Parklücke fährt. Die Schaufenster einiger Läden sind mit Brettern vernagelt, die anderen sehen aus, als wären sie geschlossen oder kurz davor. Neben dem Waffenladen ist ein heruntergekommener Gebrauchtwarenladen mit einer alten Schreibmaschine und einer nackten Schaufensterpuppe in den Auslagen. Auf einem Schild steht: ›Wir kaufen das Besitzrecht an Ihrem Auto gegen bar.‹ Ich zeige darauf und frage: »Was meint ihr, was das bedeuten soll?«

Will schaut hinüber, und ich merke, dass ich nicht genau gesagt habe, ob ich die Schaufensterpuppe oder die Schreibmaschine oder das Schild meine, aber als er antwortet: »Extreme Armut und Glücksspiel«, merke ich, dass seine Antwort alles abdeckt.

»Glücksspiel?«, frage ich.

»Es gibt Casinos in der Nähe. Die Leute brauchen Bargeld.«

»Woher weißt du das?«

»Ich war schon mal hier.«

»Genau hier?«, frage ich erstaunt. »Also hier in diesem Einkaufszentrum?«

Will antwortet nicht darauf, sondern sagt stattdessen: »Das ist mir nicht ganz geheuer. Geh mit ihr mit, Asher.« Dann fährt langsam ein Polizeiwagen an uns vorbei, und der Polizist beäugt uns genau. Henry wacht rechtzeitig auf und winkt ihm, aber das hilft nicht. Sloane nimmt die Getränkebestellungen entgegen: Red Bull für Will, Pfirsich-Eistee für Evelyn und Wasser für mich und Henry, dann stößt sie die

Tür auf und sagt: »Wartet hier.« Sie steigt aus und steuert einen schäbig aussehenden Gemischtwarenladen an, der in der Ecke versteckt ist.

Ich bitte Will, Henry nicht aus dem Auto zu lassen, und folge ihr.

Sie durchquert die Tür, als hätte sie einen Auftrag zu erledigen, geht dann direkt auf den Typen an der Kasse zu und fragt ihn etwas.

Ich bleibe an der Tür stehen, während er mit dem Finger zeigt und mich mustert, weil er wahrscheinlich denkt, dass wir etwas klauen oder den Laden mit vorgehaltenem Sturmgewehr ausrauben wollen, das wir gerade eben nebenan mit dem Geld erworben haben, das wir für das Besitzrecht am Auto meines Vaters bekommen haben. Um ihn zu beruhigen, winke ich ihm lächelnd zu, aber er sieht mich nur weiterhin grimmig an.

Sloane tritt zu dem Regal, auf das der Typ zeigt, und greift nach etwas, das nach einer Süßigkeit aussieht, und dreht sich dann zu den Getränken im Kühlregal. Auf dem Weg schnappt sie sich noch zwei Motorradzeitschriften und geht dann zum Bezahlen wieder zurück zur Kasse. Ich ziehe mein Handy raus, um Grace eine Nachricht zu schreiben, da ich sie nicht zurückgerufen habe und langsam nervös werde, weil ich zu spät dran sein könnte, um sie zum Prom-Ball heute Abend abzuholen. Ich weiß nicht, was ich schreiben soll, also schicke ich ihr eine Nachricht, die hauptsächlich aus Emojis besteht – Autos und Herzen und Partyhüte und Luftschlangen, und dann schreibe ich *Fast in Memphis! Freu mich total, dich bald in echt zu sehen!*, bevor ich das Handy wieder in die Tasche schiebe.

»Das war der Notfall?«, frage ich Sloane, als sie auf dem Weg zum Ausgang bei mir vorbeikommt. »Süßigkeiten? Und ...« Ich schnappe mir eine der Zeitschriften, die sie gekauft hat, um den Titel zu sehen. »... *Motorrad Mojo?*«

Sie drängelt sich an mir vorbei, öffnet die Tür und lächelt mir über die Schulter hinweg zu: »Ja.«

Ich folge ihr zum Auto, aber sie steigt nicht ein. Stattdessen klopft sie an das Fenster auf der Fahrerseite und bittet Will und Henry auszusteigen. Dann verteilt sie die Getränke und gibt jedem von uns eine Tüte M&M's, dabei verkündet sie: »Wir haben das Spiel falsch gespielt.«

Henry ruft: »Ich liebe Spiele«, aber ich bin mir ziemlich sicher, dass er nicht nur auf einer anderen Seite ist, sondern ein ganz anderes Spielebuch liest.

Sloane bittet uns, die Tüten zu öffnen und jeweils ein M&M's herauszunehmen.

»Nicht das schon wieder.« Will stürzt sein Red Bull in einem Zug hinunter und beschwert sich darüber, dass seine Turnschuhe in der Hitze schmelzen würden und seine Füße in Flammen stünden.

»Hör auf zu nölen und mach es einfach«, ermahnt ihn Sloane.

Henry fügt sich, aber seine Hände zittern, sodass die M&M's alle auf den Boden fallen und ich ihm ein paar von meinen abgebe. Will weigert sich rundheraus mitzuspielen. Er reißt nicht einmal seine Tüte auf. Sloane ignoriert beide.

Sloane und ich haben jeder ein einziges M&M's in der Hand. Beide schmelzen in der Hitze. Will hat recht. Es ist *heiß*. Die drückende Hitze der *Südstaaten*, die den Teer klebrig macht und deine Schuhe schmelzen lässt. Ich esse das

M&M's und sage Henry dann, er solle zurückgehen und ein Fenster einen Spalt öffnen, damit Evelyn atmen kann, weil er sie im Auto gelassen hat. Er lächelt, als wäre das eine gute Idee.

»Und jetzt«, beginnt Sloane, »erzähl mir eine Sache über dich, Asher.«

»Mensch«, murrt Will, »dafür stehen wir bei fast 40 Grad auf einem Parkplatz?«

»Halt einfach die Klappe, und lass Asher machen«, fährt Sloane ihn an und wendet sich dann wieder mir zu. »Los. Sag mir etwas.«

Ich sage nichts außer: »Ich denke nach.«

»Dann du, Will«, sagt Sloane.

Will sieht angefressen aus und weigert sich immer noch, ein M&M's aus der Tüte zu nehmen. Aber Sloane lässt nicht locker. Sie sieht Henry an, der wieder bei uns ist, nachdem er das Autofenster geöffnet hat, und erklärt ihm, wie das Spiel funktioniert. Ich reiche ihm ein blaues M&M's und zucke die Achseln. Henry isst die Süßigkeit und erzählt uns dann, dass Evelyn gerne strickt, aber ich bin nicht sicher, ob er wirklich mitspielt oder einfach so eine Bemerkung macht.

»Nein«, sagt Sloane. »Was anderes. Nichts über Evelyn.«

Henry sieht hilflos aus. Ich weiß nicht, ob es einfach die Hilflosigkeit des alten Menschen Henry ist oder ob es daran liegt, dass es ohne Evelyn keinen Henry gibt.

»Er war nicht mal dabei«, sagt Will.

Henry sieht nur noch verwirrter aus.

»Sloane, hör auf«, fügt Will hinzu.

»Ich kann nicht aufhören«, sagt sie, »denn *ich habe es jetzt verstanden*. Und es ist wichtig.«

»Du hast *was* verstanden? Ein blödes Psychospiel? Und wenn schon?« Will ist sauer, und ich weiß nicht, warum. Vielleicht liegt es daran, dass er zu viel Zeit im Auto verbracht hat. Vielleicht zu wenig Schlaf und dann die Hitze. Vielleicht auch etwas anderes.

Ich versuche die Wogen zu glätten und biete etwas sehr Persönliches und Intimes auf. »Okay, ich bin dran.« Ich esse ein M&M's und hole tief Luft. »Mein Dad weint nachts.« Dann schaue ich hinunter auf den Teer. Meine Stimme zittert. »Ich höre ihn durch die Wand hindurch.« Dann esse ich noch eine Schokolinse, während mir heiße Tränen in die Augen schießen.

»Nein«, sagt Sloane. »Etwas anderes.« Sie klingt entschieden, fast schon barsch.

»Sloane, das ist gemein«, wirft Will ihr vor.

»Was willst du?«, frage ich sie. »Ich versteh nicht, was du eigentlich willst.«

»Hier. Ich zeig es dir.« Sie hält zwei M&M's hoch und wirft sie sich in den Mund. »Bevor ich anfange, ein Buch zu lesen, lese ich zuerst den letzten Absatz. Und ich liebe Pferde. Goldene, sahnefarbene Palominos mit weißen Mähnen und Schweifen.«

»Bücher und Pferde? Palominos?«, fragt Will wutschnaubend. »Asher erzählt dir etwas wirklich Persönliches über seinen Vater, und du sagst, dass du Pferde magst? Warum ist das besser?«

»Oh, Mann«, sage ich. »Jetzt kapier ich es.« Ich zittere. *Meine Hände. Meine Stimme.* Ich verstehe es, und es macht mich traurig. *Sehr traurig.* Ich versuche nicht zu weinen, aber ich spüre, wie meine Lippen zittern. *Wie bei Chloe.* Wie damals, als ich ihr sagte, sie dürfe keinen Schokoladenpudding essen.

Will sieht Henry an und fragt, ob jemand Sonnencreme habe, während Sloane mit dem Kopf nickt: »Mach es, Asher. Sag was.«

Ich schüttle den Kopf und flüstere: »Ich kann nicht.« Meine Lippen zittern immer mehr. So sehr, als würden mir gleich die Tränen aus den Augen kullern.

»Henry wird schon ganz rot«, sagt Will.

Der Polizist fährt wieder an uns vorbei. Henry winkt.

»Versuch es«, sagt Sloane leise. Sie nimmt meine Hand. Sie holt mich wieder zurück. *Sie möchte nicht, dass ich wegdrifte.*

»Einfach was Kleines«, sagt sie.

Ich möchte, dass sie mir sagt, alles sei okay. Dass ich nichts sagen müsse, wenn ich es nicht möchte. Dass wir einfach zurück ins Auto gehen und losfahren können. Aber sie macht es nicht. Sie hält einfach meine Hand und schaut mich erwartungsvoll an. Ich möchte sagen: *Meine Mom starb vor dreizehn Monaten, fünf Tagen, sechs Stunden und zwölf Minuten,* aber ich weiß, dass das falsch ist. Ich möchte sagen: *Ein betrunkener Fahrer hat sie umgebracht,* aber ich weiß, dass auch das falsch ist. *Ich muss das richtig machen.* Ich esse ein M&M's.

»Ich …« Es kommt nur ein Flüstern aus meinem Mund.

Sloane legt ihre andere Hand auf meinen Arm. Drückt ihn leicht.

»Weiter«, ermutigt sie mich.

Will sieht völlig verwirrt aus.

»Ich … ich habe früher Gitarre gespielt.«

Sloane nickt und wischt sich dann ihre Tränen weg. Henry wirkt benommen und verwirrt, als hätte er sich in seinem eigenen Kopf verirrt. Will sieht total verdattert aus. Sein Mund steht offen, als hätten wir ihm erzählt, dass gerade ein Raumschiff auf dem Parkplatz gelandet sei, und er würde sich fragen, warum er es nicht sieht.

Sloane isst ein M&M's und flüstert: »Am Freitag nach der Schule ließen ich und meine zwei besten Freundinnen uns in der Mall immer die Nägel machen.«

»Ich mag *In-N-Out-Burger*«, flüstere ich, »aber bei uns in der Nähe gibt es keine.«

Sloane fängt an zu lächeln. Ein halb trauriges und halb glückliches Lächeln mit tränennassen Wangen. »Ich möchte mein Zimmer gelb streichen.«

Ich schließe daran an mit: »Ich habe ein Mädchen geküsst, und es hat mir gefallen.«

»Und ich habe einen Jungen geküsst, und es hat mir auch gefallen.«

Ich lächle.

»Was zum Teufel wird hier gespielt?«, schreit Will. Seine Finger sind von schmelzenden M&M's verschmiert, weil er seine Tüte jetzt auch aufgerissen hat, als ob er versuchen wollte mitzuspielen. *Er will mitspielen*, aber er versteht es nicht, und er hat Angst, es könnte ihm eine lebensverändernde, existenzielle Offenbarung entgehen.

Ich wische noch mehr Tränen ab und versuche dann, es ihm zu erklären. »Mit den M&M's wollte Peter Pan uns dazu bringen, etwas über uns selbst zu erzählen, was nicht mit unserem Verlust oder dem Menschen zu tun hat, den wir verloren haben.«

»Wer zum Teufel ist Peter Pan?«, fragt Will.

Henry hat keine Ahnung, worum es geht, und wirft ein: »Evelyn liebt Peter Pan und die ganze Familie Darling.«

»*Was???*«, fragt Will.

»Er meint die Frau, die die Trauergruppe leitet«, sagt Sloane, obwohl ich ihr nie erzählt habe, dass ich sie so nenne. »Sie sieht ein bisschen aus wie Peter Pan«, fährt Sloane fort. »Sie hat versucht uns zu zeigen, dass wir mehr sind als unser Verlust. Aber niemand von uns hat es geschafft. Asher und du, ihr habt gar nichts gesagt, und ich habe zehn Dinge über meinen Dad erzählt. Es ist, als gäbe es uns unabhängig von ihrem Tod gar nicht. Sie wollte uns daran erinnern, dass das nicht stimmt.«

Will hat diesen *Langsam kapiere ich*-Ausdruck auf dem Gesicht.

Sloane setzt sich auf den Gehweg und isst den Rest ihrer M&M's. »Wir waren eigenständige Menschen, bevor diese schlimmen Dinge in unserem Leben passiert sind, und wir sind es immer noch – auch wenn es sich nicht so anfühlt. Das sollten uns die M&M's lehren. Das kam mir, als ich darüber nachdachte, wie viel Spaß wir hatten, den besten Filmkuss zu küren. Verdammt, früher hab ich mir *Filme angeschaut*. Und dann merkte ich: Verdammt, früher haben *Filme mir gefallen*.«

Will isst ein M&M's, setzt sich neben Sloane auf den Randstein, stützt die Ellbogen auf die Knie und den Kopf in seine Hände: »Ich war früher in der Schwimmmannschaft. Ich hielt den Schulrekord im Delfinschwimmen.«

Sloane lächelt und gibt Will noch ein M&M's. Der Polizist fährt ein drittes Mal vorbei und mustert uns genau.

Henry ist jetzt ein paar Schritte von uns entfernt. Er hat Evelyn aus dem Auto geholt und drückt sie in ihrer Schachtel an sich. Will sitzt vornübergebeugt auf dem Randstein und zählt seine M&M's. »Ich hab auch eine Weile Fußball gespielt, aber Schwimmen war mehr mein Ding«, sagt er und wendet sich dabei nicht speziell an einen von uns. Dann isst er noch ein M&M's.

Der Polizist hält neben uns an und lässt das Fenster runter: »Ist hier alles in Ordnung?«

Henry sagt: »Ja. Wir bringen nur meine Frau zu Elvis, damit sie ihn kennenlernen kann.«

Der Polizist mustert ihn. Dann schaut er zu Sloane, der offensichtlichen Kandidatin für die Position als Frau an Henrys Seite.

Sloane lächelt den Polizisten an und hilft dann Henry zurück ins Auto.

Ich stehe auf und biete Will meine Hand an, aber als ich ihn hochziehen will, ist es, als müsste ich etwas anheben, das viel zu schwer für mich ist.

»Sag mal, diese Sache vorhin mit Simon und Bram?«, frage ich. »Heißt das, dass du ... du weißt schon ...?«

»Dass ich schwul bin?«, fragt er.

Ich nicke. »Na ja, wenn wir mit all diesen M&M's und dem ganzen Seelenstriptease schon dabei sind, dachte ich, ich könnte mal fragen.«

Er schaut mich eine Weile an, antwortet aber nichts.

»Also, ich meine, du musst es mir nicht sagen. Ich war nur ...«

»Bist du ein Hund?«, fragt er.

»Was?«

»Du sagst, ich müsse schwul sein, weil ich den schwulen Kuss romantisch und denkwürdig finde, also denke ich, dass du bestimmt ein Hund bist, weil du den Kuss in *Susi und Strolch* denkwürdig und romantisch findest.«

»Das habe ich davon, wenn ich mich mit einem Philosophiestudenten anfreunde«, sage ich, und er antwortet: »Da hast du wohl recht, aber nein, ich bin nicht schwul.«

»Warum hast du das nicht gleich gesagt?«

»Es macht mehr Spaß, dich zu verarschen. Und wenn wir schon dabei sind: Ich bin in einer On-off-Beziehung mit meiner Freundin, du musst dir also keine Sorgen machen, dass ich Interesse an Sloane haben könnte und wir aneinandergeraten, weil du sie in der Raststätte geküsst hast.«

»Dann hast du uns gesehen.«

»Ich sehe alles, mein Freund.«

Ich lächle.

»Warum lächelst du?«, fragt er.

»Weil das bedeutet, dass ich im Hinblick auf Sloane keinen Rivalen habe, und das ist das, was ich eigentlich wissen wollte.«

Will scheint darüber nachzudenken. »Im Auto.«

Ich sehe ihn fragend an, und er stellt klar:

»Ich sage nur, dass es viele Typen gibt, die Interesse an Sloane haben könnten, sodass du nur im Auto keinen Rivalen hast.«

Ich überlege. »Keine Ahnung, aber ich glaube, Henry könnte eine ganz schön harte Konkurrenz sein.«

Wir schauen beide hinüber zum Auto und sehen zu, wie Henry viel Wirbel macht, um Evelyn an ihren Platz neben sich im Fußraum des Vordersitzes zu stellen.

»Ja, aber Sloane müsste zuerst Evelyn aus seinem Herzen vertreiben, und ich sehe nicht, dass das passieren könnte«, sagt Will.

»Außerdem ist Evelyn echt heiß«, füge ich hinzu.

Wir beide beobachten Henry, und Will lacht. »Absolut.«

Als wir zusammen zurück zum Auto gehen, stelle ich fest, dass ich wirklich einen Freund gefunden habe. Und dass ich einen kleinen Schritt weitergekommen bin. Und das gilt nicht nur für mich. Das gilt für uns alle. Und dann, bevor wir wieder einsteigen, sage ich zu Will: »Ich fahre. Du hast nicht geschlafen.« Er wirft mir die Schlüssel zu, und ich sage zu ihm: »Weißt du, Michael hatte Glück, dass er dich zum Bruder hatte«, und Will umarmt mich. Eine verschwitzte, schokoladige Umarmung.

Dann greife ich nach Sloanes Hand: »Wie fühlst du dich?«

Und sie antwortet lächelnd: »Befreit. Und du?«

»Ein bisschen wie ein Löwenzahn, der einen Riss im Beton gefunden hat.« Sloane drückt meine Hand und lächelt ihr lustiges halbes Lächeln, bevor sie wieder ins Auto steigt. Und Ehrenwort, es ist, als ob sie genau verstanden hätte, was das bedeutet.

31

Wir fahren gerade durch die Vororte nach Memphis, da sage ich zu Henry gewandt: »Ich glaube, wir gehen erst morgen nach Graceland. Ich möchte zuerst in ein Hotel, damit ich mich fertig machen kann ...«

Er sieht mich erwartungsvoll an, aber ich beende den Satz nicht.

»Fertig machen wofür?«, fragt Sloane.

Ich schaue sie im Rückspiegel an und sage: »Okay. Das ist der Plan.«

Will murmelt: »Oh, Mist.«

Ich schaue ihn im Rückspiegel an: »Oh, Mist *weil*?« Ich provoziere ihn, weil er mich anmacht, und frage mich, ob er etwas weiß oder ob er nur blufft. Aber er sagt nichts weiter, sondern lässt sich nur tiefer in seinen Sitz sinken und schaut geradeaus, den Blick auf die Lehne von Henrys Sitz gerichtet, während es im Auto ganz still wird.

Ein paar Minuten später fahre ich an den Straßenrand und bitte Sloane, auszusteigen und mit mir zu reden.

»Warum bist du rausgefahren?«, fragt Will. Dann schaut er sich um. »Das ist merkwürdig. Findet sonst noch jemand das merkwürdig?« Aber Henry ist der einzige ›sonst noch jemand‹ im Auto, und er redet mit Evelyn und hört offensichtlich nicht zu.

Als ich meine Tür öffne, späht Will hinter seinen Haaren hervor zu mir: »Oh, *das* ist Mist, Asher.« Aber ich beachte ihn nicht.

Kaum sind wir ausgestiegen, eröffne ich Sloane, dass ich dieses Mädchen, das ich nicht kenne, heute Abend zu ihrem Prom-Ball begleiten muss. Ich muss fast schreien, weil Lastwagen in beiden Richtungen mit großer Geschwindigkeit an uns vorbeibrausen. Sie zieht die Motorradjacke ihres Vaters enger um sich und verschränkt wutschnaubend die Arme fest vor ihrer Brust. Ich will sagen, dass es mir leidtut, sehr leid, aber ich mache es nicht, und sie steht eine Weile einfach da und sieht mich an. Dann fragt sie: »Was für ein Mädchen?« Ihre Miene ist ausdruckslos und verletzlich und offen. Ich denke darüber nach, dass ich sie auf gar keinen Fall verletzen will, und darüber, was ich eigentlich vorhabe, und wie sehr diese beiden Dinge auf Kollisionskurs sind.

Und dann mache ich, was ich am besten kann. Ich tische ihr eine GROSSE LÜGE auf, die ich mir spontan ausdenke. Ich lasse einfach meinen Mund wild vor sich hin improvisieren. Ich bin Bud Powell auf einem Konzertflügel. Oder Louis Armstrong mit seiner klagenden Trompete. Oder nur Asher und sein Mund, die improvisieren.

Und die Katastrophe ist unabwendbar.

»Einfach irgendein Mädchen«, sage ich.

»Irgendein Mädchen? Du begleitest *irgendein* Mädchen, das in Tennessee wohnt, zu ihrem Prom-Ball? Heute Abend?«

Ich nicke. »Sie ist meine Cousine zweiten Grades, und eigentlich kennen wir uns gar nicht persönlich, und ich hasse sie.«

»Warum?«

»Wie warum?«

Sie zuckt die Achseln. »Warum hasst du sie?«

»Es ist kompliziert. Aber kurz gesagt, weil sie Ed Sheeran mag.«

Sloane verdreht die Augen: »Asher, die ganze Welt mag Ed Sheeran.« Also sage ich: »Mein Dad zwingt mich dazu«, und sie sagt: »*Wozu* genau zwingt dein Dad dich?«, und ich sage: »Er zwingt mich dazu, dieses Mädchen zu ihrem Prom-Ball zu begleiten«, aber Sloane sieht nicht so aus, als ob sie das schlucken würde, deshalb flüstere ich: »Schau, wenn ich sie nicht zu dem Prom-Ball begleite, wird er ...« Sloanes Miene sagt: *Wird er was?* Aber mir fällt nichts ein. Dann sagt sie nur: »Asher«, und die Art und Weise, wie sie es sagt, bricht mir das Herz, denn sie hat diesen traurigen, besorgten Enttäuschte-Mom-Ausdruck im Gesicht. Dann geht sie wortlos zurück ins Auto, und ich steige ein, lasse den Motor an und fahre los, als wäre nichts geschehen. Und als Will fragt: »Was ist los?«, antworte ich: »Nichts.« Und er sagt: »Dann ist ja gut.«

Aber nichts ist gut. Nicht ihm gegenüber und auch nicht Sloane gegenüber. Sie sind beide sauer, aber aus verschiedenen Gründen.

Und der zugrunde liegende Grund ist natürlich in beiden Fällen die Tatsache, dass ich lüge. Will weiß es, und Sloane weiß es. Mist, *wahrscheinlich weiß es auch Evelyn*. So wie ich es sehe, ist Henry der Einzige, der irgendwas glaubt von dem, was ich sage, und er redet mit einer Toten. Ich werfe einen Blick zu ihm hinüber. Er liest in einer uralten Broschüre über Graceland. Das Heft ist abgegriffen und voller Eselsohren, aber Henry ist in ein Foto von Elvis' Flugzeug vertieft, das er mit einem orangefarbenen Filzstift umkringelt hat.

Ich wende meine Aufmerksamkeit wieder der Straße zu und denke, Henry jagt einem Traum nach und ich einem Albtraum, und Sloane und Will wollen einfach eine Version der Wahrheit, die ich ihnen aber offenbar nicht bieten kann.

Dann beugt sich Will vom Rücksitz zu mir nach vorn und lässt mein Handy in die Halterung für die Kaffeebecher fallen. »Du hast es hier vergessen«, sagt er in diesem *Achtung ich hab geschnüffelt*-Ton. Seine Augenbrauen sind hochgezogen wie zwei Schlechtwetterfahnen.

Ich denke, *oh, Scheiße!*, oder eher *OH, SCHEISSE!*, und fange gleichzeitig an, darüber zu reden, wie Elvis Presley verdeckt mit dem FBI zusammengearbeitet hat.

»Okay«, lege ich los, »hier eine Theorie: Elvis ist nicht gestorben, sondern wurde in ein Zeugenschutzprogramm gesteckt, weil er verdeckt dem FBI geholfen hat, ein paar Mafiosi festzusetzen.«

Henry schaut lächelnd auf, und Will sagt: »Bullshit!«

Vielleicht war das nur ein allgemein dahingesagtes Bullshit, das sich überhaupt nicht auf Elvis bezogen hat, aber egal, ich rede einfach weiter: »Nein, Ehrenwort! Das stimmt. Ein paar Mafiosi von ›Die Bruderschaft‹ wollten Elvis' Flugzeug kaufen, also trat das FBI auf ihn zu und bat ihn, sich verkabeln zu lassen, damit das Gespräch mit ihnen aufgenommen werden konnte. Also lud er sie in das Flugzeug ein, verwickelte sie in ein Gespräch und brachte sie dazu, belastende Dinge zu sagen.«

»Worüber?«, fragt Will.

»Woher zum Teufel soll ich das wissen?«, sage ich. »Vielleicht, wo Jimmy Hoffa steckt.«

»Wer ist Jimmy Hoffa?«, fragt Sloane mit eisiger Stimme.

»Der Chef der Lkw-Fahrer-Gewerkschaft. Er ist verschwunden, wahrscheinlich *Füße in Beton und rein in den Fluss*«, klärt Will sie auf.

Sloane ist immer noch sauer und ignoriert mich, beugt sich aber jetzt zu Henry vor und betrachtet die Broschüre, die er in der Hand hält.

»Und als die Mafia-Killer herausfanden, dass der King verdeckt arbeitet, beschloss das FBI, seinen Tod vorzutäuschen und ihn in ein Zeugenschutzprogramm zu nehmen«, füge ich hinzu.

»Evelyn denkt, dass sie Jimmy Hoffa in Elvis' Grab beerdigt haben«, verkündet Henry.

Ich werfe ihm einen Blick zu. »Dann kennt Evelyn also diese Theorie.«

Henry strahlt.

»Und du glaubst das alles?«, fragt Will ihn.

Henry lächelt einfach weiter.

Will zieht sein Handy heraus und berichtet dann: »Nur vier Prozent der Amerikaner glauben, dass Elvis noch lebt.«

»Ja, aber vier Prozent der US-amerikanischen Bevölkerung sind wie viele?«, frage ich.

Will startet den Taschenrechner auf sein Handy: »Über dreizehn Millionen Menschen.«

Ich nicke. »Das ist ja nicht nichts.«

Sloane hält ihr Handy ebenfalls in der Hand und verkündet: »Die Hälfte der Menschen auf Island glaubt an Feen.«

Ich fange ihren Blick im Rückspiegel auf: »Aber auf Island lebt ja niemand«, und sie sagt: »Mit dir hab ich nicht geredet.«

Dann schaut Will von seinem Handy auf: »Ach du heilige Scheiße! Fast die Hälfte aller Amerikaner glaubt an Geister! Das sind mehr als einhundertfünfzig Millionen Menschen, dann ist das ganze Elvis- und Island-Ding gar nicht so merkwürdig.«

Ich werfe einen Blick zu Henry hinüber und denke: *Und auch das ganze Evelyn-Ding nicht.* Außerdem redet auch Chloe mit den verschiedensten Menschen, die nicht echt sind, wie zum Beispiel ihren Kuscheltieren, und SIE ANTWORTEN IHR, und das macht sie glücklich, also wen zum Teufel kümmert es, wer an Feen oder Geister oder einen lebendigen Elvis glaubt? Oder, mit Blick auf Henry, *an eine tote Evelyn.* Aber ich sage nichts. Mein ganzes Ziel bestand darin, von ASHER UND GRACE UND DEM PROM-BALL UND DER GROSSEN LÜGE abzulenken, und das ist mir gelungen.

»Weiß zufällig jemand«, frage ich möglichst beiläufig in die Runde, »wo man diese Teile fürs Handgelenk bekommt?«

Im Rückspiegel fange ich wieder Sloanes Blick auf, aber sie schaut rasch weg, blättert in einer ihrer Motorradzeitschriften und hat wieder ihren charakteristischen Ich-bin-am-Boden-zerstört-Ausdruck. Dann sagt sie: »Du meinst ein *Handgelenksträußchen?*«

Ich überlege, ob ich sagen soll: *Ich dachte, du redest nicht mehr mit mir*, besinne mich dann aber eines Besseren und sage stattdessen: »Ja, genau, ein Handgelenksträußchen.«

Sie antwortet nicht, und Will sieht mich nur an. Er ist auch wieder sauer. Henry hat sich zu Evelyn hinuntergebeugt und zeigt ihr ein Bild von Elvis' Flugzeug, also sind wenigstens die beiden nicht wütend auf mich.

Drei Blocks weiter setze ich den Blinker und biege von der Straße ab in den Parkplatz eines kleinen Einkaufszentrums. Wenn ich die zwei Geschäfte am anderen Ende, die mit Brettern vernagelt sind, nicht mitzähle, stehen drei zur Auswahl: *Leroy's Discount Liquor Bar, The Ammon Alley Gun Shop* und *Mess of Blues Florist*.

32

Will fragt: »Warum halten wir an?«

»Ich muss was besorgen«, sage ich.

Er schaut sich um: »Was? Vielleicht ein Gewehr?«

Ich steige, ohne zu antworten, aus, und Sloane folgt mir. Vor dem Waffengeschäft parkt ein Motorrad, und sie geht langsam daran vorbei. Ich bleibe stehen und warte auf sie.

»Gefällt es dir?«, frage ich.

»Nein«, sagt sie. »Zu klein.«

»Zu klein wofür?«, frage ich sie.

»Beale Street.«

Ich will sie fragen, was das bedeutet, aber sie ist sauer, deshalb lass ich es.

An der Ladentür ist eine Glocke, deshalb schaut die Frau hinter dem Ladentisch auf, als wir eintreten: »Wie kann ich euch helfen, ihr zwei?«, ruft sie uns entgegen.

»Ich brauche ein Handgelenksträußchen.« Sie mustert zuerst mich und dann Sloane. »Für den Prom-Ball heute Abend?«

Sloane schaut mich finster an, als ich antworte: »Ja, Ma'am.«

Die Verkäuferin kommt hinter dem Ladentisch hervor und lächelt, als wären Sloane und ich ein schrecklich nettes Paar. »Collegiate?«, fragt sie und strahlt weiter.

Ich brauche eine Minute, bis ich kapiere, dass Collegiate wahrscheinlich eine der hiesigen Highschools ist.

»Eigentlich weiß ich gar nicht, welche Schule«, antworte ich.

Sie fragt sich wahrscheinlich, wie es sein kann, dass wir keine Ahnung haben, auf welche Schule wir gehen, aber sie steuert trotzdem einen Kühlschrank voller Blumen an und schaut dann fragend zu Sloane: »Welche Farbe hat dein Kleid, Liebes?«

Ich denke: *Oh, Scheiße!*, und Sloane ruft: »Es ist nicht für mich, aber ich glaube, das Kleid ist lila.« Dann beugt sie sich zu mir und fragt spöttisch: »Welche Farbe hat ihr Kleid, Asher?«, und ich murmle: »Was ist das Gegenteil von Lila?« in keine bestimmte Richtung. Die Verkäuferin spürt die Spannung: »Weiß passt immer«, sagt sie, während sie ein paar Schachteln mit Handgelenksträußchen aus dem Blumenkühlschrank holt.

Ich sehe sie an: »Haben Sie Schwarz? Oder vielleicht Schwarz und Orange?«

Sloane gibt ein Geräusch von sich, das sich wie ein Schnauben anhört, und die Verkäuferin zuckt erstaunt zusammen. Ich frage abwehrend »Was?«, weil sie sich verhalten, als würde mich ein kalter Luftzug begleiten wie Edward in *Twilight*, wenn er ein Zimmer betritt. Dann zucke ich die Achseln: »Wahrscheinlich hat noch nie jemand nach hässlichen Blumen gefragt.«

Die Verkäuferin senkt den Blick: »Schwarz und Orange gibt's nicht. Ich habe Gelb und Blassrosa, wenn dir Weiß nicht gefällt.«

»Wie passen die zu Lila?«, frage ich.

»Beide Farben wären großartig«, sagt sie.

»Dann will ich sie nicht.«

»Asher«, flüstert Sloane, und dann zieht die Frau noch mal zwei Schachteln aus dem Kühlschrank und sagt etwas über Schleierkraut und Teerosen und dass Gelb dieses Jahr sehr beliebt ist, und dann fügt sie hinzu: »Das ist alles, was ich habe, außer du möchtest etwas ganz Individuelles.«

Ich nehme eine der Schachteln, die auf dem Ladentisch liegen, und ziehe mein Portemonnaie heraus. »Ich nehme die hier.«

»Eine hübsche Tasche für den Transport willst du wahrscheinlich nicht?«, fragt sie, und ich antworte: »Auf keinen Fall.«

»Willst du mir sonst noch etwas sagen?«, fragt Sloane, als wir uns auf den Rückweg zum Auto machen und sie noch mal das Motorrad beäugt, das zu klein für Beale Street ist.

»Nein«, sage ich. »Eigentlich nicht.«

»Willst *du* vielleicht *mir* etwas sagen?«, frage ich, während ich ebenfalls das Motorrad beäuge und mich immer noch frage, was sie mit Beale Street meinte.

»Nein. Eigentlich nicht.«

Dann werfe ich das Handgelenksträußchen hinten in den Jeep, wo all die Teerosen und das Schleierkraut in der Hitze höchstwahrscheinlich welken würden.

33

Als wir in das Auto einsteigen, hat Will wieder mein Handy in der Hand. Ich entreiße es ihm wütend: »So was von uncool, Mann.«

Er antwortet nicht, sondern sieht mich nur ungläubig mit hochgezogenen Augenbrauen an.

»Wie bist du überhaupt reingekommen?«, frage ich.

»Dein Code ist eins-eins-eins-eins-eins-eins«, sagt er, dann dreht er sich weg und schaut aus dem Fenster.

»Scheiße«, sage ich und ändere den Code: »Jetzt nicht mehr.« Dann versuche ich nachzuvollziehen, was er sich angeschaut hat, aber er hatte alle offenen Apps schon geschlossen.

Als ich den Motor anlasse, schmollt Sloane zwar immer noch, ruft aber: »Lass uns in Memphis in den Zoo gehen. Zu den Pandas.«

Will seufzt. »Ich dachte, wir besichtigen Graceland oder fahren zu einem Hotel. Keiner hat jemals einen Pieps davon gesagt, dass wir in den Zoo gehen«, und ich habe langsam das Gefühl, dass die Situation auf dem Rücksitz gleich eskaliert.

»Wer will nicht in den Zoo?«, fragt Sloane, und Will entgegnet angriffslustig: »Ich.«

»Warum?«, bedrängt sie ihn, und er sagt ihr, dass er Tiere

nicht mag. Ich denke: Sloane ist bereit für einen Streit mit jedem, der sich darauf einlässt, und im Augenblick ist ›jeder‹ Will.

Und sie straft mich nicht Lügen. Genauso wenig wie er.

»Jeder mag Tiere«, provoziert sie ihn, während ich das Auto aus dem Parkplatz hinaus zurück auf die Straße lenke.

»Nicht jeder«, blafft Will zurück.

Keine Ahnung, warum sich Will wegen dem Zoo so anstellt, aber es ist ziemlich klar, dass Sloane ihm gegenüber so fies ist, weil sie wütend auf mich ist. Und ich weiß auch nicht, was Will auf meinem Handy gesehen hat, aber auch er ist offensichtlich wütend auf mich. Henry schaut einfach schweigend aus dem Fenster. Ich bitte Sloane, mir auf dem Handy die Route auszusuchen, und zwanzig Minuten später halten wir auf dem Parkplatz des Zoos von Memphis, wo die Situation sich weiter zuspitzt, weil Will nicht aussteigt. Er hat sich auf dem Rücksitz wie ein Embryo zusammengerollt.

Sloane schaut zuerst zu ihm und dann zu mir: »Ihr beide wartet am besten zusammen mit Evelyn hier im Auto.« Ich nehme an, dass sie mit *ihr beide* mich und Will meint und ich gerade offiziell ausgeladen wurde. Sie steigt aus und hilft Henry aus dem Vordersitz heraus, und dann begeben sich beide, Henry neben ihr auf seine Gehhilfe gestützt, langsam in Richtung Eingang. Ich hänge hier im Auto mit Will und Evelyn fest, und die Luft heizt sich rasch bis zum Siedepunkt auf. Wenn ich die Augen zusammenkneife, kann ich fast Brandblasen auf meiner Haut erkennen, obwohl alle Fenster weit geöffnet sind. Will steigt aus und setzt sich auf den Randstein. Ich springe ebenfalls auf, lasse mich neben ihm fallen und frage: »Und nun?«, weil ich vermute, dass er sehr viele Fragen dazu hat, was er auf meinem Handy gesehen hat, aber nein.

Er versteckt sich einfach hinter seinen Haaren und betrachtet seine Füße, und wir beide sitzen eine ganze Weile da, bis er endlich sagt: »Wir fuhren mit Michael nach der Diagnose nach Memphis. Kurz bevor er wirklich krank wurde. Zum St.-Jude-Krankenhaus, um eine zweite Meinung einzuholen.«

Ich erstarre.

»Danach gingen wir hierher in den Zoo.«

Ich brauche eine Weile, um das zu sortieren, und habe Angst, das Falsche zu sagen beziehungsweise *das Richtige nicht zu sagen*, aber am Ende stelle ich die Frage, bei der ich mich am meisten vor der Antwort fürchte, weil ich dieses Gespräch nicht einfach so in der Luft hängen lassen kann.

»Danach?«

Ich fürchte, dass *danach* heißt, *nachdem Michael gestorben ist*, aber ich muss ihn fragen, weil er das Thema aufgebracht hat.

»*Nach* den Ärzten und dem Krankenhaus und den Untersuchungen und der Diagnose des Endstadiums«, klärt er mich auf.

»Ach, Will, das tut mir leid.«

Er spielt mit einem kleinen Stein auf dem weichen, schmelzenden Teer des Parkplatzes, während ich flüstere: »Du hättest etwas sagen sollen. Sloane wäre niemals so …«

»Verdammt fies gewesen?«, ergänzt Will, und ich sage: »Ja, das ist das Wort, das ich gesucht habe.«

Jetzt kratzt er mit einem größeren Stein auf dem Teer

herum. »Nimm es nicht persönlich«, sage ich. »Sie ist wütend auf mich.«

»Wieso?«

Wir tauschen Blicke. »So halt.«

Er senkt den Blick, und ich stehe auf, krame den Autoschlüssel aus meiner Tasche und schau mich auf dem Parkplatz um. Überall steigen Familien in und aus Autos – Mütter und Väter. Kleine Kinder. Alte Menschen wie Henry. Babys. Teens. Und alle sind fröhlich. Ich schaue zu Will hinunter, der den Parkplatz auseinandernimmt und so niedergeschlagen und verloren aussieht. »Komm mit«, sage ich. »Wir müssen Sloane nichts davon erzählen, wenn du es nicht möchtest. Wir können sie einfach mit Henry eine Weile hierlassen und sie später aufsammeln.«

»Können wir bitte einfach hier sitzen bleiben?«

»Klar«, sage ich und setze mich wieder neben ihn.

»Ich habe zugesagt«, fügt er hinzu, während wir beide eine Familie beobachten, die gegenüber von uns ins Auto einsteigt. »Ich habe zugesagt, mit nach Memphis zu fahren, obwohl ich wusste, was Memphis mit mir machen würde. Verdammt, *ich wollte unbedingt* hierherkommen. Ich habe keine Sekunde darüber nachgedacht. Es ist, als wollte ich die Wunde wieder aufreißen.«

Wir schauen zu, wie die Mutter das letzte Kind in einem Sitz anschnallt, bevor ich verkünde: »Manchmal überlege ich, ob ich dorthin fahre, wo meine Mom verunglückt ist. Verstehst du, einfach um den Ort zu sehen.«

»Warum?«, fragt Will.

»Es ist, als ob wir auf Teufel komm raus *wollen, dass es wehtut*«, sage ich.

»Mein Therapeut sagt, dass es helfen kann, Orte noch einmal zu besuchen, es könnte aber auch eine Form von Selbstverletzung sein, wie wenn du dich ritzt.«

Ich drehe mich zu ihm. »Du hast einen Therapeuten?«

Er sieht mich an und zieht die Augenbrauen hoch, als wollte er sagen: *Sehe ich nicht aus wie jemand, der einen Therapeuten hat?*

Und ich frage: »Und wie ist es? Hilft es, oder tut es weh?«, und er antwortet: »Weiß ich noch nicht.« Dann starren wir beide eine Weile auf unsere Füße.

»Wir kamen mit Michael hierher, damit er die großen Pandas sehen kann«, bricht Will das Schweigen. »Das war vor drei Jahren.« Er zieht sein Handy hervor und zeigt mir Fotos. Ich scrolle durch sie. Will hat sich nicht sehr verändert, er ist nur dünner geworden. Seine Mom und sein Dad sehen wie Geister aus. Blass und fast durchsichtig. *Durchscheinend* wie Henry. Ihre Gesichter angespannt und ihr Lächeln gezwungen, als wären ihre Mundwinkel bis zum Anschlag auseinandergezogen worden. Nur Michael sieht großartig aus. Er steht mit seiner Baseballkappe lächelnd am Geländer und schaut den Pandas beim Fressen zu.

Will späht mir über die Schulter, während ich durchscrolle: »Le Le und Ya Ya«, sagt er. »Gemeinsames Bambus-Festmahl.«

Ich scrolle zum nächsten Foto.

»Michael wusste noch nicht, dass er krank ist. Das war der letzte Ausflug, den wir als Familie machten, bevor meine Eltern es ihm gesagt haben.«

Ich gebe ihm das Handy zurück. »Deshalb wolltest du hierherkommen.«

»Was meinst du damit?«

»Das war der Augenblick, in dem sich alles verändert hat, und du willst ihn wieder zurückhaben.« Ich fange auch an, auf dem Teer herumzuscharren, und denke: *Wir wollen es wieder zurückhaben, und wir können es nicht wieder zurückhaben.* Dann sage ich: »Meine Mom starb auf dem Rückweg vom Einkaufszentrum.«

Will schaut auf.

»Sie war dorthin gefahren, um neue Fußballschuhe für mich zu kaufen.« Ich sehe weg.

»Meine wurden mir aus meinem Schließfach in der Turnhalle geklaut, und ich hatte am nächsten Tag ein Spiel. Also ...« Meine Stimme verstummt allmählich.

»Asher ...«, beginnt Will. »Ich ...« Aber er beendet den Satz nicht, sondern lehnt sich einfach zurück und wischt sich mit dem Unterarm den Schweiß von der Stirn.

»Als ich nach dem Unfall zum ersten Mal wieder in der Schule war, gab mein Trainer mir die Fußballschuhe. Also die, die aus meinem Schließfach gestohlen worden waren.«

Ich schaue zu Will hinüber und sehe, wie ihm seine Gesichtszüge entgleisen.

»Der Trainer erzählte mir, dass jemand aus der Putzkolonne sie im Mülleimer der Ankleide gefunden hatte. Er wusste sofort, wem sie gehören, denn ich habe als Einziger in der Schule die lindgrünen Superflys von Nike.

Als er sie mir gab, sah ich diesen weißen Lichtblitz, du weißt schon, die Art von *Wut*, die dich blind machen kann. Ich hatte mir in meinem Kopf verschiedene Geschichten zurechtgelegt. Heldengeschichten, die mich getröstet haben. Wie die von dem Jungen, der meine Fußballschuhe gestohlen hat, weil er sie *unbedingt* brauchte, um ein Fußballstipendium zu bekommen, denn er musste jeden Tag in zwei Jobs arbeiten, um die Herzmedikamente für seine Großmutter bezahlen zu können. Oder er wollte sie verkaufen, damit er Essen für seine sechs kleinen Schwestern kaufen konnte. Lauter solchen Blödsinn. Aber mein Trainer zog diesen Fantasien einfach den Boden weg, als er mir die Fußballschuhe zurückgab, weil es klar war, dass der Typ, der sie genommen hatte, das einfach als verdammten Scherz gemeint hatte. Wahrscheinlich einfach nur, damit er und seine Arschlochfreunde etwas zu lachen hatten.«

Will sagt: »Asher ...« Nur meinen Namen. Aber *ich versteh schon.*

»Deshalb ist meine Mom gestorben. Weil jemand meine Fußballschuhe geklaut hat. Der Trainer sagte: ›Du hast Glück, dass sie jemand gefunden hat und du sie wieder zurückbekommst.‹ Und ich dachte, ja, ich hab Glück. Dann bin ich aus der Mannschaft raus. Sagte nur: ›Ich spiele nicht mehr Fußball‹, und er sah mich mit großen Augen sprachlos an, du weißt schon, wie Erwachsene eben gucken, wenn du eine Bombe platzen lässt. Einen Augenblick lang sah es so aus, als würde er vielleicht noch etwas sagen, aber er schwieg. Und ich ging einfach weg. Auf dem Weg aus der Umkleide hinaus warf ich die Fußballschuhe wieder zurück in den Mülleimer. Ich wollte sie nicht anschauen oder festhalten oder tragen. Der Trainer stand in der Tür seines Büros und beobachtete mich. Ich konnte fast sehen, wie sein Kopf sich vor und zurück bewegte, während er wahrscheinlich dachte: ›Asher ist auf keinem guten Weg.‹ Und er hatte recht.«

Ich trete gegen die Kiesel vor meinen Füßen.

Dann schaue ich zu einem Kind hinüber, das zusammen mit seiner Mom an uns vorbeigeht. Das Kind hat in der einen Hand einen Luftballon und in der anderen einen dieser riesigen regenbogenfarbenen Lutscher. Ich und Will beobachten, wie es zusammen mit seiner Mutter in das Auto einsteigt. Keiner von uns sagt etwas.

Ich erzähle Will nicht, dass ich am Tag, nachdem der Trainer mir die Fußballschuhe zurückgab, in der Turnhalle siebzehn Schließfächer mit einem Baseballschläger zertrümmert habe.

Oder dass ich mich in einer Abwärtsspirale befinde.

Dass das Spiel aus ist und sogar ich das weiß.

Will kratzt weiter an dem Teer unter unseren Füßen und sagt dann: »Ich war nicht immer nett zu Michael.«

Ich sehe zu ihm hinüber und überlege, ob ich sagen soll: *Oh, Mist.*

Oder: *Versuch, nicht darüber nachzudenken.*

Oder: *Das tut mir leid.*

Oder: *Das macht nichts.*

Oder: *Das ist ganz normal.*

Oder: *Das ist echt scheiße.*

Aber ich mach es nicht.

Ich sitze einfach neben Will auf dem Randstein, schwitze in der Hitze von Memphis und scharre auf dem heißen Teer herum, während wir beide bluten.

34

Sloane und Henry kommen erst nach fast einer Stunde wieder zurück. Henry trägt einen Hut mit der Aufschrift ›Zoo von Memphis‹ und hat pinkfarbene Zinkoxidsalbe als Sonnenschutz auf Nase und Wangen. Sloanes Stimmung scheint sich gebessert zu haben. Henry reißt die Augen auf und wirkt sehr zufrieden, als er sagt: »Dann haben wir also einen Plan?«, und Sloane zwinkert ihm zu.

Ich sehe Henry an: »Was geht hier ab?«, aber er lächelt nur und hantiert mit Evelyn herum, während Sloane mit süffisanter Miene hinten im Auto sitzt.

Wir fahren zu einem Laden namens *Miss Cordelia's* in Harbour Town auf Mud Island, weil Will sagt, er sei hungrig und wolle dorthin gehen.

»Und bei *Miss Cordelia's* gibt's was zu essen?«, frage ich. Er nickt.

»Und der Laden bringt dich auch nicht aus der Fassung?«
»Nein«, antwortet er.

Ich sage: »Du lügst«, und er antwortet lachend: »Vielleicht ein bisschen.«

»Was redet ihr Jungs da?«, fragt Sloane, aber als keiner von uns antwortet, schwärmt sie gleich von den Pandas und versucht dann, Will dazu zu bewegen, ein M&M's aus der Tüte zu essen, die sie bei dem Getränkestand gekauft hat.

Er lehnt ab. »In diese Falle tappe ich nie wieder.« Und ich denke: *Wenigstens sind jetzt alle besser gelaunt.*

»Gut«, sagt Sloane. »Dann behalt es eben für dich«, und isst alle M&M's ganz allein auf.

Ich sehe sie im Rückspiegel an und frage: »Wie viele hast du gegessen?«

Ihre Miene hellt sich auf. »Nur eins.«

»Du lügst«, sage ich.

»Beweis es doch«, fordert sie mich heraus, und ich antworte: »Das muss ich nicht. Eines reicht mir.«

»Was willst du wissen?«, fragt sie.

»Hast du einen Freund?«

Ein Lächeln huscht über ihr Gesicht. »Ich bin nicht ganz sicher«

»Was soll das heißen?«, frage ich und fange im Rückspiegel wieder ihren Blick auf.

»Ich dachte, ich hätte einen, aber dann stellte sich heraus, dass er vielleicht mit jemand anderem ausgeht.«

»Das kann nicht sein«, sage ich. »Das ist bestimmt ein Missverständnis«, und sie wendet sich ab und schaut aus dem Fenster.

Wir fahren über die Brücke vom Festland auf Mud Island, parken den Wagen und gehen in *Miss Cordelia's*. Es ist ein netter kleiner Markt mit sehr teuer aussehenden Lebensmitteln. Sloane kauft Vitaminwasser und einen Apfel, und ich liebäugle mit den Crackern von Pepperidge Farm in der Packung mit drei Sorten. Henry kauft Eistee und sagt, er sei für Evelyn, trinkt ihn dann aber selbst. Will kauft alles: Lorna-Doones-Kekse, Whoopie Pies, Zimt-Zucker-Kekse und eine Familienpackung Honig-Senf-Chips von *Kettle*. Ich bestelle mir schließlich bei dem Typen an der Feinkosttheke ein riesiges Schinken-Käse-Sandwich mit Senf und Majo. Während ich darauf warte, dass er das Sandwich zubereitet, starre ich mit offenem Mund auf ein Glas mit gekochten und eingelegten Schweinefüßen von *Dolores* und frage mich, wie hungrig ich sein müsste, bis ich so etwas essen würde.

Der Sandwichtyp betrachtet mich und sagt: »Schweine haben nur zwei Zehen, deshalb nennt man sie ›Paarhufer‹.« Als ob meine Ängste mehr mit der Anzahl der Zehen zu tun hätten als mit der Tatsache, dass die Menschen ihre Füße essen. Dann sagt er: »Der Schinken auf deinem Sandwich kommt vom gleichen Tier«, als ob er endlich begriffen und beschlossen hätte, mich zusammenzufalten, weil ich so urteilend bin, aber ich bin total verwirrt, weil ich keine Ahnung habe, was das bedeuten soll, ob er *genau dasselbe Schwein* meint, also als ob er das *Schwein kannte* oder sogar *selbst geschlachtet* hatte, denn wie sonst könnte *mein Schinken diese Füße gehabt haben*? Und um mir dann noch eine zu verpassen, fügt er hinzu: »Aber das Fleisch auf deinem Sandwich kommt vom Arsch.«

Ich nehme das Sandwich von ihm entgegen, bin allerdings nicht sicher, ob ich es immer noch essen möchte, aber ich bezahle es trotzdem und drehe mich dann um in Richtung Ausgang, wo Sloane auf mich wartet, was ich als gutes Zeichen nehme. Ich werfe das Sandwich in den Mülleimer und gehe nach draußen. Sloane rennt hinter mir her und fragt: »Warum hast du das gemacht?«

»Was gemacht?«, frage ich, während ich in Richtung Auto gehe.

»Ein total gutes Sandwich in den Müll geworfen?«

»Ich habe beschlossen, Vegetarier zu werden.«

Sie muss joggen, um mit mir Schritt zu halten. »Vegetarisch, vegan, ovolacto oder pescatarisch?«, fragt sie, und ich sehe sie nur an: *Was bitte?*

Dann sage ich: »Nichts, was pink ist und in Scheiben geschnitten. Und nichts mit Füßen.«

»Das gibt es nicht, Asher.«

Ich sage zu ihr, dass es das geben sollte, und öffne die Heckklappe des Jeeps.

Sloane späht hinein und sieht das total verwelkte Handgelenksträußchen, dann räumt sie ein paar Sachen herum und entdeckt den Smoking. Ich denke: *Jetzt kommt es*, deshalb schaue ich weg und starre auf ein an einen Telegrafenmast gepinntes Werbeplakat für *Royal Flush*, laut dem Werbespruch der führende Baustellen- und VIP-Toiletten-Verleih im Süden. Und wenn ich mir Sloanes Gesicht so anschaue, dann ist ein Royal Flush genau das, was mich jetzt erwartet.

Sie starrt wortlos auf den Smoking.

Dann kündigt mein Handy eine Nachricht von Grace an. Sie fragt: ETA??

Ich murmle: »Oh, Mist«, und tippe dann: Spät, aber nicht zu spät, während Sloane die Heckklappe zuschlägt.

Dann erregt etwas anderes meine Aufmerksamkeit, und ich wende mich von einer Katastrophe ab und der nächsten zu.

35

Will steht wie erstarrt mit einem Yoo-Hoo-Schokodrink und einer großen Packung Zimt-Zucker-Keksen in der Hand auf einer Wiese neben dem Parkplatz von *Miss Cordelia's*. Zu seinen Füßen liegen leere Kekskartons und Junk-Food-Verpackungen aus Plastik.

Ich folge seinem Blick hinüber zu einem kleinen Jungen auf einer Bank, dann schlage ich den Kofferraum zu und murmle noch einmal: »Oh, Mist.«

Sloane schaut hinüber zu Will: »Ich weiß. Wenn er nicht aufhört zu essen, wird ihm schlecht werden.«

»Nein. Darum geht es nicht.«

»Was dann?«, fragt sie.

»Achte mal drauf, wohin er schaut.«

Der kleine Junge, den er beobachtet, sitzt neben einer Krankenschwester in Dienstkleidung auf einer Bank. Sein kleiner Kopf ist kahl. Nicht *Blondschopf-abrasiert-kahl*. Sondern *Chemo-ausgefallen-kahl*. Und er ist sehr blass. Gespensterhaft weiß, krankhaft blass. Und dünn. *Krankhaft dünn. Kann-nicht-essen-dünn. Werde-bald-sterben-dünn.*

Ich wende den Blick ab und schau mich um. Meine Augen suchen die Umgebung ab. Und *jetzt* sehe ich es. Überall Ärzte und Pfleger in Krankenhauskitteln. *Auf dem Parkplatz. An den Picknick-Tischen. Sie reden an Handys. Oder gehen in der Nähe der Apartmentgebäude mit Hunden spazieren.*

Und Krebspatienten.

Zu viele Krebspatienten, als dass es ein Zufall sein könnte.

Und es sind Kinder. Kleine Kinder. Kranke Kinder. Kranke, dünne Kinder. Ohne Haare.

»Google St.-Jude-Krankenhaus«, flüstere ich.

»Oh, nein!«, sagt Sloane und zieht ihr Handy heraus. »Es ist direkt auf der anderen Seite der Brücke«, murmelt sie.

»Michael wurde hier behandelt«, berichte ich ihr, und Sloane dreht sich zu Will um: »Oh, Mist.« Aber es ist mehr: *OH, MIST!*, auch wenn sie flüstert.

»Soll ich …?«, fragt Sloane.

»Nein«, entgegne ich. »Lass mich.«

Sie bleibt beim Auto, und ich eile hinüber zu Will. Er starrt immer noch den kleinen Jungen an, aber seine Haare hängen vor seinen Augen, als wollte er SEHEN, aber nicht GESEHEN WERDEN.

Er würde sich gern verstecken, aber … *Er. Kann nicht. Nicht. Hinschauen.*

Ich lege die Hand auf seinen Arm. »Will, lass es.«

Er sagt nichts und bewegt sich auch nicht.

»Hör mal, wir sollten los«, versuche ich es.

Er reagiert nicht, sondern ist total auf das Kind konzentriert.

»Ich weiß, was du mir gerade beim Zoo erzählt hast, aber vorher wusste ich nicht, dass Michael hier in Memphis beim Arzt war.« Meine Stimme klingt in der Hitze ein bisschen atemlos. *Ich bin ein schlechter Freund*, denke ich. *Ich hätte es wissen müssen. Ich hätte es mir denken können.* Als ich ihn fragte, ob er mitkommt, hatte er spontan eingewilligt. Ich hätte wissen müssen, dass es einen Grund dafür gibt.

Dieser Grund sitzt direkt da drüben auf dieser Bank.

»Aber ich«, sagt Will. »Ich wusste, dass das Krankenhaus hier ist, wahrscheinlich wollte ich … mich erinnern.«

»Scheiße, Mann. Es tut mir leid.« Aber das ist nicht genug, und es ist nicht okay. Nicht im Geringsten. Doch ich weiß nicht, wie ich mich verhalten soll, deshalb bleibe ich einfach ein paar Minuten bei ihm stehen.

»Dieser Junge da drüben?«, sagt er endlich. »Er hat eine Chance.«

Der Junge lächelt und lacht sogar, als er mit seiner Pflegerin ein Spiel spielt.

»Woher weißt du das?«, frage ich.

»Weißt du, wie die Überlebensrate bei Neuroblastomen ist?«

Ich habe das Gefühl, dass ich lügen sollte. *Ich lüge immer.* Aber diesmal sage ich die Wahrheit. »Sie liegt bei über 80 Prozent.«

Will sieht mich an. Muss zweimal hinsehen – und wendet sich dann wieder dem Jungen zu.

Ich versuche so zu tun, als wäre der kleine Junge nicht krank. Als würde er einfach mit seiner Mom, und nicht mit einer Pflegerin, auf einer Bank sitzen und dieses Spiel spielen, das Chloe so mag.

Ich sehe was, was du nicht siehst.

Ich sehe einen Baum. Ich sehe einen gelben Vogel …

Ich möchte schreien. Ich bin dran! Ich sehe ein gesundes Kind! Ich sehe Genesung. Ich sehe ein Morgen!

Dann versuche ich so zu tun, als würde er auf einer

Schaukel sitzen. Er hält sich fest, und seine kleinen Turnschuhe strecken sich nach den Wolken aus. Seine Mutter lacht und ruft: *Sag mir, wenn deine Füße den Himmel berührt haben!* Aber Will scheint immer noch darauf zu warten, dass ich ihm erkläre, warum ich die Überlebensrate für Neuroblastome kenne. »Als du uns am ersten Abend in Zimmer 212 erzählt hast, was Michael hatte, habe ich es gegoogelt.«

Er zieht sein rechtes Hosenbein hoch und zeigt mir seinen Knöchel. Ich senke den Blick. Über dem Knöchel ist ein kleines Tattoo: *80 %*. »Michael hatte eine Chance von acht zu zehn, *nicht zu sterben*. Und er ist gestorben.«

»Woher weißt du, dass der Junge da drüben dasselbe hat?«, frage ich.

»Ich weiß es nicht«, antwortet Will. »Ich weiß nur, dass er Krebs hat, und die allgemeine Überlebensrate für Krebs im Kindesalter liegt bei über 80 Prozent. Also, was immer er hat – seine Chancen stehen wirklich gut.«

Ich nicke und fühle mich ein bisschen besser.

»Wir haben auf diese gute Chance gewartet und verloren.«

Ich sehe ein gebrochenes Herz.

Ich sehe einen gebrochenen Freund.

»Was weißt du sonst noch?«, fragt Will.

»Wie meinst du das?«, frage ich.

Er dreht sich zu mir. »Was weißt du sonst noch über Michael?«

»Im Jahr, bevor er krank wurde«, flüstere ich fast, »gewann seine T-Ball-Mannschaft, die Franklin Lakes All-Star Ninjas, die Liga-Meisterschaft der Sechsjährigen. Das letzte Spiel ging mit Michael auf der ersten Base in Verlängerung.«

Will sieht mich ungläubig an.

»Lokalzeitung von Bergen County«, erkläre ich.

Will wendet sich lächelnd ab und beobachtet wieder den Jungen.

»Und …«, flüstere ich. »Ich weiß auch, dass Michael letztes Jahr am 7. April starb.«

Will zieht sein anderes Hosenbein hoch.

Ich schaue hinunter.

Neben einem kleinen Herzen und einem Baseballschläger hat er sich über dem Knöchel das Datum 7.4. stechen lassen. Wills Gesichtsausdruck sagt: *Ich sehe einen echten Freund.* Ich versuche ein Lächeln, aber es wird ganz schief und nass, denn mir sind schon ein, zwei Tränen die Wangen hinuntergelaufen.

Wir beide sehen dem kleinen Jungen noch ein paar Minuten zu. Die Pflegerin entdeckt uns und winkt uns zu. Als ob sie etwas wüsste. Nichts Genaues, nichts über Will oder Michael oder Neuroblastome, aber schon *irgendwas.*

Ich kann fast hören, wie sie sagt: Ich sehe jemanden, *der in der Haut dieser Familie gesteckt hat.*

»Lass uns gehen«, sagt Will.

Ich frage: »Alles okay mit dir?«

Und er antwortet: »Ja. Erstaunlicherweise, ja.«

Ich sammle die leeren Junk-Food-Verpackungen auf, die um seine Füße herum auf dem Boden liegen. »Keine Bauchschmerzen? Magen-Darm-Probleme? Nichts dergleichen?«, frage ich, und er grinst.

»Meinem Bauch geht's gut. Nur das Herz schmerzt. Aber auch nicht mehr als sonst.«

Ich lege ihm den Arm um die Schulter, und wir gehen in

Richtung Parkplatz. Als wir das Auto erreicht haben, macht Will sich auf den Weg, Henry einzusammeln, und Sloane flüstert: »Alles okay?«

»So okay, wie es sein kann«, sage ich und frage dann: »Warum bist du hier?«

Ihre Miene ist offen. Diese Frage kam unerwartet. »Wie meinst du das?«

»Warum hast du Ja gesagt, als ich dich gefragt habe, ob du mit nach Memphis kommst?«

»Weil eben«, versucht sie.

»Du bist nicht ehrlich«, sage ich, und sie zieht die Augenbrauen hoch: *Na und?*

»Aber *du* bist ehrlich, Mr. *IchhabeeinenSmokingimKofferraum*? Und ich gehe mit meiner ...« – sie zeichnet mit den Fingern Gänsefüßchen in die Luft – »... Cousine zum Prom-Ball.«

»Spuck's aus«, fordere ich sie auf.

Sie zuckt die Achseln. Senkt den Blick. »Die Hog Convention – Das Treffen der Feuerstühle.«

»Das was??«

Sie schlüpft in die Rolle der taffen Biker-Braut. »Ich bin hier wegen der Tennessee State Hog Rallye.«

»Hogs wie Schinken-Sandwich-Schweinefüße-in-Essig-Hogs?«

Sie schaut zu Boden. »Nein. Hogs wie Harley Owners Group. Eine Motorradrallye. Mein Vater wollte immer mit seinem Motorrad die Beale Street hinunterfahren. Jetzt werde ich es für ihn tun.«

»Wann?«

»Heute Abend.«

»Heute Abend? Die Hog Convention ist heute Abend?«

»Ja, heute Abend. Wenn du mit einem anderen Mädchen zum Prom-Ball gehst.«

»Ich versteh das nicht. Du hast doch gar kein Motorrad.«

»Ich verstehe das auch nicht. Ich dachte, zwischen uns würde was laufen.«

»Es läuft ja auch was«, sage ich.

Sie sieht mich an, als wollte sie sagen: *Echt?* Aber ich kann ihr die ganze Geschichte mit Jack Daniels und Grace und Sam Hunt und dem Catfishing nicht erklären, also bleibe ich einfach stehen.

Ihre Hand liegt auf ihrer Hüfte, als sie sagt: »Wir werden eines klauen.«

»Klauen wie ein Motorrad klauen?«

Sie nickt.

Ich sehe mich auf dem Parkplatz um und sage schließlich: »Wenn du ›wir‹ sagst, dann meinst du wahrscheinlich …« Ich will gerade sagen *mich*, aber sie unterbricht mich und sagt: »Ich und Henry.«

Fast fange ich an zu lachen. »Henry? Du und Henry, ihr beide wollt eine Harley-Davidson klauen?«

»Wir haben alles genau geplant.«

»Du hast mit ihm darüber gesprochen?«

»Irgendwie schon.«

»Irgendwie?«

»Als wir im Zoo waren, erzählte er mir, dass er als junger Mann ein Motorrad hatte, also …«

»Du weißt schon, dass das in einem anderen Jahrhundert war? Also, als er noch *gehen und klar denken konnte?*«

»Ich kann fahren«, verteidigt sie sich. »Nicht gut, aber *gut genug.* Ich hab Henry gesagt, dass ich ein Motorrad ausleihe – einen großen heißen Ofen mit lautem Auspuff.«

»Leihen?«

Sie zuckt die Achseln.

»Groß und heiß und mit lautem Auspuff?«, frage ich.

»Ich möchte einen Auftritt haben. Der Auspuff muss *röhren,* verstehst du. Aber mach dir keine Sorgen wegen der Einzelheiten. Mir wird dann schon was einfallen. Du hast doch dein … Ding heute Abend. Henry hat gesagt, er würde mir helfen.«

Wir schauen uns beide suchend auf dem Parkplatz um. Ich halte Ausschau nach Henry, aber bei Sloane habe ich den Verdacht, dass sie sich nach einem Motorrad umsieht, das sie klauen könnte.

»Schau ihn dir an«, sage ich, als ich ihn zusammen mit Will auf der anderen Seite des Wegs entdecke. »Willst du ihn tatsächlich in eine *Straftat* verwickeln?«

»Er ist perfekt«, sagt Sloane. »Er wird niemals Schwierigkeiten bekommen. Niemand wird Henry ins Gefängnis schicken. Wir sagen einfach, er ist alt und senil. Die Bullen geben ihm wahrscheinlich einen Lutscher.«

»Hier? Wir sagen einfach?«

»Na ja, angeblich ist er dein Großvater, also könntest du mir mit der *Alt-und-senil*-Geschichte den Rücken stärken.«

»Das ist der Plan?«

»So in etwa.«

Henry geht am Rand des Parkplatzes entlang und pflückt Blumen – Unkraut, eigentlich – zweifellos für Evelyn.

»Verdammt«, sage ich, und Sloane fragt: »Verdammt wie verdammt noch mal nein? Oder verdammt wie in ver-

dammt noch mal ja. Ich bin dabei, wenn du mich brauchst, Sloane?«
»Ich dachte, du brauchst keine Hilfe.«
Sie zuckt wieder die Achseln. Dann küsse ich sie, und sie hat meine Antwort.
»Warum machst du das die ganze Zeit?«, fragt sie und lächelt, als der Kuss endet.
»Willst du, dass ich damit aufhöre?«, frage ich.
»Nein, ich will, dass du *nicht* mit einem anderen Mädchen zum Prom-Ball gehst.«
»Und ich will nicht, dass du ein Motorrad klaust.«
»Ich sehe schon, wohin das führt«, sagt sie.
»Echt? Und wohin?«, frage ich.
»Nirgendwohin«, sagt sie, aber sie lächelt noch, und ich lächle auch noch, und dann frage ich sie, was sie davon hält, in Ecuador zu leben.

Sie antwortet nicht sofort, aber bevor sie hinübergeht, um Henry einzusammeln, sagt sie: »Dann ist das dein Plan? Du machst, was immer es ist, was du mit einem Mädchen machst, das du offenbar hasst, und was immer es ist, wird so schlimm sein, dass du nach Ecuador abhauen musst?«

Ich bestätige das nicht, aber ich streite es auch nicht ab.

Aber sie klingt tatsächlich nicht sehr überrascht oder sehr wütend. Als Sloane weggeht, um Will und Henry zu sagen, dass wir wieder starten müssen, öffne ich den Kofferraum und hole den Brief meiner Mutter aus meiner Tasche.

Ich brauchte *dreizehn Monate, fünf Tage, neun Stunden und neun Minuten*, um das eine taubenblaue Blatt Papier, das dreifach gefaltet in dem Umschlag steckte, herauszunehmen und tatsächlich mit dem Lesen zu beginnen, aber schließlich mache ich es direkt hier in Memphis auf dem Parkplatz von *Miss Cordelia's*.

Elf perfekte, akkurate Buchstaben stehen wie tapfere Soldaten auf einer unsichtbaren, geraden Linie. Sie ergeben: *Lieber Asher.*

Und wie auf dem Umschlag hat das A einen kunstvollen Bogen unten am Aufstrich und das r kringelt sich dynamisch nach oben.

Ich muss die Kraft und den Mut zu lesen, was als Nächstes kommt, gar nicht aktiv aufbringen. Es *passiert einfach*, als würde eine Macht übernehmen und meine Augen an einer Linie entlangführen. Ich meine, ich habe geschworen, ich würde nicht hinschauen, aber ich *schaue hin*. Wie wenn du an einem Unfall vorbeifährst und zu dir selbst sagst: *Hier ist es passiert! Schau nicht hin!* Aber du SCHAUST trotzdem. Und es ist nicht so, als würdest du *ein bisschen* hinschauen. Du *erhaschst nicht nur einen kurzen Blick*, sondern du wirst verdammt langsam und verdrehst deinen Hals und starrst mit weit aufgerissenen Augen, als ob du jedes Körperteil und all das Blut und jedes verdammte Detail des verbeulten Fahrgestells und des verbogenen Stahls und des gesplitterten Glases und des zerstörten Lebens sehen müsstest. Ich meine, du denkst vielleicht, *du wolltest es nicht*, aber du willst es.

Also, hier ist es. Das Nächste, was meine Mutter nach *Lieber Asher* zu mir sagte.

Heute ist der wichtigste Tag in deinem Leben und in meinem.

Als ich diese Worte lese, fließen mir Tränen aus den Augen die Wangen hinunter und stürzen dann auf den Boden hinab. Ich wische den nächsten Schwall von Tränen weg und dann noch einen und noch einen, während ich mit verschwommener Sicht und gebrochenem Herzen nach unten auf das schaue, was sie geschrieben hat, und wieder zurück auf den Parkplatz zu Henry und Will und Sloane.

Dann denke ich an Grace und Jack Daniels.

Und an Chloe und meinen Dad.

Und ich denke … Meine Mutter hat recht. So ist es.

Heute ist der wichtigste Tag in meinem Leben. Was ich als Nächstes mache, bestimmt, was ich bin.

Und irgendwie wusste sie das schon damals, als wir uns kaum kannten.

36

Sloane kommt mit Henry und Will beim Auto an. Eigentlich möchte ich Will sagen, dass ich mit Fahren dran wäre, aber er lässt sich auf den Fahrersitz fallen, während ich von einem vorbeigehenden Jungen abgelenkt bin.

Der Junge trägt sein Fußball-Outfit – Stutzen, Schienbeinschoner, Nylonshorts, Trikot. Und an den Füßen *Fußballschuhe.*

Nicht die Superflys von Nike. Und sie sind nicht lindgrün … aber sie sind *grün*.

Ich sehe zu, wie er *Miss Cordelia's* betritt, und drehe mich dann um und schaue durch die Seitenscheibe des Autos zu Will hinein. Ich will ihm eigentlich sagen, dass ich fahren sollte, aber er meint nur: »Ich habe einfach Lust zu fahren«, und mich beschleicht ein komisches Gefühl, als wäre ich ein kleines Kind und hätte Angst, weiß aber nicht, warum.

Schließlich sage ich: »Okay«, und steige hinten zu Sloane ein.

Das Unkraut, das Henry gepflückt hat, hängt schon schlaff und welk aus Evelyns Schachtel heraus. Ich denke an den Brief meiner Mom, daran, dass dies der wichtigste Tag in meinem Leben ist, an heute Abend und an Grace und Jack Daniels und an Sloane, die ein Motorrad klaut, und an Henry, der ins Gefängnis kommt, und an mich, der WEGEN MORDES VERHAFTET WIRD, und als dann noch zwei Jungs in Fußballtrikots in *Miss Codelia's* verschwinden, überkommen mich Übelkeit und Angst.

Dann zuckt auf einmal dieser zufällige Gedanke durch meinen Kopf. Er kommt einfach aus dem Nichts wie ein elektrischer Schlag. Nur ein Bild.

Von einem Schuh. Am Straßenrand. Und er ist zerfetzt.

Will fährt los, zurück in Richtung Brücke, und in meinem Kopf blitzt wieder etwas auf. Noch ein einzelnes Bild.

Wieder der Schuh. Aber jetzt sehe ich, dass es ein Fußballschuh ist – ein lindgrüner Nike Superfly.

Jetzt ist er nicht zerfetzt. Er ist brandneu. An den Schnürsenkeln hängt noch das Preisschild.

Ich sitze kerzengerade da. »Was ist los?«, fragt Sloane.

Ich murmle: »Ich habe nicht geschlafen.«

Sloane ist abgelenkt. Sie schaut auf ihr Handy und ruft Will zu: »Rechts abbiegen in den Harbourtown Circle.«

»Wohin fahren wir?«, will Henry wissen. »Evelyn ist müde.«

Den Blick noch auf ihr Handy gerichtet, streckt Sloane die Hand aus und streichelt Henrys Schulter.

Wieder blitzt etwas auf.

Ich sehe den schwarzen Land Rover. Das Auto meiner Mutter mit der Delle links im Heck und dem Aufkleber der *New Jersey Devils* steht auf dem kleinen Parkplatz des Einkaufszentrums. Die Sonne brennt herunter.

Ich sehe Sloane an: »Ich bin wach.«

Sie verzieht das Gesicht: *Na und?* Und ruft dann: »Beim Kreisverkehr die zweite Ausfahrt auf A.W. Willis Ave.«

Wieder blitzt etwas auf. Und noch einmal. Und dann …

37

Ich erinnere mich an ... meine Mom. Wir unterhalten uns. Ich muss den Kopf nach links drehen, um sie zu sehen.

Ich bin in einem Auto. In ihrem Auto. Vorne auf dem Beifahrersitz.

Ich erinnere mich ... an jenen Tag. Das Einkaufszentrum. Die vielen Menschen. Fußballschuhe anprobieren. In dem Sportgeschäft *Foot Locker*.

Dann bin ich wieder im Auto. Meine Mutter sitzt neben mir. *Sie sitzt auf dem Fahrersitz und schaut in den Rückspiegel.* Ich starre geradeaus in die Wellen von Hitze, die von dem heißen Teer der Straße vor uns aufsteigen. Ich höre eine Hupe. Drehe mich um und erhasche einen kurzen Blick auf den glänzenden Kühlergrill eines Sattelschleppers, der in der Sonne funkelt, bevor er vorbeifährt und vor uns einfädelt. *Zu schnell. Zu dicht.*

Meine Mom bremst, damit wir nicht mit ihm zusammenstoßen. Sagt etwas, woran ich mich nicht erinnern kann.

Wieder blitzt etwas auf.

Der Sattelschlepper wird langsamer. Meine Mom wechselt die Spur und überholt ihn. Ich schaue hinüber zum Fahrer.

Lil Durk dröhnt aus dem Radio.
Wie in meinen Albträumen.

Ich werfe Sloane einen Blick zu. Ich bin verwirrt.

Dann noch ein ganz lebendiges Bild.

Ich bin im Auto. Meine Mom fährt. Ich erinnere mich daran, welches Hemd ich getragen habe. *Hellblau mit Button-down-Kragen.*

Aber das hier fühlt sich *nicht* an wie in den Albträumen. *Das ist anders.*

In den Albträumen fahre ich manchmal selbst, und manchmal fährt mein Dad, und manchmal fährt Chloe, und meine Mom sitzt hinten. Aber dieses Mal …

»Ich. Schlafe. Nicht«, platze ich heraus.

Sloane sieht besorgt aus: »Warum sagst du das die ganze Zeit?«

Ich drehe mich weg. Schließe die Augen. Murmle: »Man kann keinen Albtraum haben, wenn man wach ist.«

Wieder blitzt etwas auf.

Der Sattelschlepper ist wieder hinter uns.

Ich erinnere mich an ein helles, gleißendes Licht. So hell, dass ich mir die Augen zuhalten musste. Und an Hitze. Ich erinnere mich, dass es sehr *heiß* war.

Aber nicht von der Sonne. Sondern von *Feuer*.

Ich beuge mich nach vorn und halte mir die Augen zu. Ich schreie: »Nein!«

Sloane lässt ihr Handy sinken und fragt: *»Was ist los? Asher, was ist los?«*

Immer mehr Erinnerungen strömen auf mich ein. Ich höre das Quietschen der Reifen. Spüre den Aufprall, als der Land Rover meiner Mom getroffen wird – in Z-e-i-t-l-u-p-e –, genau wie in meinen Albträumen. Dann stoppt die Musik genau an derselben Stelle wie in meinen Träumen. Mit dem rappenden Lil Durk: »Dis ain't what you want. Dis ain't what you want ...«

»*Oh Gott!*«

»Asher, *was ist los?*«, wiederholt Sloane.

Dann sehe und fühle und höre ich, wie die Airbags im Auto meiner Mom mit lautem Knall *Pfffffttt! Baaaammmm!* in mein Gesicht hineinexplodieren. Und ich spüre, *spüre* tatsächlich den Aufprall, als mein Kopf gegen die Kopfstütze knallt. *Hart.* Ich fliege nach vorn. *Hart.*

Dann höre ich Glas splittern.

In meinem Kopf dreht sich alles – ich erinnere mich, *dass wir uns drehten* – das ganze Auto drehte sich.

Nicht *dieses* Auto! Nicht das Auto meines Vaters. *Jenes* Auto! *Das Auto meiner Mutter!*

Noch ein Aufblitzen, und es überschlägt sich. Der Land Rover überschlägt sich ... immer und immer wieder.

Und ich erinnere mich, dass *der Song nicht aufhörte.* Ich konnte ihn wegen der Schreie bloß nicht mehr hören. *Wegen meiner Schreie.*

Meine Mom schrie nicht.

Sie konnte nicht schreien, weil ... Noch ein Aufblitzen, und ich erinnere mich und sehe ...

Oh Gott!

Alles.

In den Albträumen wird die Welt an dieser Stelle schwarz – und es herrscht für eine lange Zeit nur noch tote, leere Stille. Und dann die Sirenen in der Ferne. Zu diesem Zeitpunkt steht mein Fuß normalerweise fest auf dem imaginären Bremspedal, oder ich versuche meine Mom durch das Seitenfenster aus dem imaginären Wagen zu ziehen, aber ihr Kopf ist nicht mit ihrem Körper verbunden, oder er ist mit ihrem Körper verbunden, geht aber ab, wenn ich an ihren Armen ziehe, fällt einfach ab und rollt weg, als wäre er nicht verbunden. Hier wache ich normalerweise auf, und damit beginnt der echte Schrecken, weil ich mich *erinnere, dass meine Mom tot ist.*

Aber diesmal ist es kein Traum. Diesmal bin ich wach und *erinnere mich.* Und es ist anders. Anders, als mein Dad mir erzählt hat.

Denn ich war im Auto. Ich bin nicht gefahren, aber ich war *dort.*

Und ich erinnere mich.

Weil ein Junge in Memphis grüne Fußballschuhe trägt.

Erinnere ich mich an alles.

38

»Nein!«, schreie ich. Will verreißt das Steuer, fängt aber dann den Wagen wieder auf.

Ich rede mir ein, dass ich mich unmöglich an den Unfall *erinnern* kann, denn
Ich.
War.
Nicht.
Dort.
Ich sehe Sloane an und sage: »Ich war dort.«
»Wo, Asher? Wo warst du?«
»Im Auto, mit meiner Mom.«
Ihr Gesicht ist ausdruckslos.
»Ich war an diesem Tag dort.
Ich.
Hätte.
Meine.
Mom.
Retten.
Können.
Und.
Ich.
Habe.
Es.

Nicht.
Getan.«

39

Sloanes Hand liegt auf meinem Rücken. Autos fliegen in allen Richtungen vorbei. Sloane schreit: »Halt an, Will!«

Ich schließe die Augen. Weitere Bilder zucken durch meinen Kopf. Nicht der Reihe nach. Durcheinander …

Da sind wieder die nagelneuen Fußballschuhe. Sie liegen auf der Straße neben dem Land Rover. *Ich erinnere mich, dass ich über sie gestolpert bin, als ich aus dem Auto klettere.* Ein Polizeiwagen, dessen Scheinwerfer in mein Gesicht leuchten. Die Sirenen in der Ferne. Das Heck eines Krankenwagens, der Verkäufer in dem Schuhladen, sein Hemd, *schwarz-weiß gestreift.* Der Soft-Drink, den ich in dem Einkaufszentrum gekauft habe. *Orange Crush.* Dann die Autoschlüssel in der Hand meiner Mutter. Ich bitte darum, fahren zu dürfen, aber sie sagt: *Nein. Nicht in der Rush Hour. Außerdem hab ich Lust zu fahren.* Ich bin sauer und fummle am Radio rum, während sie auf der Auffahrt zur Route 287 beschleunigt.

Dann kommen total schlüssige Teile zurück.

Wie ich meine Mom necke, als sie in den fließenden Verkehr einfädelt: *Das hätte ich auch hingekriegt!*

Wie sie sagt: *Es ist Rush Hour, Ash. Viele Lastwagen.*

Wie sie in den Rückspiegel schaut und die Spur wechselt.

Wie ich auf meine Füße hinunterspähe. Nagelneue Fußballschuhe liegen in einer Tüte im Fußraum.

»Wichtiges Spiel morgen«, erzähle ich ihr lächelnd.

Wie Lil Durk aus den Lautsprechern dröhnt.

Wie meine Mom sagt: *Mach es leiser.* Ihre Stimme klingt angespannt. Ich höre ihren Stress.

Wie ich bitte: »Ich liebe diesen Song.«

Ein kurzer Blick in ihr Gesicht, als der Griff ihrer Finger um das Lenkrad fester wird.

Dann unterhalten wir uns.

Reden über das Spiel morgen. Scherzen hier und dort, machen wahllos Bemerkungen … über Trainer Melvin, das Abendessen, Chloes Lehrerin, Musik …

Alles ist gut.

Sie streckt die Hand zum Radio aus. Ich ermahne sie scherzhaft: »Ich mach das. Du fährst.«

Ich erinnere mich, wie ich mich gefühlt habe. Ich erinnere mich, dass ich mich in den Sitz sinken ließ und geradezu körperlich spürte, wie ich mich über meine neuen Fußballschuhe freute. Die Verheißung neuer Schuhe. Das Spiel morgen.

Wie ich die Augen schloss und sie dann wieder öffnete, als ich merkte, dass das Auto langsamer wurde.

Wie ich zu meiner Mom hinübersah und dann über die Schulter nach hinten. *Wieder dieser Sattelschlepper.* Der mit dem glänzenden Kühlergrill. Der Blick meiner Mutter huscht von der Windschutzscheibe über den Seitenspiegel zum Rückspiegel.

Ich erinnere mich in einer lebhaften Rückblende wieder daran, wie der Sattelschlepper zum ersten Mal hinter uns auftauchte. Wie er an uns vorbeifuhr, langsamer wurde und dann ein paar Minuten später wieder hinter uns war. *Ein Katz-und-Maus-Spiel.* Wie ich dann einen Augenblick später wieder nach hinten sah und erstaunt feststellte, dass er noch näher gekommen war.

Viel näher.

Wie ich dachte: Das ging schnell – zu schnell! Zu dicht! Stoßstange an Stoßstange.

Wie meine Hände feucht wurden, als meine Mom in den Rückspiegel sah und sagte: »Ich lass ihn einfach noch einmal vorbei.«

Wie ich mich zu dem Laster umdrehte. Eine große Zugmaschine. Wie ich ein Vibrieren der vorderen Räder wahrnahm, das nicht gut aussah, wie er auf die mittlere Spur schlingerte.

»Mom ... der Laster. Er ...«

Ihre Augen schauen prüfend in die Rückspiegel.

Sie hört die Hupe.

Er *steht auf der Hupe*, Lkw-Hupe. Hupe eines großen Sattelschleppers. Trotz des Radios hören wir beide, wie Jack Daniels auf der Hupe steht.

Diesmal erinnere ich mich an die Angst in ihrem Gesicht.

Jedoch zu spät.

Das war nur der Bruchteil einer Sekunde vor dem Aufprall.

Ich erinnere mich, wie das Auto sich immer wieder dreht, aber diesmal *schreit* meine Mom. *Laute Schreie von meiner Mom.* Dann Metall gegen Metall und andere LAUTE GERÄUSCHE. VIELE LAUTE GERÄUSCHE.

Die Airbags knallen uns mit *Pffff! Baammm!* ins Gesicht. Ein Autounfall ist laut.

Dann erinnere ich mich an Stille. Nichts bewegt sich mehr. *Es ist ganz ruhig. Unheimlich ruhig.*

Ich blinzle ein paarmal und bin im Auto meines Vaters. In Memphis. Sitze neben Sloane. *Und erinnere mich.*

»Asher, du machst mir Angst!«, sagt Sloane.

Und Will fragt: »Was ist los?«

Ich schließe die Augen. Durchlebe jedes Detail. *Wieder.* Gehe alles in meinem Kopf noch einmal durch und noch einmal und noch einmal.

In der falschen Reihenfolge ist es ein visuelles Chaos. Ich spüre den Aufprall, als mein Kopf gegen die Kopfstütze schlägt. *Hart.* Ich höre Glas splittern. Dann stehe ich neben dem Auto. *Keine Ahnung, wie ich da hingekommen bin.* Mir geht's gut – ich kann gehen, aber mein Kopf ... ich fasse hin. Blut läuft heraus. Meine Wange. *Eine Beule.* Mein Auge! Schmerzt! *Alles verschwommen. Kann nicht sehen.*

Dann sein Gesicht. Ich blinzle. Kneife die Augen zusammen. Mir ist *schwindelig.*

Ich sehe seine Augen, Lippen, die sich bewegen: Er taumelt.

Ich mache einen Schritt auf ihn zu. Bleibe stehen. Er kommt zu mir. *Der Fahrer des Sattelschleppers.* Aber meine Mom ... Sie ist ... Ich drehe mich verwirrt um ...

Der Land Rover ... Er brennt ...

Ich sehe Rauch. Orangefarbene Flammen lecken an dem schwarzen Lack. Meine nagelneuen Fußballschuhe sind aus der Schachtel gefallen und liegen am Straßenrand. Ich drehe mich zurück zu dem Sattelschlepper. Der Kühlergrill starrt mich wütend an. Stimmen ... Mir wird wieder schwindelig ...

Ich drehe mich wieder zum Auto. *Die Flammen! Mom!*, schreie ich ... *MOM!*

Dunkelheit. Für sehr lange Zeit.

Das Koma.

Das kam nicht davon, dass ich mit dem Kopf auf dem Couchtisch aufgeschlagen war, wie mein Vater gesagt hatte. Es kam von dem Unfall.

In Wirklichkeit ging alles *schnell*.

Die Erinnerungen kommen in Zeitlupe. Und nicht in der richtigen Reihenfolge. Wie die Teile eines Puzzles, die durcheinander auf dem Boden liegen.

Ich Glückspilz. Mein Gehirn beschloss, alle Einzelheiten durcheinander und in Z-E-I-T-L-U-P-E abzuspielen.

Sloane schüttelt mich. Ich schaue auf: »Ich hab einen Jungen gesehen ... vorhin. Mit grünen Fußballschuhen. Und dann hat Will gesagt: ›Ich hab Lust zu fahren ...‹ Genau wie meine Mom ... Und ich habe mich erinnert, Sloane. Ich erinnere mich an alles.«

Wir parken am Rand von North Danny Thomas Boulevard in Memphis, und ich erzähle Sloane und Will und Henry und *mir*: »Ich saß im Auto. Ich war dort. Ich hätte etwas tun können, etwas sehen oder etwas sagen können. Ich hätte meine Mom retten können!«

Und wie in all meinen Albträumen schreit Lil Durk in meinem Kopf ... »Dis ain't what you want, Asher. Dis ain't what you want.«

40

Ich war dort. Ich war dort. Ich war dort.
Ich bin mir sicher.
Es ist nicht wie in meinen Albträumen mit all den abgedrehten Szenen, in denen Chloe fuhr oder meine Mutter ihren Kopf verlor. Das hier fühlt sich anders an, echt, weil *ich mich erinnere* und nicht träume.

Ich erinnere mich an jede Einzelheit. Dinge, die mir weder mein Vater noch die Anwälte gesagt haben konnten. Dinge, die *ich nicht wissen konnte*, wenn ich nicht dort gewesen wäre. Und die Erinnerung an diesen Tag kommt nicht Stück für Stück zurück. Sie kommt im Ganzen und *mit Macht*. Alles auf einmal. Glasklar und mit Gewissheit.

Die Ärzte sagten, es würde erst passieren, wenn ich dazu bereit wäre.

Ich schaue aus dem Autofenster hinaus.

Ich bin nicht bereit. Niemand könnte jemals für so was bereit sein.

Sie sagten, mein Gehirn würde wissen, wann ich bereit wäre, damit umzugehen.

Sie täuschen sich!

Ich hatte gefragt: *Womit umgehen?* Die Ärzte sagten: Mit dem ganzen Stress dessen, was passiert ist.

Aber sie sagten mir nicht, wie das passieren würde.

Oder wann.

Oder wie hart es mich treffen würde.

Oder dass es von einer Kleinigkeit ausgelöst werden könnte.

Zum Beispiel, dass ein komplett fremder Junge grüne Fußballschuhe trägt. Oder dass Will sagt: »Ich hab Lust zu fahren.«

Ich sehe zu Will hin. Zu Sloane. Zu Henry. Sogar zu Evelyn.

Meine Beine schmerzen, mein Rücken, meine Augen … ich schlage mit der Faust auf die Rückseite des Sitzes.

»Vielleicht irrst du dich. Vielleicht …«, flüstert Sloane.

»Ruf deinen Vater an, Asher«, sagt Will. »Sloane hat recht. Vielleicht irrst du dich.«

Ich schüttle den Kopf. »Ich werde meinen Vater anrufen, aber ich weiß schon, was er sagen wird.«

Ich weiß es in meinem Herzen.

Dann schlage ich meine Stirn immer und immer wieder gegen die Scheibe und denke: Niemand hat mir jemals gesagt, dass die Wahrheit wie Feuer sein kann. Dass sie alle Luft aus deiner Welt saugen und dir den Atem rauben kann. Und niemand hat mir je gesagt, dass wir manchmal nur deshalb an unseren Lügen festhalten – an denen, die wir erzählen, und an denen, die uns erzählt werden –, damit wir atmen können.

41

Die Stirn an die Scheibe gepresst, höre ich das laute Heulen einer Lastwagenhupe und fahre zusammen.

Sloane hat die Arme um mich geschlungen und ihr Gesicht an meinen Rücken gedrückt.

Meine Brust hebt und senkt sich. Tränen strömen. Panik total. Ungezügelte Gefühle. Ich weiß nicht, was ich mit ihnen machen soll. *Es sind so viele!*

Die Phasen der Trauer kommen schnell und hart in rascher Folge. Wie die Treffer eines Maschinengewehrs. Schock und Leugnung, Schmerz und Schuldgefühle. Wut und Feilschen. Depression, Reflexion, Einsamkeit. Aber keine Wende. Kein Wiederaufbau und kein Aufarbeiten. Keine Akzeptanz und keine Hoffnung. Nur umfassender VERLUST. Seelentötender Verlust. Und mehr Wut und Schuld als in eine Person hineinpasst.

Sloane will mich trösten. »Vielleicht ist es nur wieder ein Albtraum. Vielleicht hast du …«

Ich unterbreche sie. »*Nein! Ich war dort.* Es ist kein Albtraum. *Ich erinnere mich.*«

Es ist die Wahrheit.

Die Wahrheit, die ich nicht hören wollte.

Die Wahrheit, die ich so unbedingt nicht hören wollte, dass ich sie komplett aus meiner Erinnerung verbannte, und zwar seit – ich schaue auf mein Handy – dreizehn Monaten, fünf Tagen, neun Stunden und neunzehn Minuten. Und das ist schlimmer als ein Sattelschlepper, der gelenkt von Jack Daniels mit hoher Geschwindigkeit über den Highway rast.

WEIL ICH DORT WAR, hätte ich etwas tun können, etwas sehen, etwas sagen, etwas anderes machen und meine Mom retten können.

Aber ich habe es nicht getan.

42

Wir stehen einfach auf der Standspur. Niemand spricht.

Ich greife wieder nach meinem Handy. Rufe meinen Dad an. Meine Hände zittern.

Er geht nicht dran.

Ich schreibe ihm, und Tränen fallen auf den Bildschirm. Bitte ruf mich an. Ich erinnere mich an alles. Ich erinnere mich an den Tag des Unfalls.

Eine Minute vergeht. Es fühlt sich wie eine Ewigkeit an. Nichts.

Zwei Minuten. Fünf Minuten. *Ewig.*

Immer noch nichts.

Also tippe ich: Du hättest es mir sagen sollen.

Sieben Minuten später klingelt mein Handy.

Ich zucke zusammen. Gehe ran.

»Lass es mich erklären«, sagt mein Dad.

»Später«, sage ich. »Bitte erklär es mir später. Ich kann jetzt nicht zuhören. Sag mir einfach die Wahrheit. Ja oder nein. War ich bei ihr?« Meine Stimme klingt abgehackt, als ob meine Worte abgeschnitten würden und scharfe Kanten hätten.

Aber es herrscht Schweigen.

Dann wallt Wut in mir auf, und ich schreie: »Sag es mir. War ich im Auto an dem Tag, als Mom starb?«

Am anderen Ende herrscht noch mehr Schweigen.
Ich habe meine Antwort.
Ich beende das Telefonat, schiebe das Handy in die Tasche, steige aus und taumle zum Straßenrand.

43

Autos fliegen vorbei. Meine Füße brennen auf dem heißen Asphalt.

Sloane und Will und Henry klettern nach mir aus dem Auto. Ich trete ein Stück beiseite. Ich will allein sein.

Mein Handy klingelt. Ich gehe nicht ran.

Es summt.

Ich nehme es aus der Tasche und schaue auf den Bildschirm.

Mein Dad schrieb: Du musst dir anhören, was ich zu sagen habe. Wir haben dir gesagt, was wir dir gesagt haben, weil du es verdrängt hast, und die Ärzte meinten, du würdest die Wahrheit nicht überleben. Nicht, solange du nicht dazu bereit wärst. Und dann sagten sie mir, wenn du stark genug wärst, würdest du dich erinnern.

Ich unterdrücke ein Schluchzen und schreibe dann: ICH HAB SIE WEGEN FUSSBALLSCHUHEN INS EINKAUFSZENTRUM GESCHICKT, UND DANN HABE ICH SIE NICHT GERETTET!

Das ist eine Feststellung. Keine Frage.

NEIN!, schreibt er. DU TRÄGST KEINE SCHULD! Ein betrunkener Fahrer hat deine Mom getötet. Du hast nichts falsch gemacht. Und du hast versucht, sie zu retten. Du bist auf die Fahrerseite gerannt und hast versucht, sie aus dem Wagen zu ziehen, Asher. Du warst ein Held. Du hattest Glück, dass du überlebt hast. Chloe und ich haben dich fast verloren. Auch du hättest an diesem Tag sterben können!

Sloane lehnt weinend am Auto. Will sieht total fassungslos aus. Und Henry drückt Evelyn an sich.

Ich hasse meinen Vater dafür, dass er das tut. *Dass er mich belügt.*

Ich schreibe Peter Pan und frage: Hast du gewusst, dass ich dort war? Hast du gewusst, dass ich bei meiner Mutter im Auto war?

Sie schreibt nicht: *Wer schreibt mir?* Sie schreibt: Nein. Das habe ich nicht gewusst. Ich wusste nur, dass du keinerlei Erinnerung an den Tag hast, an dem deine Mutter starb. Mehr wurde mir nicht gesagt.

Ich starre auf die drei blinkenden Punkte auf dem Bildschirm. Sie schreibt. Dann poppt ihre Nachricht auf:

Bist du sicher, dass du im Auto warst? Woher weißt du das?

Ich schreibe: Ich erinnere mich daran.

Und dann erkläre ich ihr, was passiert ist und was mir erzählt wurde und alles über dissoziative Amnesie und dass alle mich belogen haben. Es ist ein totales Durcheinander – Tippfehler, Informationen in der falschen Reihenfolge, zusammenhanglos ...

Aber Peter Pan versteht alles. Sie schreibt: Ich kann nur versuchen, mir vorzustellen, wie schwer das für dich sein muss. Und wie schlimm es für deinen Vater gewesen sein muss, seine Frau zu verlieren und auch dich fast zu verlieren und dann dich belügen zu müssen, um dich zu schützen.

Ich schreibe: Ich hasse ihn.

Denk daran, schreibt sie, was ich euch über die Menschen

in eurer Umgebung gesagt habe. Das ist auch für sie eine neue Situation. Sie bemühen sich, aber sie wissen nicht immer, was das Beste ist oder wie sie helfen können.

Ich will wütend sein. Ich will *hassen*.

Ich will meinen Dad dafür hassen. Für alles.

Aber tief im Innern weiß ich, dass ich es nicht kann.

Sloane kommt herüber. Will kommt herüber. Henry kommt herüber. Sie bilden einen Kreis um mich und umfangen mich in einer Umarmung. Evelyn ist in der Mitte. Ich erzähle ihnen, was mein Vater mir angetan hat. Was alle mir angetan haben: die Ärzte, die Rechtsanwälte …

Sloane sagt: »Asher, sie haben nur versucht, dir zu helfen.«

Ich weiß, dass sie recht hat.

Sie zertrümmerten einfach mein Fahrrad. Dann zogen sie mir eine Schwimmweste über meine Kleider, setzten mir einen Helm auf den Kopf, umwickelten meine Hände mit Alufolie und hofften, das würde ausreichen.

Ich rufe meinen Dad an: »Erzähl mir einfach alles. Aber diesmal die Wahrheit.«

44

Mein Dad erklärt mir alles. Wie ich an jenem Tag mit meiner Mutter zum Einkaufszentrum fuhr, um Fußballschuhe zu kaufen. Wie sie ihm schrieb, dass wir fertig seien und sie nach Hause fahren würde. Wie der Sattelschlepper mit dem betrunkenen Fahrer gegen uns prallte. Wie beobachtet wurde, dass ich versuchte, meine Mutter aus dem Auto zu ziehen. Dass ich bei dem Unfall schwer verletzt wurde und im Krankenhaus in ein künstliches Koma versetzt werden musste. Dass ich keinerlei Erinnerung an die Ereignisse hatte oder daran, dass ich auch im Auto war, als sie mich zwei Wochen später wieder weckten. Dass die Psychiater mich begutachteten und dann versuchten, mir zu sagen, was geschehen war, ich aber alles verdrängte. Sie sagten, *ich sei nicht bereit, die Wahrheit zu hören*. Sie rieten meinem Dad zu warten, bis die Erinnerung von allein zurückkommen würde.

Dann sagt mein Dad: »Ruf bitte Fran Cooper an.«

Ich wische mir die Tränen ab: »Wer soll das sein?«

»Die Frau aus dem Krankenhaus, die die Trauergruppen leitet.«

Peter Pan.

»Du *kennst* sie?«, frage ich fassungslos. »Wie kannst du ...?« Es fühlt sich an wie ein Betrug. *Noch ein Betrug.* »Ihr macht *was*? Über mich reden?«

»Nein! Überhaupt nicht. Ich hab im Krankenhaus angerufen und nach ihr gefragt, nachdem du das Auto genommen hast, einfach um zu hören, ob sie etwas weiß oder eine Idee hat, wo du bist oder wer bei dir sein könnte. Ich rief sie an, um einen Rat zu bekommen.«

»Was hat sie gesagt?«

»Sie sagte, ich solle dir sagen, dass du sie jederzeit anrufen kannst und dass sie hofft, dich nächste Woche in der Montag-und-Mittwoch- und Dienstag-und-Donnerstag-Gruppe zu sehen.«

»Ist dir klar, was du gerade gesagt hast?«, schreie ich. »Mom ist vor ...« Ich will sagen dreizehn Monaten, fünf Tagen, neun Stunden und ungefähr zweiunddreißig Minuten gestorben – aber ich weiß, dass die Leute das wahnsinnig macht, deshalb sage ich: »... über einem Jahr gestorben, und ich gehe viermal die Woche in eine Trauergruppe!« Ich werfe einen Blick zu Sloane hin. »Es ist, als würde ich *feststecken*. Es geht mir einfach nicht besser. Und die ganze Zeit wusste ich nicht, warum. Aber jetzt weiß ich es. Mein Gehirn hat sich gegen die Wahrheit gewehrt.«

»Bitte komm einfach nach Hause. Wir müssen reden und Hilfe für dich holen. Vielleicht haben mir deine Ärzte den falschen Rat gegeben. Vielleicht müssen wir einen anderen Weg versuchen.«

»Was meinst du mit *einen anderen Weg versuchen*? Ich wusste gar nicht, dass wir überhaupt auf einem Weg sind!«

»Asher, bitte!«

Ich fühle mich am ganzen Körper kalt. Heiß im Innern und kalt auf der Außenseite und atemlos. Ich sage: »Ich ruf Fran Cooper an.« Dann breche ich die Verbindung ab.

45

Sie geht sofort ran. Ich sage nichts, nicht einmal Hallo.

»Ich bin froh, dass du anrufst«, sagt Peter Pan.

Dann ist es still. Nur mein Atem ist zu hören und die vorbeisausenden Autos.

»Egal, wie schlimm dir das jetzt vorkommt, Asher, irgendwann wird es wieder okay sein.« Ihre Stimme ist leise, fast ein Flüstern. Ein *Mutter-beruhigt-kleines-Kind*-Flüstern.

»Das weißt du nicht«, stoße ich hervor.

»Doch, ich weiß es. Du musst mir also vertrauen.«

»Das kann ich nicht.«

»Du kannst es, wenn du es willst.«

»Du tust, als hätte ich hier eine Wahl!«

»Ich weiß, dass dir viele Dinge zugestoßen sind, über die du keine Kontrolle hattest. Und ich kann mir nicht vorstellen, wie beängstigend sich das für dich anfühlen muss. Aber du kannst entscheiden, wie du von jetzt an damit umgehst. Es mag sich nicht so anfühlen, aber du hast die Wahl. Bitte vergiss das nicht.«

Noch mehr Atem ist zu hören. Ich versuche, die Tränen zurückzuhalten. Keine Ahnung, warum ich sie angerufen habe.

»Darf ich dir eine Geschichte erzählen?«, fragt sie.

»Nein!« Ich schreie fast. »Ich kann mir keine traurige Geschichte anhören wie die Geschichte über Zachary. Ich will nicht, dass man mir sagt, ich solle es einfach klaglos aushalten, weil jemand anderes noch viel größere Probleme hat als ich.«

»Das würde ich niemals sagen. Und das ist auch nicht, was ihr von dieser Geschichte mitnehmen solltet. Ich wollte euch einfach bewusst machen, dass auch anderen Menschen schlimme Dinge zustoßen. Wenn wir Schmerzen haben, vergessen wir das manchmal. Und diese Geschichte ist sowieso anders. In ihr geht es um Hoffnung.«

Ich sage nichts, also redet sie weiter.

Ich mag den Klang ihrer Stimme.

»Erinnerst du dich noch an die Jungs aus Thailand, die vor ein paar Jahren in einer Höhle festsaßen? Sie waren Fußballspieler wie du. Sie waren zu zwölft, einfach ein paar Jungs.«

»Nein.«

»Natürlich erinnerst du dich. *Denk nach.* Sie wollten zusammen mit ihrem Trainer die Höhle erkunden, und dann regnete es, und die Höhle wurde überflutet, und sie kamen nicht mehr raus.«

»Okay, ja. Ich erinnere mich vage.«

»Sie waren über eine Meile vom Eingang entfernt. Sie saßen dort tagelang in der Dunkelheit. Als sie nicht nach Hause kamen, schickten ihre Familien Suchtrupps los. Sie fanden die Fahrräder am Eingang der Höhle und konnten sich zusammenreimen, was wahrscheinlich passiert war. Die Höhle war voller Wasser. Höhlenrettungstaucher aus der ganzen Welt kamen mit Spezialausrüstung, um sie zu suchen. Sie brachten Spürhunde und Drohnen und Roboter mit. Als die Rettungskräfte die Jungs fanden, hatten sie neun Tage lang in der Falle ausgeharrt, und eine Rettung schien vollkommen unmöglich zu sein.«

»Was hat das mit mir zu tun?«

»Weißt du, was die Jungs die ganze Zeit machten?«

Ich antworte nicht. Ein Lastwagen rast vorbei, hupt und erschrickt mich.

»Sie warteten. Sie hofften. Sie glaubten. Sie kümmerten sich umeinander, und *sie gruben*.«

Sloane kommt herüber und legt mir ihre Hand auf den Rücken.

»Denk darüber nach, Asher. Sie hatten Hoffnung, und sie versuchten, sich selbst zu retten.«

Sloane beginnt mit der Hand meinen Rücken auf und ab zu streichen. Peter Pan redet weiter. Ich will nicht, dass sie aufhören.

»Sie waren nass, froren und hatten Angst. Sie hatten nur wenig zu essen, aber sie waren immer noch zuversichtlich und gruben mit allem, was sie zur Verfügung hatten. Die Retter waren die besten Höhlentaucher der Welt, und sogar sie hatten Probleme, zu den Jungs vorzudringen. Sie fürchteten, dass sie sie nicht herausbringen könnten. Sie versorgten die Jungs mit Essen und sonstigen Ausrüstungsgegenständen. Ingenieure und Bohrwerkzeuge wurden herangeschafft, Pumpen und Experten für Hydraulik.«

Ihre Stimme ist leise wie ein Flüstern und wegen des Verkehrs kaum zu hören.

»Sie pumpten viele Zehntausend Liter Wasser ab. Sie versuchten von der Erdoberfläche nach unten zu bohren. Zehntausend Menschen waren an der Rettung beteiligt. Regierungsbehörden, Soldaten, Wissenschaftler, Geologen. Ein paar der Jungs konnten nicht einmal schwimmen.«

»Ich erinnere mich.«

»Diese zwölf Jungs konnten nur eines tun: *Sie mussten den Menschen vertrauen, die zu ihrer Rettung gekommen waren.* Und ich möchte, dass auch du das tust. Viele Menschen arbeiten daran, dir zu helfen, damit es dir besser geht. Ich möchte, dass du, während du im Dunkeln sitzt, die Augen schließt und uns vertraust.«

Ich sage lange Zeit nichts. In meinem Kopf dreht sich alles. Wut und Schmerz und Schuld und Selbstmitleid und Zorn haben einen Strudel der Zerstörung gebildet. Aber ich habe genug davon. *Ich habe so genug davon, wütend zu sein.*

Schließlich fragt Peter Pan: »Bist du noch da?«

Es gelingt mir, Ja zu sagen, aber es kommt sehr schwach und schlapp heraus.

Sloanes Hand liegt immer noch auf meinem Rücken.

»Du solltest mich fragen, was aus diesen Fußballspielern geworden ist.«

»Was ist aus ihnen geworden?«

»Sie holten sie alle sicher heraus. Jeden Einzelnen.«

»Und was hat das mit mir zu tun?«

»Auch für dich, Asher, sind viele Höhlentaucher hier. Nicht nur ich und deine Ärzte, sondern auch dein Vater und Chloe und Will und Sloane und Henry. Du musst uns nur vertrauen. Du musst die Augen schließen und uns vertrauen, auch wenn es unmöglich erscheint, dass du es auf die andere Seite schaffst.«

»Und noch etwas.« Sie macht eine Pause. »Ich werde dich bitten, auch ein bisschen zu graben.«

Dann sage ich etwas, von dem ich nie gedacht hätte, dass ich es über die Lippen bringen würde.

Ich sage: »Okay.«

Ich habe keine Wahl. Ich sitze in einer unterirdischen Höhle fest und komme nicht raus.

»Also, vertraust du uns?«, fragt sie.

Ich schließe die Augen und flüstere: »Ja, ich vertraue euch.«

46

Nachdem unser Telefonat beendet ist, erinnere ich mich an etwas im Zusammenhang mit dieser Höhlenrettung in Thailand, das Peter Pan nicht erwähnt hat.

Einer der thailändischen Navy SEALS starb bei dem Versuch, die Fußballspieler zu retten.

Während ich mit Sloane und Will und Henry und Evelyn, die eine beständige Mahnung daran sind, wie groß die Liebe ist, am Straßenrand kurz vor Memphis stehe, ist mir klar, dass beim Versuch, mich zu retten, auf keinen Fall jemand sterben darf.

Nicht ich. Nicht mein Dad. Nicht Chloe. Niemand.

Peter Pan bat mich gerade, ihr und all den anderen Rettern zu vertrauen, und das ist in Ordnung. *Vielleicht kann ich das tun.*

Aber sie bat mich auch *zu graben*.

Und ich schaue mich nach etwas um, womit ich graben kann, aber ich sehe keinen einzigen verdammten Gegenstand.

47

Wir steigen wieder in das Auto ein.

Will fährt los. Ich habe kein Wort gesagt. Niemand hat etwas gesagt.

Ich sitze zusammengesackt auf dem Rücksitz und denke darüber nach, was ich zu Peter Pan gesagt habe.

Ich vertraue dir.

Ich frage mich gerade, ob das stimmt, als Will vor einem Motel anhält: »Lasst uns hier in einem richtigen Hotel bleiben. In richtigen Betten. Und duschen und ...«

Ich habe das Gefühl, er möchte sagen: uns erholen, aber er lässt das »und« einfach so in der Luft hängen, damit wir einfügen können, was wir wollen.

Sloane schaut aus dem Fenster: »Ich kann nirgends bleiben, wo es gruselig ist.« Ihre Stimme ist leise.

»Was meinst du mit *gruselig*?«, fragt Will fast flüsternd.

Sloane zeigt auf das total normal aussehende Motel vor uns. »Gruselig«, behauptet sie.

Will folgt mit dem Blick ihrem Finger und sagt: »Scheiße.«

Dann verkündet Sloane: »Ich suche ein Hotel aus«, und Henry sagt: »Evelyn bevorzugt *Days Inn* oder *Motel Six*«, und ich will in meinem Sitz verschwinden.

Sloane verdreht die Augen und holt ihr Handy heraus. Dann sagt sie: »Peabody.«

»Was soll das sein?«, fragt Will verärgert.

»*The Peabody Hotel*. Downtown Memphis. Fahr los. Ich navigier dich hin.«

»Klingt teuer, Asher«, ruft Will mir nach hinten zu, aber ich bin taub.

Ich will, dass sie aufhören zu reden.

Während er den Wagen vom Bordstein weglenkt, sage ich zu ihm: »Ist mir egal. Was immer Sloane will. Buch zwei Zimmer. Mein Dad zahlt.« Die Worte klingen total monoton, als wären sie schwer und tot. Sloane greift nach meiner Hand. Ich ziehe sie weg.

Henry ist skeptisch, weil Evelyn *Days Inn* oder *Motel Six* mag, aber Sloane sagt ihm, er müsse sich keine Sorgen machen. Wenn Evelyn *Motel Six* mag, dann würde sie das *Peabody* lieben. Und als wir ein paar Minuten später an dem Hotel vorbei in die Parkgarage einbiegen, verkündet Henry, dass Evelyn sehr zufrieden ist.

Die Lobby, die wir betreten, wirkt sehr formell und altmodisch elegant, und als ich mich der Rezeption nähere, denke ich die ganze Zeit: *Ich war im Auto! Warum konnte ich mich daran nicht erinnern?*

Als ich mich umschaue, fühle ich mich befangen und völlig fehl am Platz. Das liegt nicht daran, dass ich seit mehr als 24 Stunden dieselben Klamotten trage und Sloane Stiefel und eine Jacke anhat, die nicht passen, und Henry seine Frau in einer Schachtel herumträgt. Und es liegt auch nicht daran, dass mein Gesicht vom Weinen rot und verquollen ist, und es liegt noch nicht einmal daran, dass die Lobby voll und das Hotel sehr schick ist – südstaatlicher Schick, wo Frauen mitten am Tag Kirchenhüte tragen, als wäre es Os-

tersonntag. Sondern es liegt daran, *dass ich nicht wie alle anderen bin. Ich war im Auto. Ich war im Auto, und ich hätte etwas tun können, hätte etwas sehen können, etwas sagen können. Ich hätte meine Mom retten können, und ich habe es nicht getan. Und das heißt ...*
Ich.
Habe.
Sie.
Getötet.
»Kann ich behilflich sein?«, fragt die Empfangsdame mit dem breitesten Lächeln, das ich jemals gesehen habe.
Ich greife in die Tasche und gebe ihr dann die Kreditkarte meines Vaters. Sie erleuchtet weiterhin den Raum mit ihrem Lächeln.
Ich beschließe, dass ich glückliche Menschen hasse.
»Wir haben online reserviert«, murmle ich, und sie fängt an zu tippen.
»Ihr habt zwei nebeneinanderliegende Zimmer. Ist der dritte Stock okay?« Sie glüht wie die Sonne.
Ich nicke. Dann werfe ich einen Blick hinüber zu Sloane. Sie und Will und Henry beobachten mich und flüstern. Sloane bemerkt, dass ich sie ansehe, und greift sich rasch eine Zeitschrift mit dem Titel *Garden & Gun*. Ich frage die Frau an der Rezeption: »Warum sind Sie so fröhlich?« Sie sieht nicht aus, als wäre sie überrascht von der Frage, sondern eher zufrieden, als wäre das ein Kompliment.
»Hier in den Südstaaten streuen wir Zucker über alles Saure«, vertraut sie mir an. Dann beugt sie sich vor und fügt hinzu: »Besonders an einem schlechten Tag.«
Ihre Lippen sind leuchtend rot, ihre Zähne so weiß, dass

ich wohl eine Sonnenbrille benötige, wenn ich sie weiterhin ansehen will. Ich ziehe die Brille heraus und setze sie auf. *Ich verstecke mich.*

Dann fragt sie mich, ob wir zum *You-Don't-Know-Jack-Paket* upgraden möchten. Lächelnd redet sie weiter: »Ihr erhaltet dann eine Erinnerungsflasche mit Peabody Select Jack Daniel's Single Barrel Tennessee Whiskey, einen Jack Daniel's Cocktail, einen Aperitif in der Peabody Corner Bar und …«

Das ist jetzt nicht wahr. Das kann nicht wahr sein. Hat sie gerade »Jack Daniel's« gesagt?

Die Wut brandet zurück.

Ich war im Auto.

Ich hätte etwas tun können, etwas sehen können, etwas sagen können. Ich hätte meine Mom retten können, vielleicht. Aber er hat sie getötet! Jack Daniels hat meine Mom getötet. Nicht ich!

Ich höre nichts mehr von dem, was die Empfangsdame sagt, obwohl sie weiterredet und ich weiter dort stehen bleibe. Dann zeigt sie hinter sich auf ein Plakat, mit dem das Jack-Daniel's-Spezialpaket beworben wird.

Ich blende zurück zu dem, was Peter Pan über die Jungs in der thailändischen Höhle sagte und dass ich den Menschen vertrauen soll, die zu meiner Rettung gekommen sind und dass ich mir den Weg aus diesem Schmerz und dem Zorn freigraben muss, der mich so weit unter der Erde gefangen hält, dass eine Rettung unmöglich erscheint. Dann sagt die Empfangsdame: »Zu dem Jack-Daniel's-Spezialpaket gehört auch ein Internetzugang und kostenloses Parken in der Peabody-Garage«, und mir gelingt es zu murmeln: »Kostenloses Parken?«, als würde das den Deal perfekt machen.

Sie nickt, als wäre das wirklich etwas ganz Besonderes. Zum Glück kommt Will herüber und fragt: »Alles in Ordnung?«, wahrscheinlich, weil das Blut mein Gesicht verlassen hat und die ganze Lobby sich dreht. Die Empfangsdame lächelt einfach weiter und erhellt die Umgebung, während sie wahrscheinlich denkt: *Was mache ich bloß mit diesem merkwürdigen Gast, der nichts sagt?* Und dann vibriert die Luft vom Klang einer Trompete, und es fühlt sich an wie die Geschichte aus der Bibel, in der es heißt, ein Engel, ich glaube Gabriel, werde das Ende der Welt mit einer Trompete ankündigen, die die Toten wieder zum Leben erweckt.

Ich denke, dass entweder die Welt tatsächlich untergeht oder ich ein Gehirn-Aneurysma oder einen Schlaganfall habe, denn es kann hier keine Trompete geben, das wäre zu merkwürdig, und die kleine Miss Sonnenschein an der Rezeption, die südstaatliche Gastfreundschaft und freies Parken verkauft, kann unmöglich gerade gesagt haben: *Jack Daniel's – möchtet Ihr das Jack-Daniel's-Spezialpaket?* Und dann wird mir auf einmal schlecht, so schlecht, dass ich mich direkt hier an der Rezeption übergeben könnte.

Ich drehe mich langsam um. In der Lobby scheinen sehr viel mehr Menschen zu sein als vor ein paar Minuten, als wir hier ankamen. Sie ist jetzt von Menschen überschwemmt, und mein Kopf ist mit Gedanken überschwemmt, und beides ist schlecht. Dann sehe ich einen Mann in einer roten Uniform mit Messingknöpfen und weißen Fransen, der eine Trompete in der Hand hält, und ich denke: *Oh, okay, da ist eine Trompete.* Aber dann bemerke ich all die kleinen Kinder, überwiegend Mädchen, mit Haarreifen und festlichen Kleidern und Söckchen und Lackschuhen, die an einem roten Teppich entlang sitzen, und ich kann mir keinen Reim darauf machen, was hier passiert, und die Dame an der Rezeption mit den roten Lippen und dem breitesten Lächeln der Welt wartet immer noch darauf, dass ich etwas zu dem Jack-Daniel's-Spezialpaket sage, als Sloane meinen Arm ergreift und mich fragt, ob alles in Ordnung ist und dann mit dem Finger auf Stockenten zeigt, die in einer Reihe durch die Hotel-Lobby watscheln. An diesem Punkt wird mir klar, dass ich hier rausmuss. Während ich mir einen Weg durch die Menschenmenge und durch die Vordertür hinaus bahne, wo es unglaublich heiß ist – südstaatlich schwülheiß –, und dann neben dem Portier stehe und mich aufs Atmen konzentriere, bin ich überzeugt, dass ich den Verstand verliere. *Dass ich den Verstand verloren habe.* Aber dann sagt der Portier: »Wenn du nicht wieder hineingehst, verpasst du die Enten«, und ich denke mir, dass er entweder auch verrückt ist oder dass dort wirklich Enten sind. Ich atme ein paarmal tief durch, um mich zu sammeln, gehe zurück nach drinnen, und tatsächlich kommen dort Enten perfekt hintereinander aufgereiht links die Bühne herab, als wären sie kleine Kinder, die in den Speisesaal einer Militärakademie marschieren. Und wenn ich mich umsehe, sind alle in der Menge fröhlich und lachen, und jetzt werden auch noch Kekse und Tee serviert, was total sympathisch und seriös zu sein scheint, aber ich habe immer noch Probleme zu verarbeiten, was in der Lobby und was in meinem Kopf passiert.

Ich gehe zur Rezeption hinüber und lehne das Jack Daniel's-Spezialpaket ab. Dann frage ich die Empfangsdame, ob ich einen Stift und ein Stück Papier leihen kann, um ein Bild zu zeichnen. Aus ihrem Verhalten geht nicht hervor, ob sie das für eine merkwürdige Bitte hält, wahrscheinlich weil sie hier im Süden alles Saure mit Zucker bestreuen, auch wenn das Saure jetzt ich selbst bin. Ihre Aufgabe ist es, immer zu lächeln, egal was passiert, selbst wenn ein Gast sagt: »Ich hätte gern zehn Flaschen Wodka, eine Stripperin und ein Lama auf mein Zimmer«, würde sie lächelnd antworten: »Sofort, Sir.« Also sagt sie natürlich: »Sofort, Mr. Hunting«, nicht zu Wodka und Stripperin und Lama, sondern zu den Schreibutensilien, und sie nennt mich Mr. Hunting, weil ich die Zimmer mit der Kreditkarte meines Dads bezahlt habe und sie mich für jemanden hält, der ich gar nicht bin. Als sie mir Papier und Stifte reicht, lächelt sie natürlich breit und zeigt ihre Zähne, obwohl sie wahrscheinlich denkt: *Warum zum Teufel will dieser Verrückte gerade jetzt ein Bild malen?* Aber ich trete beiseite und zeichne eine Flasche Jack Daniel's Single Barrel Tennessee Whiskey, die eine Familie verschluckt hat. *Meine Familie.*

Ich schaue mir die Umrisse der Whiskeyflasche auf dem Plakat für das Jack-Daniel's-Spezialpaket hinter der Empfangsdame genau an. Dann zeichne ich eine liegende leere Flasche und sehe die Silhouetten unserer Gesichter – meines, das meiner Mutter, Chloes und das meines Vaters –, die von dort, wo eigentlich der Whiskey sein müsste, WENN IHN NICHT JEMAND SCHON KOMPLETT AUSGETRUNKEN HÄTTE, in die Welt blicken. Als ich fertig bin, halte ich das Bild hoch und betrachte es. Auf den ersten Blick könnte man es für einen Kricketschläger halten, aber mit ein bisschen Fantasie und wenn man die Augen zusammenkneift, könnte es eine Boa constrictor sein, die einen Elefanten verschluckt hat – oder ein Hut – oder sogar ein Sattelschlepper, der eine Familie verschluckt hat, nachdem er in einen schwarzen Land Rover Baujahr 2018 gekracht ist. Ich fotografiere meine Zeichnung und schicke sie Peter Pan, und damit es keine Verwirrung gibt, schreibe ich: Du denkst vielleicht, das ist nur ein Hut oder vielleicht eine Boa constrictor, die einen Elefanten verschluckt hat, aber tatsächlich ist es das Bild der Jack-Daniel's-Flasche, die meine ganze Familie verschluckt hat.

Peter Pan antwortet fast sofort und schreibt, die Zeichnung sehe überhaupt nicht aus wie ein Hut oder eine Boa constrictor, die einen Elefanten verschluckt hat. Sie erkenne ganz deutlich, dass das die Whiskeyflasche ist, die meine Familie verschluckt hat.

Ich fühle mich gleich etwas besser, aber ich weiß nicht genau, warum.

Vielleicht, weil es zusammenfasst, was geschehen ist und vielleicht, weil es meine Art ist, Peter Pan mitzuteilen, dass ich das Buch gelesen habe, das sie mir gegeben hat, und ihr zu sagen: *Danke, es hat vielleicht ein bisschen geholfen, nur damit du es weißt, du hast mich darum gebeten, also versuche ich es.*

Ich blicke von meinem Handy auf. Die Empfangsdame tut immer noch so, als wäre ich nicht verrückt. Sie lächelt einfach weiter und versucht alles im Raum, das sauer ist, in etwas Süßes zu verwandeln, selbst wenn das saure Ding ich bin, der gerade einen Zusammenbruch erleidet. Sie fragt nicht einmal, ob sie sehen kann, was ich gezeichnet habe – vielleicht hält sie mich für einen Ingenieur oder Architekten, der gerade eine brillante Designidee hatte, die er skizziert und an einen Kollegen geschickt hat. Ich meine, sie kann unmöglich denken, dass ich eine Whiskeyflasche gezeichnet habe, die eine Familie verschluckt hat, denn sie kann unmöglich wissen, dass die Frage, ob jemand das Jack-Daniel's-Spezialpaket möchte, eine solche Wirkung haben könnte.

Also erwähne ich das Jack-Daniel's-Spezialpaket nicht, auch wenn ich Miss-Südstaaten-Sonnenschein-wir-bestreuen-alles-Saure-mit-Zucker gerne mitteilen würde, dass ICH DAS JACK-DANIEL'S-SPEZIALPAKET BEREITS BEKOMMEN HABE, und äußere mich auch nicht negativ über die Stockenten, weil ich weiß, dass sie Chloe sehr gefallen würden. Ich halte einfach den Mund, obwohl ich nicht glauben kann, dass irgendwas davon passiert, wo es doch so schreckliche Dinge in der Welt gibt wie SATTELSCHLEPPER MIT BETRUNKENEN FAHRERN AM LENKRAD UND ACHTJÄHRIGE UND VÄTER MIT KREBS UND JUGENDLICHE WIE MICH, DIE IHRE MÜTTER NICHT RETTEN KÖNNEN. Ich stecke die Zeichnung einfach in meine Tasche und schiebe mich durch die Menge zu Will und Sloane, die sich Kekse in den Mund stopfen, und Henry, der mit Evelyn auf dem Schoß Tee trinkt. Sie sehen mich merkwürdig an, als könnte ich jeden Augenblick sterben, und dann reden sie über die Entenparade, um das Thema zu wechseln, weil sie einfach nur versuchen, sich normal zu benehmen. Sloane berichtet, dass die Entenparade zweimal am Tag in der Grand Lobby stattfindet, und Will fragt: »Warum?«, und sie antwortet: »Einfach so, vermutlich.« Aber mir bestätigt das, dass die Enten real waren und alles tatsächlich so passiert ist und nicht daran lag, dass ich einen Schlaganfall oder ein Aneurysma im Gehirn hatte.

Sloane liest die Information über die Peabody-Enten auf ihrem Handy laut allen vor, die sie hören wollen – aber außer vielleicht Evelyn interessiert sich niemand dafür, dass die Enten, wenn sie freihaben, in einem KÖNIGLICHEN ENTENPALAST aus Marmor und Glas auf dem Dach leben. Dann machen wir uns auf den Weg nach oben zu unseren Zimmern, und auf dem Weg zum Aufzug verlieren wir beinahe Henry, der stehen geblieben ist, um mit ein paar alten Leuten zu plaudern, die Tee trinken. Ich gehe zurück, um ihn zu holen, weil ich fürchte, er könnte ihnen erzählen, wer in der Schachtel ist oder dass ich der Typ bin, der seine Mutter nicht davor bewahren konnte, bei einem schrecklichen Autounfall zu verbrennen.

Im Aufzug diskutieren die drei darüber, ob es besser wäre, wenn ich und Will und Henry und Evelyn sich ein Zimmer teilen und Sloane ihr eigenes Zimmer hat oder ob lieber Henry und Evelyn ihr eigenes Zimmer haben sollten und ich und Will uns ein Zimmer mit Sloane teilen. Sloane beendet die Diskussion, indem sie Henry die Schachtel abnimmt und sagt, dass sie und Evelyn sich ein Zimmer teilen sollten, weil sie sich besser kennenlernen müssten. Das ist ein gewichtiges Argument, gegen das man kaum etwas vorbringen, geschweige denn es widerlegen kann. Außerdem macht es Henry wirklich glücklich, deshalb widerspricht niemand. Dann lächelt Sloane mich an, und ich weiß nicht, was es bedeutet, aber ich vermute, dass ich jetzt wohl das Bett entweder mit Henry oder mir Will teilen muss, aber das spielt eigentlich keine Rolle, weil ich MEINE MOM

ZUM EINKAUFSZENTRUM GESCHICKT HABE, DAMIT SIE MIR FUSSBALLSCHUHE KAUFT, UND DANN HABE ICH SIE NICHT EINMAL GERETTET, ALS WIR EINEN UNFALL HATTEN. Ich meine, es spricht eigentlich nichts dafür, ein Zimmer und ein Bett mit Henry und Will zu teilen, sondern im Grunde spricht alles dagegen, wohingegen alles dafür und nichts dagegen spräche, ein Zimmer mit Sloane zu teilen, aber offenbar teilt sie sich das Zimmer lieber mit einer Toten als mit mir, und da ich über mich weiß, was ich weiß, kann ich ihr das nicht verübeln. Trotzdem versuche ich, dem nicht zu viel Bedeutung beizumessen, obwohl ich versucht bin, sie daran zu erinnern, dass ich wegtreiben könnte, wenn sie meine Hand zu lange loslässt, vor allem jetzt, wenn die Strömung mich so heftig in eine gefährliche Richtung zieht.

48

Bevor wir in unsere Zimmer gehen, zieht Sloane mich im Flur beiseite und fragt: »Alles okay, Asher?«

»Ja«, lüge ich.

Dann stellt sie Evelyn auf dem Boden ab, nimmt meine Hand und streicht langsam außen an meinen Fingern entlang, während sie ein- und ausatmet, und ich hindere sie nicht daran, aber als sie fertig ist, ziehe ich meine Hand weg, und wir schauen beide auf unsere Füße hinunter.

»Ich mach mir Sorgen um dich«, flüstert sie. Und dann: »Es ist nicht deine Schuld.«

Ich erwidere nichts, und ich streiche auch nicht an ihren Fingern entlang. Ich stehe einfach da. Und dann fragt sie: »Wer ist dieses Mädchen, mit dem du zum Prom-Ball gehst? Und warum hasst du sie so sehr? Diesmal aber die wahre Geschichte.«

Ich antworte nicht, denn eigentlich ist das alles ein ganz kompliziertes Durcheinander, das noch komplizierter wurde, weil ich jetzt weiß, dass ich bei meiner Mom im Auto war, als sie starb, weil ich jetzt weiß, dass ich niemanden retten kann, der gleich verbrennen wird. Nicht meine Mutter, nicht Sloane, nicht mich selbst, niemandem. Außerdem ist Sloane verletzt – Händchenhalten auf dem Rücksitz, der Kuss, und dann findet sie heraus, dass ich MIT EINEM AN-

DEREN MÄDCHEN ZUM PROM-BALL GEHE. Deshalb sage ich nur: »Ich muss duschen«, und verschwinde in mein Zimmer.

Als ich aus der Dusche komme, schläft Henry auf dem einen Bett, und ich setze mich in meinen alten, schmutzigen Klamotten auf das andere. Die frischen Sachen sind in meinem Rucksack, den ich im Auto vergessen habe. Ich schaue mir auf meinem Handy die Szene aus dem Quentin-Tarantino-Film *Inglourious Basterds* an, in der der sogenannte Bärenjude mit einem Baseballschläger, in den die Namen von Juden eingeritzt sind, die von den Nazis verfolgt werden, aus dem Tunnel kommt und dann einen Nazi-Soldaten mit dem Baseballschläger totschlägt. Er zertrümmert den Schädel des nationalsozialistischen Soldaten und alle Knochen in seinem Gesicht, er tötet ihn auf die brutalste und verstörendste Weise, die man sich vorstellen kann, um all die Juden zu rächen, die von den anderen Nazis umgebracht wurden.

Will kommt mit einem um die Hüfte gebundenen Handtuch aus dem Bad und schaut mir über die Schulter. Er sieht beunruhigt aus, als er mich fragt: »Was schaust du dir da an?«

Ich antworte nicht »einen Quentin-Tarantino-Film« oder »*Inglourious Basterds*« oder »einen psychopathischen Killer«. Sondern ich sage: »Schlagübungen«, und klicke mich aus dem Video hinaus. Er starrt mich an, als wollte er mehr, also stehe ich einfach auf und sage: »Ich geh spazieren«, und verlasse das Hotelzimmer.

Er ruft im Flur hinter mir her: »Asher, ist alles in Ordnung?« Und: »Soll ich mitkommen?« Und schließlich:

»Warte! Sloane hat mir erzählt, dass du heute zu einem Prom-Ball musst!« Aber ich gehe einfach, ohne zu antworten, weiter zum Aufzug und denke darüber nach, wie durcheinander ich bin, wie sehr ich jemandem die Schuld geben und dafür bezahlen lassen möchte, was mit meiner Familie passiert ist, und was für ein verdammter Scheiß es ist, dass ich nicht sicher bin, ob diese Person Jack Daniels sein sollte oder ich oder der Typ, der meine Fußballschuhe geklaut hat, oder Nike oder Mia Hamm oder der Gouverneur von New Jersey oder wir alle, der ganze verdammte Haufen von uns.

Ich gehe durch den Vordereingang, bleibe stehen, um Grace eine Zeile aus einem Ed-Sheeran-Song zu schicken – irgendwas über die Sünden des Vaters, die die Seele beschweren – und ihr zu sagen, dass ich spät dran bin, aber bald da sein werde, und dann stürme ich einmal um den Block, bevor ich die Parkgarage ansteuere, wo ich den Brief meiner Mutter aus dem Rucksack hole, den ich im Kofferraum vom Jeep meines Vaters vergessen habe. Ich hole den Umschlag mit dem gebrochenen blauen Herzen heraus und starre auf das eine taubenblaue Blatt Papier mit dem kunstvoll geschwungenen A und dem dynamisch gekringelten r und lese noch einmal die zweite Zeile.

Die Zeile, die nach *Lieber Asher* kommt.

Die Zeile, in der steht: *Heute ist der wichtigste Tag in deinem Leben und in meinem.*

Dann mache ich, was die Seelenklempner einen *echten Fortschritt* nennen würden, und lese die nächste Zeile:

Ich kenne dich noch gar nicht, Asher. Aber ich weiß, dass du perfekt bist.

Das bringt mich zum Weinen. Dass meine Mutter auch nur eine Minute lang denken konnte, dass ich perfekt bin.

Aber dann kapiere ich, dass sie das nur denken konnte, weil sie nicht wusste, dass ich eines Tages meine Fußballschuhe verlieren und sie sterben würde, als sie mir neue kaufen wollte. Und sie konnte nur sagen, dass ich perfekt bin, weil sie nicht wusste, dass ich dreizehn Monate, fünf Tage und eine ganze Menge Stunden und Minuten und Sekunden, nachdem sie gestorben ist, weil sie mir diese neuen Fußballschuhe kaufen wollte, unter dem Vorwand nach Memphis fahren würde, einen todunglücklichen alten Typen, der seine tote Frau in einer Schachtel herumträgt, an einen Ort zu bringen, zu dem er es nie geschafft hatte. Um dann die Reise als eine riesige Entschuldigung dafür zu nehmen, Jack Daniels vielleicht zu töten oder vielleicht auch nicht und so meinem Vater, meiner Schwester und Sloane und Grace, zwei Mädchen, drei, wenn ich Chloe mitzähle, die mir nie etwas getan haben, das Herz zu brechen.

Ich meine, als meine Mutter diesen Satz schrieb, dass ich perfekt bin, war erst Tag eins eines komplett neuen Lebens. Sie wusste also noch *überhaupt nichts* über mich. Und ich hatte auch noch nichts Falsches getan. Es war also nicht ihr Fehler, dass sie, was mich betrifft, so danebenlag.

Ich meine, als sie es schrieb, wusste sie nicht, wie die Asher-Show enden würde.

49

Eine halbe Stunde später parken ich und Will und Henry vor der Culvert Street Nummer 114. Henry schläft auf dem Beifahrersitz, und Will und ich stehen neben dem Auto. Will auf der Fahrerseite und ich gegenüber auf der Beifahrerseite. Wir beide haben unsere Türen geöffnet, damit Henry nicht erstickt, und wir sehen uns über das Autodach hinweg an, als Will sagt: »Sloane wird echt angepisst sein, wenn sie merkt, dass wir los sind, während sie unter der Dusche stand, und auch noch Henry mitgenommen haben.«

Sloane ist im *Peabody* und versucht wahrscheinlich einen Plan auszutüfteln, wie sie in der Parkgarage eine Harley klauen könnte, deshalb antworte ich: »Ich musste sie davon abhalten, ein Motorrad zu klauen«, und Will deutet ein Nicken an, als wollte er sagen: *Viel Glück damit.* Ich will gerade hinzufügen: *Ich bin nicht ganz sicher, ob Henry dabei eine große Hilfe wäre,* aber Will schaut hinauf zu dem Haus, vor dem wir parken, und fragt: »Willst du wirklich mit diesem Mädchen zum Prom-Ball gehen?«

Ich verstehe ihn. Ich meine, nach allem, was heute passiert ist, außerdem habe ich alles dauernd verzögert, und jetzt bin ich ein paar Stunden zu spät dran und noch nicht umgezogen und scheine mich nicht einmal sonderlich zu beeilen. Ich schaue hinauf zur Tür des Hauses, dann zurück zu Will und dann auf meine Füße.

Er fragt: »Wann schlagen wir endlich Flugbälle, Asher?«, und ich schaue auf. Er hat einen strengen Mach-keinen-Scheiß-Ausdruck auf dem Gesicht, als wäre er Wladimir Putin oder vielleicht Anderson Cooper in *Anderson Cooper 360*, und jetzt ist mir klar, warum er mich unbedingt begleiten wollte. *Er weiß etwas.*

Ich werfe einen raschen Blick die Straße hinunter und versuche abzuschätzen, wie viel Will weiß, und dann sagt er, einfach so: »Ich will nicht, dass du das tust.«

Während ich noch überlege, was er damit meint und was er tatsächlich weiß, fügt er hinzu: »Ich weiß, dass dies nicht der einfachste Tag für dich war, aber ich werde dich trotzdem bitten, etwas für mich zu tun, das hoffentlich alles besser macht.«

Ich sehe ihn mit weit aufgerissenen Fragezeichen-Augen wie ein Clown an, und er sagt: »Lass die Waffe, nimm die Cannoli.«

Ich starre ihn einfach an, blinzle und denke, dass mich das an die Enten in der Hotellobby und die Trompete und das Jack-Daniel's-Spezialangebot erinnert und dass ich schon wieder den Verstand verliere und mich frage, warum die Leute dauernd Dinge sagen und tun, die überhaupt keinen Sinn ergeben. Schließlich frage ich ihn: »Was zum Teufel soll das heißen?«

Will starrt mich ebenfalls an, und sein Gesichtsausdruck sagt: *Zwing mich nicht, alles zu erklären*, und weil der Tag wahrscheinlich für uns beide hart war, sollte ich vielleicht ein bisschen nachsichtig mit ihm sein und sage deshalb nur:

»Wer hat das gesagt? Kierkegaard?« Als er lacht, geht es mir schon ein bisschen besser, und das ist gut, denn mit mehr Stress, als ich ohnehin schon habe, kann ich nicht umgehen, und dann sagt Will: »Mann, nein. Ich glaube nicht, dass es in Dänemark damals Cannoli gab.«

»Wer dann?«, frage ich.

»Ein Mafioso in *Der Pate*, ich weiß aber nicht mehr genau, welcher.«

»Du weißt nicht mehr, welcher Mafioso, oder du weißt nicht mehr, welcher *Pate*?«

Will lächelt gequält, das heißt, sein linker Mundwinkel verzieht sich ein bisschen nach oben. »Spielt das eine Rolle?«

Ich zucke die Achseln, während ich ihn weiter beobachte. Er ist angespannt, und ich sehe, dass *er etwas weiß. Ich habe ihm nichts erzählt, aber irgendwie weiß er es.* Vielleicht nicht *genau* und nicht *jede Einzelheit*, aber er weiß, dass irgendwas faul ist, und zwar sehr faul, als ob er irgendwie spürt, dass sich ein Sturm zusammenbraut. Ich schau mich um, und obwohl das Wetter bisher absolut perfekt war, fühlt es sich an, als hätte der Wind gerade ein bisschen aufgefrischt und als wolle der Himmel gleich seine Schleusen öffnen und Donnerschläge und Sturzbäche von Regen auf uns herabschleudern. Die beiden Autotüren stehen immer noch offen, und meine Hände liegen auf dem Autodach, als ich auf- und von ihm wegschaue, weil ich auf keinen Fall sein Gesicht sehen will oder mich verteidigen oder rechtfertigen, was ich vorhabe, oder davon abgehalten werden oder beurteilt werden oder überhaupt über irgendwas reden. Ich weiß, dass ich in die Gänge kommen muss, den Abzug betätigen und das hier *hinter mich bringen*. Ich kann nicht ergründen, ob mein Wunsch, Jack Daniels umzubringen, durch die Erkenntnis, dass ich im Auto saß, größer oder kleiner geworden ist, denn es ist dadurch eher schwieriger geworden, die Fäden der Schuld zu entwirren. Ich habe sogar gedacht, dass es vielleicht ganz seine Schuld ist, dass es vielleicht so ist, wie mein Dad sagt und ich gar nicht verantwortlich bin, aber vielleicht liegt die Schuld auch zum Teil bei mir *und* bei ihm. Ich habe immer ihn und mich verantwortlich gemacht und den Typen, der Teer erfunden hat, und Mia Hamm, weil sie mich für Fußball begeistert hat, und ganz bestimmt den Typen, der meine Fußballschuhe geklaut hat, und Nike, weil es sie lindgrün produziert hat, und den Gouverneur von New Jersey, weil er den Leuten erlaubt zu fahren, und eine ganze Reihe anderer Menschen, aber ich kann diese Gedanken im Augenblick nicht sortieren, weil sie wie ein Sack voller Giftschlangen sind, die sich in meinem Kopf eingenistet haben.

Ich schaue zu Jack Daniels' Haus hinauf und denke, *Mist, es ist spät*. Viel zu spät, um deine Partnerin zum Prom-Ball abzuholen. Den wichtigsten Teil wie das Foto-Shooting und all die Vorab-Feierlichkeiten und den großartigen Einzug und den ganzen *Du siehst fantastisch aus*-Scheiß haben wir schon verpasst. Eigentlich hätte ich Grace vor fast drei Stunden abholen sollen, und im Hotel hatte Sloane mir gesagt, eine solche Verspätung sei grausam und passiv-aggressiv, obwohl ich erklärte, dass ich Grace drei Mal geschrieben hatte, um die Abholzeit zu aktualisieren. Dann sagte ich: »Wenn du genauer darüber nachdenkst, ist es eigentlich grausam und aggressiv-aggressiv.« Darauf machte Sloane ein sehr besorgtes Gesicht: WAS LÄUFT HIER EIGENTLICH?

Ich werfe noch mal einen kurzen Blick zu Will hinüber. Er zieht die Schultern hoch und sagt: »*Was willst du? Das ist ein außergewöhnlich guter Rat.*«

Ich habe fast vergessen, worüber wir gesprochen hatten, aber dann sage ich: »Du meinst, ›Lass die Waffe, nimm die Cannoli‹ wäre ein außergewöhnlich guter Rat?«

»Ja, das meine ich«, sagt er.

Ich beuge mich hinunter, beschirme meine Augen mit den Händen und tue so, als würde ich in das Auto hineinspähen: »Haben wir Cannoli dabei?«, frage ich. »Also, ich schau nach, aber ich sehe keine Cannoli, Will.«

»Es ist eine Metapher, Asher.«

»Wofür?«

»Meine Güte, eine Metapher ist …«

»Ich weiß, was eine Metapher ist! Ich meinte, was bedeutet *Lass die Waffe, nimm die Cannoli.* in unserer Sprache.«

»Es bedeutet, wenn du etwas tun willst, das du für sehr wichtig hältst, ist es tatsächlich *wichtiger*, dich daran zu erinnern, was *wirklich* wichtig ist.«

Ich denke darüber nach. »Du sagst also, dass in diesem Fall die nicht existenten metaphorischen Cannoli wichtig sind und nicht die nicht existenten Waffen.«

Er nickt. »Ja, aber mit *Waffen* meine ich den sehr echten, nicht metaphorischen *Baseballschläger* im Kofferraum. Metaphorisch gesprochen.«

Die Haare in meinem Nacken stellen sich auf. *Er weiß …*

»Und mit *Cannoli* meinst du …«

»Was immer, Asher. Welchen Scheiß auch immer. Nimm *alles* zu diesem Haus mit, nur nicht den Baseballschläger. Scheiß drauf. Nimm Henry mit. Das wird ein Brüller.«

Mein Herz schlägt schneller, aber dann frage ich ihn direkt: »Dann weißt du ... *was*, genau?«

»So ziemlich alles«, antwortet er.

»Dann weißt du, wo wir sind?«

»Culvert Street Nr. 114 in Memphis.«

»Und du weißt, wessen Haus das ist?«

Er nickt.

Wir schauen beide eine Weile zu dem Haus hinauf, dann trete ich ein paar Schritte vom Auto weg, und da sehe ich es: *Der große Sattelschlepper parkt hinter dem Haus.* Kein Anhänger, nur das Führerhaus. Und dahinter eine Garage mit offenem Tor, aus dem Gerümpel quillt – ein Traktor, ein Kinderfahrrad, Gartenmöbel, ein Quad und ein altes, offensichtlich kaputtes Motorrad ohne Reifen. Mein Blick wandert zurück zu dem Lkw, zu dem schimmernden Stahl. Zu den monströsen Zähnen des glänzenden Kühlergrills.

Ich wende mich wieder an Will. »Du weißt, dass ich nicht nur hier bin, um ein Mädchen auf den Prom-Ball zu begleiten?«

Er nickt wieder.

Und dann spuckt mein Mund wieder Wörter aus, die ich niemals sagen sollte. »Und du willst nicht, dass ich ihn umbringe? Du willst nicht, dass ich Jack Daniels umbringe?«

Will sieht mich mit offenem Mund an. Ich senke den Blick zu meinen Füßen und dann zurück zu dem Sattelschlepper mit dem glänzenden Kühlergrill, der hinter dem Haus versteckt ist.

Ich schaue direkt auf den großen Sattelschlepper, der meine Mutter getötet hat.

50

Als ich den Kopf wieder zurück zu Will drehe, sehe ich, dass er einen gequälten, schmerzerfüllten Ausdruck auf dem Gesicht hat wie der Nazi, als er den Bärenjuden mit dem Baseballschläger auf sich zukommen sieht – oder sogar noch schlimmer. Der Nazi wirkt zuerst total arrogant, aber Will sieht aus, als hätte ich gerade *ihn* mit dem Baseballschläger geschlagen. Aber dann atmet er langsam aus und schaut hinauf in den Himmel. »Verdammt, Asher, ich wusste nicht, dass du ihn Jack Daniels nennst, und wäre nie auf die Idee gekommen, dass du ihn tatsächlich *umbringen* willst. Ich dachte, du wolltest ihm vielleicht *Angst einjagen* oder ihm ein bisschen *wehtun*. Aber ich dachte nicht, dass du es wirklich *ernst* meinst.«

»Nicht einmal, nachdem du gehört hast, was mein Dad mir heute gesagt hat? Nicht einmal, nachdem du gesehen hast, was für ein Video ich mir angeschaut habe? Das hast du wirklich gedacht? Dass ich den ganzen Weg auf mich genommen habe, um ihm *Angst* einzujagen?«

»Ja, Asher, nicht einmal dann.«

Ich ziehe die Augenbrauen hoch und wende mich ab.

»Du weißt schon«, sagt Will, »dass ich auf keinen Fall zulassen kann, dass du das machst. Ich kann es einfach nicht.«

Er redet weiter, aber ich höre nicht mehr zu. Ich starre einfach zu Boden. In Wahrheit war ich mir auch nicht hundertprozentig sicher, dass ich Jack Daniels wirklich töten würde. Sogar bevor ich mich daran erinnerte, dass ich im Auto war, und sogar bevor mein Dad mir erzählte, was er mir erzählte. Und jetzt bringt die Tatsache, dass ich im Auto war, alles durcheinander, und das bringt mich dazu, darüber nachzudenken, wie alles miteinander zusammenhängt, und das wiederum bringt mich auf Bagels und Pfannkuchen und Heuschreckenplagen in Lateinamerika und Botenjungen in Bangkok, die in Flammen aufgehen.

Dann erinnere ich mich daran, *dass ich etwas hätte tun können, ich hätte etwas sehen oder etwas sagen können*, ich hätte sie retten können. Vielleicht. Und das bedeutet auch: *Ich habe meine Mom umgebracht*. Ich und JACK DANIELS, wir haben das zusammen gemacht. Je länger ich darüber nachdenke, ist es tatsächlich so: Es war ein Gemeinschaftswerk.

Dad sagt, ich hätte nichts beigetragen, aber ich bin nicht sicher, ob er nicht lügt.

Ich höre meinen Dad. Ich höre Sloane und Will. Sie sagen: Er war betrunken. Er war im Unrecht. Er sollte im Gefängnis sitzen. Du bist ein Opfer. Du hättest auch sterben können. Aber ich denke unwillkürlich, *vielleicht* ...

Vielleicht ...

Vielleicht, wenn ich ...

Ich wende mich wieder Will zu. *Ich kann nicht zugeben, dass ich schwanke*, denke ich. Dass ich nicht einmal jetzt in dieser letzten Minute sicher bin, ob ich wirklich den Tod von Jack Daniels will. Oder ob ich ihn vielleicht nur *sehen* möchte. Ihm direkt in die Augen schauen, ihn *konfrontieren – ihm Angst einjagen*, wie Will sagte. Oder ob ich vielleicht im Begriff bin, einen Fehler zu machen – einen tragischen Fehler. Ob ich vielleicht dabei bin, einen großen Sattelschlepper, angetrieben von Wut und Hass, mit hoher Geschwindigkeit gegen eine Steinmauer zu fahren.

Ich kann das nicht zugeben. Nicht Will gegenüber. Nicht einmal mir selbst gegenüber. Wenigstens nicht jetzt. Und ich kann keinen Rückzieher machen.

Ich habe das Gefühl, in der Falle zu sitzen.

Ich denke an den Brief meiner Mutter. Die zweite Zeile: *Heute ist der wichtigste Tag in deinem Leben und in meinem.*

Ich trete gegen das Auto. Das Scharnier knarrt, und die Tür knallt zu. Henry sitzt auf dem Beifahrersitz. Er zuckt zusammen, als hätte er einen elektrischen Schlag bekommen, aber er wacht dennoch nicht auf.

Da sehe ich auf und frage Will: »Wie hast du es herausbekommen?«

51

»Ein paar Sachen hab ich gegoogelt«, sagt Will.

»Über meine Mom?«

Er nickt.

»Und den Unfall?«, frage ich, und die Wut klettert langsam von meinem Bauch in meinen Kopf.

Will nickt wieder. »Und dann hab ich zwei und zwei zusammengezählt. Der Ausschnitt aus dem Tarantino-Film, den du vorhin angeschaut hast, hat dann irgendwie den Zusammenhang zwischen deiner Wut und dem Baseballschläger hergestellt.«

»Ohne weitere Informationen konntest du unmöglich zu der Schlussfolgerung gelangen, zu der du gelangt bist. Also, was hast du gemacht? Mein Handy durchsucht?«

Er streitet es nicht ab.

»Meine Textnachrichten gelesen?«

Er zuckt die Achseln.

»Die beiden Male, als ich dich erwischt habe?«

Er sieht bedröppelt aus. »Sehr viel öfter.«

»Du hattest kein Recht, das zu tun!«, schreie ich. »Ich dachte, du bist mein Freund, Will.«

»Ich versuche, dein Freund zu sein, Asher.«

Im Haus geht ein Licht an. Ich schaue über die Schulter, drehe mich aber dann wieder zurück zu Will.

»Asher, ich will dir doch nur helfen.«

Ich starre ihn nur an. »Scheiße, Will. Nimm mir das nicht weg. Ich *brauche das*. Ich muss das *in Ordnung bringen*. Besonders *jetzt. Besonders weil ich jetzt weiß, was ich weiß.*«

»Du kannst es nicht in Ordnung bringen, Asher. Nicht hier. Und nicht auf diese Weise. Du kannst es nur noch schlimmer machen.«

Ich möchte ihm nicht zuhören. Ich halte mir die Ohren zu. Ich bin gern *wütend*. Wütend auf *jemand Bestimmten*. *Gezielt wütend*. Wütend auf jemanden, der nicht ich ist. »Du solltest mich in Ruhe lassen. Weggehen. Weg. Genau jetzt. Schnapp dir Henry und Sloane und nimm einen Bus zurück nach Hause.«

»Du willst Rache«, stellt er fest.

»Natürlich will ich Rache!«

»Okay, und wie ist der Plan? Also, du weißt schon, der genaue Plan? Vielleicht kann ich dir helfen.«

»Ich dachte, du sagst, ich soll es nicht tun?«

»Genau.«

»Also wie kannst du mir helfen, wenn ich es nicht mache?«

»Indem ich deine Energie in eine andere Richtung lenke. Den Plan optimiere.«

Ich werfe einen Blick auf den Baseballschläger, der hinter den Vordersitzen auf dem Boden liegt.

Will folgt mit den Augen meinem Blick. »Das ist der Plan? Der Baseballschläger? Echt jetzt?«

Ich zucke die Achseln.

»Ich dachte, da wäre mehr«, sagt er.

Ich sage nichts und sehe ihn auch nicht an.

»Vielleicht«, schlägt er vor, »magst du den Plan noch einmal überdenken.«

Ich schaue wieder zum Haus hinauf. Und dann in Richtung des großen Sattelschleppers, der hinter dem Haus bei der Garage steht. *Der große Sattelschlepper, der meine Mutter getötet hat.* »Jetzt ist vielleicht nicht der richtige Zeitpunkt, um den Plan noch mal zu überdenken«, teile ich ihm mit.

»*Jetzt* ist *genau* der richtige Zeitpunkt.«

Ich suche in seinem Gesicht nach einer Antwort. »Warum? Sag mir *warum*, und ich tue es nicht.«

»Weil Rache ein *sehr* kurzes Vergnügen ist. Rache fühlt sich nur *wenige Sekunden* lang gut an. *Vielleicht*. Sie ist es einfach nicht wert.«

»Sagt wer?«

»Ich.« Er hält inne und fügt dann hinzu: »Und wie ist dein Plan für danach?«

»Danach?«

»*Danach*. Na ja, es dauert *wie lange*? Vielleicht eine Minute, vielleicht fünf Minuten, höchstens, einen betrunkenen alten Typen mit einem Baseballschläger umzubringen? Und dann stehst du da in seinem Haus mit dem Leichnam, der blutverschmiert auf dem Fußboden liegt, und der Rest der Familie kauert hysterisch weinend in der Ecke, schaut dich an und fragt sich, ob du sie auch töten wirst. Vielleicht erschießen sie dich auch. Lkw-Fahrer in den Südstaaten – ich nehme stark an, dass er eine Waffe hat. Jetzt ist er tot, du vielleicht auch, und im Hintergrund heulen die Sirenen, weil in dem ganzen schrecklichen Getümmel bestimmt jemand den Notruf gewählt hat. Vielleicht seine Frau oder die Kinder. Vielleicht ein Nachbar. Vielleicht sogar *ich*, Asher.

Vielleicht habe ich 911 gewählt. Und dann kommt die Polizei, und ich und Henry und Evelyn stehen hier draußen, und Sloane ist im Hotel, noch verstörter als zuvor, weil du ihr kurz zuvor den Kopf verdreht hast, und dein Vater und deine Schwester sind zu Hause und beten zu Gott, dass irgendwie irgendwann alles wieder irgendwie normal wird, und du liegst entweder in einer Blutlache auf dem Boden oder stehst einfach da in dem Haus neben einem toten, betrunkenen Typen und versuchst herauszufinden, warum zum Teufel du dich gerade in ihn verwandelt hast. *Dann hast du eine Erleuchtung.* Durch dein eigenes Tun bist du jetzt ein praktisch identisches Abbild des Monsters, das du so sehr hasst. Und dann fällt es dir wie Schuppen von den Augen. Du erlebst einen dieser *Was zum Teufel ist gerade passiert und was zum Teufel habe ich gerade getan und ich wünschte, ich könnte es rückgängig machen*-Momente, wenn du auf einmal in die Zukunft sehen kannst und die nächsten achtzig Jahre vor dir liegen. Und sie halten nicht viel Gutes für dich bereit. Ja, du siehst Gitterstäbe vor deinem Zellenfenster und vielleicht sogar die Todesstrafe und eine Reise in eine Gaskammer oder die Bekanntschaft mit einer tödlichen Injektion. Und weißt du, wen es am schlimmsten treffen würde? *Chloe und deinen Dad. Und Sloane. Und Henry. Und mich.* Also, ja, da wir alle in einem Boot sitzen, schlage ich vor, dass du deinen Plan überdenkst und berücksichtigst, was du für die Zeit *danach* vorhast.«

»Mensch, Will, frag mich das nicht.«

»Zu spät. Ich habe es gerade getan. Also, was hast du vor, Asher?«

Und in diesem Augenblick fällt alles in sich zusammen.

»*Und?*«, will er wissen.

»Ecuador«, flüstere ich.

»Ich versteh dich nicht«, sagt Will.

»Ecuador«, schreie ich fast. Ich bin wütend auf Will. Er hat meine Mutter gegoogelt, meine Textnachrichten gelesen und nach dem *Danach* gefragt, aber ich bin dabei, mein Leben zu zerstören, und aus irgendeinem kranken *Grund macht es mir Freude,* und *ich stecke darin fest,* aber da ich nicht total blöd bin, ist mir bewusst, dass meine Antwort total lahm klingt.

»Mensch, Asher. Willst du wirklich den Rest deines Lebens tot verbringen? Oder auf der Flucht? Oder wegen einem verdammten *Mord* im Gefängnis? Ich meine, willst du das für deinen Dad und für Chloe? Statt … ach, keine Ahnung?« Und dann schreit er fast: »*Statt so ziemlich alles andere?*«

Will hebt die Hände hoch und wedelt damit herum, als ob all die guten Dinge, die ich im Leben verpassen werde – wenn ich neben Jack Daniels' totem Körper stehe oder anderthalb Meter unter der Erde bin oder in einer Urne oder im Gefängnis auf die Todesstrafe warte oder mich, mit viel Glück, vielleicht in Ecuador verstecke –, dort oben direkt über unseren Köpfen hängen und nur gepflückt werden müssen.

»Statt *was,* Will?« Auch ich wedle mit den Händen. »Statt diesem Leben, das ich geführt habe? *Diesem Schmerz?*«

»Sag zu dir selbst: ›Ich darf traurig sein, wenn traurig sich richtig anfühlt – sogar sehr traurig –, nur nicht so traurig, dass die Trauer mich kaputtmacht. Niemals so traurig, dass die Trauer mich kaputtmacht.‹«

Ich sage nichts, und er ist eine Minute ruhig, aber dann fragt er: »Weißt du, wer das gesagt hat?«.

»Natürlich weiß ich, wer das gesagt hat!«, blaffe ich und denke an Peter Pan in Zimmer 212.

»Wenn du das zulässt, dann hat der Unfall auch dir das Leben genommen, Asher.«

Im Haus gehen ein paar mehr Lichter an, und mein Handy summt.

Ich trete noch einmal gegen das Auto. Henry wacht wieder nicht auf. »Dann bist du also der Meinung, dass ich ihn nicht töten sollte?«, frage ich.

»Ja, genau.«

Wir stehen beide da.

»Also was soll ich tun? Ich *muss* etwas tun. Er hat meine Mom umgebracht, Will!« Ich gehe ein paar Schritte vom Auto weg und schaue wieder zu dem Sattelschlepper, der hinter dem Haus steht. *Der große Sattelschlepper, den ich in meinen Albträumen gesehen habe. Der große Sattelschlepper, der meine Mutter getötet hat und fast auch mich. Der große Sattelschlepper, an den ich mich jetzt erinnern kann.*

Will lehnt sich an das Auto und sagt: »›Ich glaube nicht an gestern.‹ Weißt du, wer das gesagt hat?«

»Nein. Wer?«

»John Lennon.«

»John Lennon. Der Typ, der *Yesterday* geschrieben hat, glaubt nicht an gestern?«

»Die reine Wahrheit. Und es ist ein guter Rat.«

»Was ist ein guter Rat.«

»Na, du weißt schon, *lass es laufen*. Vergiss die Vergangenheit. Lass *gestern* fallen und denke an *morgen*.«

»Das kann ich nicht.«

»Was kannst du nicht?«

»Über all das hinwegkommen. Oder es laufen lassen oder es vergessen. Ich weiß nicht, *wie*.«

Will sieht verärgert aus. Verloren. Angepisst. Mitfühlend. Alles gleichzeitig. »Ich helf dir.«

»Dann hilf mir auch. Sag mir, was ich tun soll.«

»Jetzt?«, fragt er.

»Jetzt wäre gut, Will.«

Er schaut sich um und seufzt dann: »Hast du *Furcht und Zittern* gelesen?«

Ich schaue ihn enttäuscht an und werfe die Hände hoch in die Luft.

»*Furcht und Zittern* von Kierkegaard«, sagt er, »wo er die Geschichte von Abraham erzählt, der auf Befehl Gottes seinen Sohn opfern soll. Und wie Abraham sich auf das Wagnis einlassen muss, Gott zu vertrauen, und wie diese Art von Vertrauen notwendig ist, um das dritte Stadium der Existenz zu erreichen?«

»Mist, *nein*, so weit bin ich nicht gekommen«, sage ich höhnisch.

»Okay, dann erkläre ich es dir«, sagt er. »Wenn Fledermäuse eine Höhle verlassen, biegen sie immer nach links ab.«

»Was??«

»Wenn Fledermäuse aus einer Höhle hinausfliegen, biegen sie immer nach links ab, auch wenn das der falsche Weg ist. Auch wenn es bedeutet, dass sie gegen eine steinerne Mauer prallen und sterben. Es ist eine Art Instinkt.«

»Was zum Teufel willst du mir damit sagen?«

»Ich bitte dich nur, nach rechts abzubiegen«, sagt Will.

»Nach rechts abbiegen? Wie Gott Abraham gebeten hat, es zu tun?«

»Genau.«

»Dann bist du Gott in dieser Geschichte?«

»Nein. Ich bin Will in dieser Geschichte.«

»Sehr witzig.«

»Was ich sagen will, Asher, ist, dass ich dich einfach bitte, ein kierkegaardsches Wagnis einzugehen und das Gegenteil von dem zu tun, was du mit jeder Faser deines Körpers tun möchtest, damit du nicht gegen eine Wand prallst und stirbst.«

»Also einfach den anderen Weg nehmen?«

»Ja. Handle gegen deinen Instinkt. Heute Abend biegst du nach rechts ab. Begleite Grace zu dem blöden Prom-Ball und dann hau ab.«

»Du weißt, wie sie heißt?«

»Ich hab deine Nachrichten gelesen.«

»Dann begleite ich sie also zu dem Prom-Ball, und dann haue ich ab? *Das* soll ich tun?«

»Ja. Sei einfach eine, weißt du ... halbwegs anständige Begleitung, und dann hau ab. Lebe dein Leben. Verwandle deine Wunden in Weisheit.«

»Scheiße, Will! Im Ernst? Ich will einen Typen umbringen, und du kommst mir mit biblischer Philosophie und Kalenderblattsprüchen?«

Er wirft wieder die Hände nach oben, aber diesmal wedelt er nicht mit ihnen herum. Er hält sie einfach hoch, als ob er Atlas wäre und ich die ganze Welt.

»Wer hat das gesagt?«, frage ich, und seine Lippe verzieht

sich wieder zu dem, was bei ihm ein Lächeln ist. Dann schnarcht Henry so laut, dass wir alle drei zusammenfahren und er erschrocken davon aufwacht.

Und da treffe ich die Entscheidung, nach rechts abzubiegen. *Einfach so.* Ob ich Jack Daniels umbringe oder ob ich ihn nicht umbringe, ist meine Entscheidung. Aber bis zu diesem Augenblick hat es sich nie angefühlt, als könne ich hier überhaupt irgendwas entscheiden.

Und dann lache ich. Auf einmal fühlt sich alles lächerlich und ironisch an – mehr wie Tim Burton als wie Quentin Tarantino.

»*Der Pate?*«, frage ich.

»Was?«, fragt Will. Er ist wirklich verwirrt, aber seine Arme hängen endlich wieder an seinem Körper herunter.

»Dieser Ausspruch? Verwandle deine Wunden in Weisheit? Ist er aus *Der Pate?*«

Will lächelt. »Natürlich nicht, Asher. Klingt *Verwandle deine Wunden in Weisheit* wie etwas, das ein Mafia-Killer sagen würde?«

»Dann Kierkegaard?«, tippe ich, als Henry mit dem verwirrten Ausdruck eines alten Menschen, der gleich in Tränen ausbricht, zu mir aufschaut und hervorstößt: »Wo bin ich?«

Ich tätschle Henrys Schulter und sage: »Nirgends.«

Will sieht einfach nur verwirrt aus angesichts dieses ganzen Schlamassels und schüttelt den Kopf.

»Dann John Lennon?«, frage ich, während ich die Hand durch das offene Fenster auf Henrys Schulter lasse, um ihn zu trösten.

Will fängt an zu lachen. »Schlimmer.«

»Was meinst du mit *schlimmer*?«

»Du willst es nicht wissen, *schlimmer*.«

»Lass es raus.«

»Oprah. Es war die verdammte Oprah«, sagt Will.

Ich fange an zu lachen.

Henry lacht mit und sagt ein bisschen wehmütig: »Meine Evelyn liebt Oprah.«

Jetzt laufen mir Tränen übers Gesicht, und keine einzige versucht sich festzuklammern. Ich lache so sehr, dass mein Rücken anfängt zu krampfen. Ich kann weder gehen noch stehen, sondern falle auf dem Gehweg einfach in mich zusammen. Ich meine, ich stehe hier mit Will und Henry und Evelyn neben dem gestohlenen Auto meines Vaters und versuche zu entscheiden, ob ich Jack Daniels umbringen soll, und Henry versucht herauszufinden, wo zum Teufel er ist, und Will zitiert den *Paten*, John Lennon und Oprah, während Sloane im Hotel den Diebstahl einer Harley plant und wahrscheinlich immer noch versucht, ihre Mutter irgendwie zu beruhigen, der sie eine Lüge über einen Wurf erfundener, zu früh geborener und verwaister Rennmäuse/Hamster aufgetischt hat, um ihr schmackhafter zu machen, dass ihre Tochter mit einem Achtzigjährigen und zwei merkwürdigen Typen aus ihrer Trauergruppe, von denen einer möglicherweise völlig gestört ist und kurz davor steht, ein Kapitalverbrechen zu verüben, nach Graceland abgehauen ist.

»Oprah?«, frage ich.

»Na und, Mann? *Verwandle deine Wunden in Weisheit* ist ein verdammt guter Rat«, verteidigt er sich.

Da hatte er mich. *Er war gut.*

Henry öffnet die Tür und steigt, Evelyn in ihrer Schachtel zärtlich an sich drückend, aus dem Auto. »Meine Liebste braucht ein bisschen Luft«, und dann trägt er sie ein paar Schritte von uns weg. Will und ich beobachten ihn, und ich könnte schwören, dass er Walzer tanzt oder Foxtrott oder Box oder sonst irgendwas. *Eins-zwei-drei, eins-zwei-drei.* Und dann tanzt er ganz langsam und singt dazu den Elvis-Song *Are You Lonesome Tonight?*

Evelyn fest an sich gedrückt, dreht sich Henry gegen den Uhrzeigersinn immer weiter, bis er fast vor der Eingangstür zu Jack Daniels' Haus steht. Er bleibt in kurzer Entfernung zur Haustür neben ein paar pinkfarbenen Flamingos auf dem Rasen stehen, wo es ganz dunkel und schattig ist. Wir blicken beide zu Henry hin, als Will fragt: »Findest du das traurig oder irgendwie nett?«

Ich sehe weiterhin zu, wie Henry Evelyn liebevoll festhält. Nicht wie eine Last, mit der er zu kämpfen hat, wie eine volle Einkaufstasche oder eine Kiste, die er auf den Dachboden bringt, sondern eher wie etwas ganz Kostbares.

»Irgendwie nett«, sage ich. »Definitiv irgendwie nett.«

»Denkst du, wir sollten es ihm sagen?«

Ich mustere Will kurz. »Was genau sagen?«

»Du weißt schon, dass Evelyn …« Will schaut mich an, und seine Augenbrauen sind einen halben Kilometer über seine Augen hochgezogen. Er will es nicht aussprechen – niemand von uns will es aussprechen –, also frage ich ihn: »Was hatte sie gestern Abend zum Abendessen?«

Er sieht erstaunt aus. »Wer?«

»Evelyn.«

»Den Caesar-Salat mit Hühnchen, wie immer.«

»Da hast du's.«

»Da hab ich *was*?«

»Da hast du's, wenn sie den Caesar-Salat mit Hühnchen gegessen hat, dann ist sie nicht, du weißt schon …« Ich ziehe meine Augenbrauen ebenfalls hoch, allerdings nicht annähernd so hoch, wie Will es schafft.

Der sieht bestürzt aus. »Asher … du glaubst doch nicht etwa wirklich an diese ganze *Evelyn-Geschichte*? Oder?«

Ich schaue Henry noch eine Weile zu, wie er mit ihr zurück zum Auto tanzt, und sage dann: »Doch, verdammt, das tue ich.«

»Weißt du«, sagt Will, während Henry Evelyn etwas zuflüstert, »wenn das so ist, dann sollten wir ihm eine neue Schachtel besorgen.«

»Ist das eine Metapher?«, frage ich.

»Nein, Mann. Ich meine es ernst. Ich fürchte, dass der Pappkarton reißt und Evelyn … herausrieselt.«

Nicht zu fassen, welche Richtung das Gespräch genommen hat. Nicht zu fassen, wie vollkommen anders ich mich jetzt fühle als vor wenigen Minuten. Und das macht mir Angst. Ich meine, es ist wie diese Sache, von der ich vorhin gesprochen habe, wie alles zusammenhängt und wie die Tatsache, dass du den Bagel statt der Pfannkuchen bekommst, eine abwegige, scheinbar damit nicht in Zusammenhang stehende Katastrophe verursachen kann, wie die globale Klimaerwärmung oder eine Heuschreckenplage in Lateinamerika oder dass ein Botenjunge in Bangkok in Flammen aufgeht. Und das macht es unmöglich, zu funktionieren oder auch nur die einfachste Entscheidung zu treffen.

»Will«, sage ich, »du solltest bei einem Sondereinsatzkommando oder als Unterhändler anheuern. Auf Menschen einreden, damit sie vom Fenstersims runterkommen. Ihnen das Licht zeigen. Ihnen die Waffen wegnehmen und ihre schlechten Absichten einfach beiseitewischen. Ihnen kitschige Weisheiten toter Philosophen an die Hand geben. Und all so einen Scheiß.« Ich stoße mit dem Fuß gegen den Bordstein und sehe zu, wie Henry einen Haken schlägt und weiter von uns wegwirbelt, während er sich Walzer tanzend wieder auf Grace' Haustür zubewegt. Ich bin so verwirrt und überwältigt, aber es ist mir *leichter* ums Herz.

»Nur damit das klar ist, Oprah ist nicht tot, Mann«, sagt Will.

»Stimmt«, gebe ich zu.

Wir stehen eine Weile da, sehen Henry zu und schauen in den immer dunkler werdenden Himmel hinauf. Ich bin nicht sicher, ob ich Danke sage oder ob ich es nur *denke*, aber irgendwie entscheide ich in diesem Moment, dass ich Jack Daniels *definitiv* nicht umbringe, und das Danke ist schon fast auf dem Weg zu Will.

Und da sagt er: »Leg es in den Safe.«

»Was soll ich in den Safe legen?«

»Das ›Danke‹, das du gerade sagen wolltest. Pack es weg für später.«

»Was meinst du damit?«

»Du wolltest mir gerade dafür danken, dass ich dir den Arsch gerettet habe, und ich sage, dass du den Dank in einen metaphorischen Safe stecken sollst, weil ich ihn vielleicht irgendwann zurückgezahlt haben möchte.«

»Zurückgezahlt?«

»Weil ich dich davor bewahrt habe, dich selbst zu zerstören.«

»Und wie sollte ich das machen?«

»Indem du mich vor etwas bewahrst.«

»Okay«, willige ich ein und wische ein paar Überraschungstränen weg. »Ich leg den unausgesprochenen Dank in den Safe, lass die Waffe im Auto und nehm die Cannoli. Aber nur, dass das klar ist: All die guten Dinge im Leben, nach denen ich, wie du sagtest, greifen soll, hängen nicht gerade niedrig.«

Will sieht ernster aus, als ich ihn je gesehen habe, als er sagt: »Das hat auch niemand behauptet. Du musst dich eben einfach ein bisschen mehr strecken, Asher.«

52

Direkt hier am Straßenrand vor dem Haus des Mannes, der meine Mutter getötet hat, streife ich rasch meine Klamotten ab und schlüpfe in den Smoking. Mit einem Ruck reiße ich die Hose hoch und knöpfe das Hemd zu. Dann binde ich die Schnürsenkel meiner Fußballschuhe. Es sind die alten von vor zwei Jahren, die zu klein sind und Löcher an den großen Zehen haben und Kaugummi an den Sohlen, und Stollen, die fast komplett abgelaufen sind.

Ich streiche meine Haare glatt und stopfe das Vorderteil des geliehenen Hemdes in die Hose, lasse aber die Hemdzipfel hinten heraushängen, was ich unter normalen Umständen cool gefunden hätte. Dann werfe ich mir das Jackett über den Arm und denke dabei, es könnte aussehen, als wäre Asher so cool, dass es ihm egal ist, wenn sein Hemd aus der Hose hängt, weil er viel wichtigere Dinge im Kopf hat. Es könnte aber auch einfach aussehen, als wäre er komplett verrückt, und das ergibt Sinn, denn VERRÜCKTE, DIE SO DICHT DAVOR SIND, DEN VATER IHRES DATES UMZUBRINGEN, halten sich nicht damit auf, ihr Hemd in die Hose zu stopfen oder das Jackett ihres Smokings anzuziehen.

»Wie seh ich aus?«, frage ich Will.

»Geht gerade noch so«, antwortet er. »Sie denken bestimmt, dass du betrunken bist.« Dann lächelt er.

Die Ironie dieser Aussage macht mich fertig. Ich meine, *wirklich fertig*. Wenn Jack Daniels denkt, dass ich betrunken bin, wird die Sonne explodieren oder ein Blutgefäß in mir platzen oder so was. Aber ich akzeptiere diese kosmische Ungerechtigkeit.

Ich ziehe den Baseballschläger hinter den Vordersitzen hervor, halte ihn hoch, damit Will ihn sehen kann, nicke mit dem Kopf und lege ihn in den Kofferraum. Will beobachtet mich genau und fragt dann: »Hast du überhaupt einen Baseball mitgebracht?«

»Nein«, antworte ich und füge dann nervös hinzu: »Nur damit du es weißt: Grace denkt, dass ich Sam Hunt heiße.«

Will nickt. »Das hab ich mir zusammengereimt.« Und dann fügt er erklärend hinzu: »Dein Handy. Ich hab's auf deinem Handy gesehen.«

Wir bleiben noch ein bisschen nebeneinander stehen, bevor ich zum Haus hinaufgehe.

»Bist du sicher, dass du okay bist?«, fragt er. »Wir könnten auch einfach abhauen. Von hier verschwinden und sie sitzen lassen. Das wäre fies, aber es wäre nicht das Ende der Welt. Außerdem hat der Ball schon angefangen.«

»Nein«, sage ich mit Blick auf mein Handy. »Er fängt gerade eben an, und ich muss das jetzt tun. Ihn kennenlernen, verstehst du?«

Will nickt. »Was willst du ihr sagen? Verdammt, du bist Stunden zu spät und siehst scheiße aus und bringst verdammt großes Gepäck mit und ...«

»Keine Ahnung«, sage ich und greife nach dem Handgelenksträußchen, das ich im Kofferraum gelassen habe, damit es welkt.

Es ist eine weiße Gardenie inmitten von winzigen gelben Rosen mit Schleierkraut, die mit einem blauen Band zu einem Reif zusammengebunden sind. Und richtig verwelkt.

Will lächelt. »Hat dieser Frack Taschen?«

Ich schlage den Kofferraum zu, schaue dann an mir herab und klopfe meine Hose ab. Will wirft mir eine Tüte M&M's zu. Ich schiebe sie in eine der Taschen und sage: »Dann mal los.« Damit drehe ich mich um und gehe an Henry vorbei, der immer noch unter dem sich verdunkelnden Himmel mit Evelyn auf dem Rasen vor Jack Daniels' Haus tanzt, während ich den Plattenweg hinaufgehe, um an der Haustür der Culvert Street 114 zu klopfen und dem Mann gegenüberzutreten, der meine Mutter getötet hat.

Das Monster, das ich jetzt offenbar definitiv nicht *töten* werde.

53

Auf dem Weg zum Haus summt mein Handy, und ich bleibe stehen, damit ich es aus der Tasche ziehen kann.

Es ist Sloane. Sie schrieb: Die Motorrad-Rallye ist bald vorbei. Wie soll ich ohne Henry ein Motorrad klauen?

Ich antworte: Weißt du, wie viele Menschen jedes Jahr bei Motorradunfällen ums Leben kommen?

5246, schreibt sie.

Und weiter: Sei kein Idiot, ist mir egal, wenn du sie hasst.

Ich stecke das Handy weg und betrete Jack Daniels' Veranda.

Bevor ich klopfen kann, fliegt die Tür auf. Da ich Stunden zu spät bin, haben sie wahrscheinlich durch das Fenster Ausschau nach mir gehalten.

Er ist es. Er steht vor mir.

Flanellhemd.

Grauer, ungepflegter Bart.

Dicker Bauch.

Jack Daniels höchstpersönlich.

Und er ist betrunken.

Keine Ahnung, warum mir diese Möglichkeit nie in den Sinn gekommen war. Auch wenn ich mir oft vorgestellt hatte, wie unsere Begegnung wohl ablaufen würde, war die Möglichkeit, dass er betrunken sein könnte, nie vorgekommen. Ausgleichende Gerechtigkeit am Ende. *Ich bin weiterhin blind und dumm, und er trinkt.*

Er ist nicht ein bisschen beschwipst. Oder hat einen sitzen. Nein, er ist *total dicht*.

Und er stinkt. Wahrscheinlich stinkt das ganze Haus, denn der Geruch nach Alkohol wabert durch die Haustür.

Sein Mund ist aufgerissen. Seine wässrigen Augen sind glasig, als ob der Mensch, zu dem sie gehören, hinter dem Alkohol verloren gegangen wäre. Dann geht ein Grinsen über sein Gesicht. Er stolpert, fällt fast nach hinten um. Ich versuche nicht, ihn aufzufangen, sondern stehe einfach da und warte. Er keucht, atmet schwer, als wäre er ein menschlicher Ofen mit verrußten Kaminen statt Lungen.

Ich stehe einfach da mit meinem gebrochenen Herzen und meinem verkorksten Kopf, das Hemd hängt mir aus der Hose, und ich habe ein Smoking-Jackett über dem Arm und verwelkte Blumen in der Hand. Als ich einen Blick über die Schulter werfe, sehe ich, dass Henry immer noch mit Evelyn über den Rasen tanzt und Will immer noch neben dem Auto meines Vaters steht und sich in seiner Rolle als Chauffeur sehr gut macht.

»Ich möchte Grace abholen«, bringe ich gerade so hervor, aber ich strecke meine Hand nicht aus.

Er mustert mich von oben bis unten. Wischt sich mit der Hand über den Mund. »Was bist du, ein Fußballer?«, fragt er, und es klingt undeutlich und verwaschen. Seine Zunge ist schwer. Er starrt auf meine Füße.

Ich denke: Du erkennst mich nicht wieder vom Tag des Unfalls? Dann denke ich: Für dich bin ich also ein vollkommen Fremder von außerhalb des Bundesstaates, der deine siebzehnjährige Tochter abholt. Ich bin drei Stunden zu spät, kam in Begleitung einiger merkwürdiger Gestalten, sehe im besten Fall fragwürdig aus, und das ist alles, was du zu bieten hast? Ein Kommentar über meine Schuhe? Aber ich spreche nichts davon laut aus. Ich wende nur den Blick ab, schaue zu Boden und wackle mit meinen großen Zehen, die aus den Löchern im Leder herausragen. Ich hatte mir vorgestellt, dass ich voller Wut sein würde, aber das bin ich nicht. Ich bin ruhiger, als ich die ganzen letzten dreizehn Monate, fünf Tage, elf Stunden und – ich werfe einen Blick auf mein Handy – fünfunddreißig Minuten gewesen war.

Da ich nicht antworte, schreit Jack Daniels: »Gracie«, und ich höre Schritte und gedämpfte Stimmen auf der Treppe und dann hinter ihm im Flur.

Jack Daniels bittet mich nicht herein oder sagt irgendetwas, deshalb bleibe ich einfach dort auf der Treppe stehen und denke darüber nach, was Will gesagt hat. Wie kurzlebig das gute Gefühl, Rache genommen zu haben, sein würde, und ich denke über das *Danach* nach – das kurzfristige und das langfristige Danach. Aber überwiegend denke ich über Chloe und meinen Vater nach und all die Dinge, die über meinem Kopf schweben, all die hoch hängenden Früchte, die ich vorher nicht einmal sehen konnte. All die Möglichkeiten für *danach*. Und zum ersten Mal seit Langem erscheinen sie mir nicht unmöglich – oder unerreichbar oder nicht vorhanden. Und sie fühlen sich nicht an wie ein Todesurteil oder Ecuador.

Sondern sie fühlen sich irgendwie merkwürdig gut an. Und möglich.

Aus dem Innern des Hauses dringen noch mehr gedämpfte Stimmen zu mir, aber Grace taucht nicht auf, also lege ich das Handgelenksträußchen auf die Treppe und ziehe die M&M's-Tüte aus der Tasche, die Will mir gegeben hat, und reiße sie auf. Dann halte ich sie Jack Daniels hin.

Er stößt eine Art Grunzen aus und zuckt mit den Achseln, dann streckt er die Hand aus. Sie zittert. Ich schütte ein paar M&M's in seine Handfläche, und er wirft sie sich in den Mund. Ich greife in die Tüte, nehme ein M&M's heraus und esse es langsam, während eine graue Katze zwischen Jack Daniels' Beinen hindurchschleicht und sich dann nach draußen davonmacht. Er hält die Katze nicht auf, scheint sie nicht einmal zu bemerken, sondern starrt mich weiterhin stumpfsinnig an und mustert mich von Kopf bis Fuß. Er schluckt die Schokolinsen hinunter und schaut dann hinüber zu Henry und Evelyn auf dem Rasen und danach zu Will, der neben dem Auto auf dem Gehweg steht.

Ich beschließe, Jack Daniels ein bisschen über mich zu erzählen.

»Ich bin Fußballspieler«, sage ich. »Und eigentlich wollte ich heute Abend neue Fußballschuhe tragen. Die Superflys von Nike lindgrün in Größe 44 $^{1}/_{2}$. Aber nachdem meine Mutter sie für mich gekauft hatte, verbrannte sie in einem schweren Autounfall zwischen den Wegweisern auf der 287 West, wo ein betrunkener Fahrer in sie hineinfuhr, der in seinem Sattelschlepper TK-Shrimps und Jack Daniel's transportierte. Sie ist an diesem Tag verbrannt, und das blieb mir übrig.«

Ich zeige auf meine Füße. Wackle mit den Zehen. Wische eine Träne weg.

Jack Daniels legt den Kopf schief, und ich sehe Betroffenheit und dann Angst in seinen Augen aufflackern.

Ich nehme noch ein M&M's aus der Tüte und esse es. »Ich war an diesem Tag auch in dem Auto. Auf dem Beifahrersitz. Ich habe überlebt. Aber ich vermute, das wissen Sie. Und das« – ich zeige mit dramatischer Geste auf mich selbst – »ist alles, was übrig geblieben ist.«

Ich halte die Arme hoch, damit er mich inspizieren kann. Die zerzausten Haare und das zerzauste Herz, das heraushängende Hemd, die falschen Schuhe, die verwelkten Blumen und die zertrümmerte Seele, alles steht hier vor ihm auf seiner Veranda, damit er es genau betrachten kann. Und dann fährt das Messer scharf und entschieden herab:

»Deshalb musste ich heute diese Fußballschuhe tragen, weil Sie meine Mutter getötet haben vor dreizehn Monaten, fünf Tagen, elf Stunden und – ich schaue noch einmal auf mein Handy – genau vierzig Minuten.«

54

Bevor Jack Daniels antworten oder auch nur verarbeiten kann, was ich gerade gesagt habe, erscheint Grace in ihrem lilafarbenen Ballkleid hinter ihm im Flur.

Sie versucht zu lächeln – um das Saure süß zu machen –, aber sie hat geweint, sodass es ein trauriges, bittersüßes Lächeln ist.

Ich greife nach ihrer Hand. »Sam Hunt, Grace. Schön, dich persönlich kennenzulernen.«

Sie wischt sich eine Träne weg und ist Chloe und meine Mom in einem, und ich merke, dass ich ihr nicht wehtun möchte. *Ich möchte, dass er leidet*, aber ich möchte nicht, dass seine Familie so leidet, wie meine gelitten hat.

Jack Daniels ist in Alarmbereitschaft, er versucht herauszufinden, wie er die Informationen, die ich ihm gerade gegeben habe, verarbeiten und was er mit ihnen anfangen soll, aber sein Hirn funktioniert nicht. Er versteht nicht, was *genau* hier vor sich geht, aber es ist ihm klar, dass es nichts Gutes ist. Aber er kann nicht *denken*. Er blickt zu mir und dann zu Grace und sagt: »Gracie, du darfst nicht mitgehen. Dieser Typ ist nicht, wer er sagt, dass er ist.«

Ich hatte erwartet, dass seine Worte – wenn er überhaupt imstande wäre, sie auszusprechen – als Gebrüll herauskommen würden, als ein aggressives, selbstgerechtes Gebrüll, aber es ist eher ein Winseln. Die Worte sind verwaschen und undeutlich, als wäre seine Zunge zu groß für seinen Mund und seine Lippen taub.

Er taumelt wieder, und es ist klar, dass die Worte, die aus seinem Mund kamen, seiner Tochter das Herz gebrochen haben. Ich kann es sehen. Jede einzelne Silbe hat ihr das Herz gebrochen. Ich will ihn davon abhalten, Herzen zu brechen. Grace sieht ihn voller Schmerz, voller *echtem* Schmerz an. Nicht, weil er meine Mutter getötet hat – das kann sie nicht wissen. Und ich möchte auf keinen Fall, dass sie es weiß. Sie soll nicht noch mehr leiden, als sie ohnehin schon leidet.

Ich sehe ihn an und wünsche, er wüsste, was er getan hat, was er immer noch tut, was er meiner Familie antut und seiner. Und ich wünsche, er könnte aufhören, aber weil er betrunken ist, fällt er fast in den Türrahmen, unfähig, etwas zu tun.

Ich habe so viel Zeit damit verbracht, mir diesen Augenblick auszumalen, darüber nachzudenken, wie ich Grace verletzen kann, um ihn zu verletzen, zu hoffen, dass ich Rache nehmen kann, um meinen Schmerz zu lindern, sie in meinem Kopf dafür zu kritisieren, wie sie aussieht und welche Musik sie mag, und ihr ihre Fröhlichkeit zu nehmen. Und jetzt ist es mir egal, wie sie aussieht oder welche Musik sie hört, *weil ich nicht Haare und Haut oder Fleisch sehe.* Sondern ein *Herz*.

Ihres, nicht meins.

Und ihres ist *gebrochen*.

Vielleicht nicht so sehr oder auf dieselbe Weise wie meines, aber es tut dennoch weh und ist kaum zu ertragen.

Wenn ich sie anschaue, sehe ich geradezu, wie ihr Herz durch ihr Kleid hindurchblutet.

Während ich diesen Augenblick erlebe, diesen Augenblick, von dem ich dachte, dass er sich so gut anfühlen würde, merke ich, dass er sich überhaupt nicht gut anfühlt, weil ich sie verletzt habe, obwohl sie mir nichts getan hat.

Und ich habe sie absichtlich verletzt.

Ich werfe einen Blick zurück zu Will und denke: Ich werde das in Ordnung bringen. Ich kann nicht in Ordnung bringen, was ihr Vater getan hat, aber ich werde in Ordnung bringen, was ich getan habe.

In diesem Augenblick taucht Grace' Mutter lächelnd an der Tür auf: »Hallo«, sagt sie und streckt die Hand aus. »Du bist bestimmt Sam.«

Sie sieht nett aus. Normale-Mutter-nett. Ich bin froh, dass Grace sie hat. Ich habe Grace dafür gehasst, dass sie eine Mutter hat, aber jetzt, wo ich Jack Daniels persönlich kennengelernt habe, bin ich froh darüber.

Er hat keine Ahnung, was hier vor sich geht oder was ich tun werde, aber er denkt, dass Grace mit mir weggeht, und er hat Angst.

Auch wenn ich mich wegen vieler Dinge jetzt schlecht fühle, will ich dennoch, dass er das spürt. Ich will, dass er leidet.

Wenn ich ihn ansehe, merke ich, dass er mir *nichts* bedeutet. *Gar nichts.*

Grace bedeutet er vielleicht *alles*. Aber für mich ist er Vergangenheit. Ich kann nicht zulassen, dass er weiterhin mein Leben ruiniert. Keine einzige Sekunde mehr. In meinem Kopf höre ich Wills Stimme. Und Peter Pans Stimme.

Und sie sagen beide: *Du darfst nicht so traurig sein, dass die Trauer dich kaputtmacht.* Und dann erinnere ich mich an Sloane, die in ihren Motorradstiefeln und der Lederjacke so verletzlich aussieht, wenn sie in der Gruppe sitzt oder an der Straßenecke steht, wo ich sie aufgesammelt habe, oder im Vorraum der Raststätte an der Wand lehnt, und ich ziehe mein Handy heraus und schreibe ihr eine Nachricht: Keine Sorge. Ich werde kein Idiot sein, und ich werde eine Möglichkeit finden, dich zur Beale Street zu bringen.

Dann hebe ich das Sträußchen von der Treppe auf und lege es um Grace' Handgelenk.

»Wie schön«, sagt sie, obwohl es ganz verwelkt ist.

Ich küsse sie auf die Wange und sage dann: »Du siehst perfekt aus.«

Sie dreht sich lächelnd zu ihrer Mom um.

»Ich mach ein Foto«, sage ich, »und schick es meiner Mom.«

Jack Daniels wird ganz blass.

Grace lächelt. Und posiert. Ich mache ein paar Fotos und wünsche, meine Mom könnte sie sehen.

Henry dreht sich im Walzerschritt zur Tür. *Eins-zwei-drei, eins-zwei-drei.*

»Grace«, sage ich, »das ist Henry.«

Seine Arme umschlingen Evelyn, und er sagt: »Ich war zusammen mit Evelyn auf dem Prom-Ball, am 17. Juni 1957.« Er strahlt übers ganze Gesicht.

»Und Henry ist …?«, fragt Grace' Mom verwirrt. Vielleicht auch ein bisschen besorgt, aber überwiegend nur verwirrt.

Ich kann es ihr nicht verübeln. Henry drückt eine Schachtel an sich, sein Hosenladen steht offen, und jetzt bewegt er sich wieder im Walzerschritt über den Rasen. *Eins-zwei-drei.*

»Er ist mein Großvater, und wir gehen morgen mit ihm nach Graceland.«

Grace' Mom bringt ein Nicken zustande.

Wir sind in den Südstaaten, wo sie alles Saure irgendwie süß machen.

Keine Ahnung, ob hier jemand zwei und zwei zusammenzählen kann. Meine zwei und zwei, Henrys zwei und zwei. Oder Jack Daniels' zwei und zwei. Aber wenigstens wird mir jetzt klar, dass auch Grace das nicht verdiente.

Jetzt taucht Connor an der Tür auf und streckt den Kopf zwischen seinen Eltern hindurch. Er ist kleiner, als ich dachte. Kleiner als Chloe. *Ich habe sogar ihn gehasst.*

»Mein Freund Will bringt uns hin«, verkünde ich. »Und da Henrys Frau Evelyn nicht schneller als neununddreißig Meilen pro Stunde fahren mag, müssen Sie sich keine Sorgen machen.«

Grace' Mom schaut sich um, als würde sie nach Evelyn suchen. Dann fragt sie, ob sie ein Foto von mir und Grace machen darf.

Ich nehme Grace' Hand, und wir folgen ihrer Mutter auf die beleuchtete Terrasse neben dem Haus. Und dort sehe ich den großen Sattelschlepper ganz aus der Nähe. Mein Herz schlägt schneller.

Die schiere Größe. Der Kühlergrill aus Stahl …

Grace' Mom fotografiert uns. Jack Daniels wartet an der Eingangstreppe. Nach ein paar Minuten umarmt Grace ihre Mutter, und wir gehen langsam Richtung Auto. Als wir an Jack Daniels vorbeigehen, sehe ich Angst, echte Angst.

55

Auf halbem Weg zur Straße hören wir ein Geräusch. Ich drehe mich zum Haus um.

Auf der Einfahrt ist ein Motorrad aufgetaucht. Es kam von hinten aus der Garage.

Jack Daniels steht immer noch an der Eingangstreppe und lehnt sich an den Türrahmen. Auch er schaut hinüber zu dem Motorrad.

Will ruft mir vom Auto aus zu: »Wo ist Henry?«, und rennt dann über den Rasen zu uns.

Ich suche mit den Augen rasch den Garten ab, sehe ihn aber nicht.

Grace fragt: »Was macht dein Großvater auf der Harley meines Vaters?«

Ich sage: »Ach du liebe Scheiße!«, gefolgt von: »Das ist nicht mein Großvater ...«, was bedeuten soll: *Das ist nicht Henry.* DAS KANN UNMÖGLICH HENRY SEIN.

»Oh, doch, er ist es!«, sagt Will.

Jemand knipst noch mehr Außenlichter an. Ich sehe mich im Garten um und denke: Es muss eine andere Erklärung geben. Es kann unmöglich Henry sein, der da auf dem Motorrad sitzt!

Aber der seine Gehhilfe schiebende, Platterbsen säende, Wale beobachtende, langsam fahrende Henry ist nirgends zu sehen. Es gibt nur einen furchterregend aussehenden Typen mit einem schwarzen Helm auf einem Motorrad. Und nicht auf dem kaputten Motorrad, das auf der Einfahrt lag. *Sondern auf einer krassen kirschroten Harley.*

»Sieht aus wie Tom Cruise auf der Kawasaki Ninja in *Top Gun*«, bemerkt Will.

»Oder Christian Bale auf dem Batpod in *The Dark Knight*«, füge ich hinzu.

Und dann sehe ich die Schachtel, die mit zwei Spanngurten auf dem Sitz befestigt ist.

»Schau mal, was hinter ihm ist auf dem Sitz.«

»Evelyn«, flüstert Will.

»Was geht hier vor?«, sagt Grace.

Aber ich flüstere nur: »Scheiße, Scheiße, Scheiße.«

Dann bringt Henry den Motor auf Touren, und wir hören, wie er aufheult.

Ich schaue wieder zum Haus hinauf. Jack Daniels hat den Blick auf das Motorrad gerichtet und fuchtelt gleichzeitig mit den Händen herum, während er angeregt mit Grace' Mom spricht. Sie hält ihn am Arm fest, um ihn daran zu hindern, irgendwohin zu gehen – oder zu fallen.

»Jemand sollte mir endlich erklären, was hier eigentlich vor sich geht«, verlangt Grace.

Ich drehe mich zu ihr und sage: »Ich bin nicht, wer du denkst, dass ich bin.«

Sie sieht beunruhigt aus. Nicht so, als würde sie gleich eine Waffe ziehen, aber doch so, dass Will sagt: »Vorsicht, Asher.«

Grace schaut von mir zu Will und wieder zurück zu mir: »Du heißt Asher?« Sie wird blass.

»Ich erkläre dir alles.«

Sie weicht einen Schritt zurück. »Du bist nicht Sam Hunt?«

Sie geht noch weiter zurück. *Eins, zwei, drei Schritte.* Dann schaut sie hinüber zum Haus und zurück zu mir.

»Wer bist du?« Aber es klingt eher wie: WER ZUM TEUEL BIST DU?

»Asher Hunting.«

Es dauert ein bisschen, aber dann zeichnet sich Erkenntnis auf ihrem Gesicht ab. »Du bist Asher Hunting?«

Ich mache einen Schritt auf sie zu und frage mich, wie viel sie weiß. Sie weicht wieder zurück. Ihre Mutter ruft: »Grace?« Grace hebt die Hand: *Einen Augenblick, Mom.*

»Ich weiß«, sage ich, »das sieht …«

Sie starrt mich an: »Was machst du …?« Sie hält inne. Setzt neu an. »Dann hast du … *was?*«, fragt sie, während sie wieder zurück zum Haus schaut.

Ihre Eltern stehen immer noch da. Inzwischen streiten sie. Ihr Dad taumelt.

Ich sage: »Ich werde dir nicht wehtun«, was sich irgendwie anfühlt, als würde es alles noch schlimmer machen, denn als Grace sich wieder mir zuwendet, sieht sie noch ängstlicher aus. »Dann hast du … WAS? *Mich gestalkt?*«

Ich bewege mich nicht. Will stößt einen Laut aus, der sich anhört wie ein Wimmern.

»Du hast mich glauben lassen, dass du mich magst? Hast mir Fotos geschickt? Hast mich wie ein verdammter Psychopath fast ein ganzes Jahr lang betrogen? Du hast eingewilligt, mit mir zum Prom-Ball zu gehen, nur um ihn mir zu verderben?«

»Ich ... war ... einfach ...«

»Ein Riesenarschloch?«

Will murmelt. »Da hat sie nicht ganz unrecht.«

»Halt die Klappe«, flüstere ich, aber er zuckt nur die Achseln.

»Ich kann das nicht glauben. Ich kann *dir* nicht glauben! Was für ein verdammtes Problem hast du? Warum bist du überhaupt gekommen? Warum ...« Sie hält inne und sieht auf einmal nicht mehr total angepisst, sondern völlig verängstigt aus: »Warum bist du hier?«, fragt sie.

Mein Gesicht ist ausdruckslos. Ich weiß immer noch nicht, wie viel sie weiß. Was kann ich überhaupt sagen? Ich meine, auch wenn sie alles weiß? Dass ich gelogen und sie habe zappeln lassen, damit ich ihr wehtun kann? Und dann fuhr ich hierher, um ihren Vater umzubringen? Oder ich kam einfach hierher, um ihr den Kopf zu verdrehen? Auf einmal ergibt all das, was ich eigentlich tun wollte, keinen Sinn mehr. Ich höre, wie Peter Pan zu mir sagt: Du denkst, dass du keine Wahl hast, Asher, aber das stimmt nicht, du hast eine Wahl.

»Tut mir leid«, murmle ich. »Und, Ehrenwort, ... ich werde dir nicht ... du weißt schon ... wehtun und auch sonst ...« Ich schaue zum Haus hinauf. »... niemandem.«

Eine Weile beobachten wir beide schweigend Henry: »Ganz bestimmt?«, fragt sie und sieht mich an.

Ich nicke. »Ganz bestimmt. Und ... was den Prom-Ball angeht ... tut es mir leid.«

Sie senkt den Blick. Dann sagt sie: »Ich hasse ihn«, und schaut auf. »Weil er trinkt. Weil er uns das antut. Und weil er dir und deiner Familie das angetan hat.«

»Oh, Mist, du weißt Bescheid?«, sage ich, aber es klingt eher wie: OH, MIST! DU WEISST BESCHEID!

»Oh, Mann«, sagt Will.

Grace nickt. »Nicht jedes Detail. Nicht alles. Aber genug. Ich habe zufällig mitgehört, wie meine Eltern darüber gesprochen haben – *oft*. Ich habe deinen Namen wiedererkannt.« Sie schaut wieder zum Haus hin. »Mir ist klar, dass es nichts bedeutet oder irgendwas wieder in Ordnung bringt, aber, mein Gott, die Sache mit deiner Mom tut mir so leid.«

Meine Stimme ist ganz ruhig, als ich sage: »Ich hätte nie gedacht, dass du was weißt. Du hast nie irgendwas von einem Unfall erzählt oder von Problemen zu Hause oder von deinem Vater ...«

»Na ja, er ist nicht gerade mein Lieblingsthema.«

Als ich sie so vor mir stehen sehe, so traurig und schmal in ihrem lilafarbenen Kleid, das ihr wirklich gut steht, wird mir klar, was für ein Riesenarschloch ich gewesen bin. »Nur damit du es weißt: Im Augenblick hasse ich mich selbst, und ich wollte dir nicht ...« Aber ich kann meinen Satz nicht beenden, denn der Motor der Harley röhrt wieder, und wir alle sehen hinüber, als Henry den Motor aufheulen lässt, abrupt anfährt und nach ein paar Metern Schlingerkurs fast umkippt.

»Oh, Mann! Evelyn!«, sagt Will.

Grace' Mutter ruft noch einmal: »Gracie?«

Und Grace antwortet: »Alles klar, Mom«, schaut dann zu Will und fragt: »Hat er eine Waffe?«

Will schüttelt den Kopf: »Nur Cannoli.«

Grace wirft ihm einen Blick zu, der sagt: *Was zum Henker?* Dann wendet sie sich an mich, und ich hebe die Hände:

»Wie gesagt, ich werde niemandem was tun. Ehrenwort. Aber vielleicht müssen wir das Motorrad deines Dads klauen. Verstehst du, nur für ... *einen bestimmten Zweck.*«

»Einen bestimmten Zweck?«

Ich zucke mit den Schultern.

Sie deutet ein Nicken an und schaut in Richtung Henry: »Keine Ahnung, was für ein *Zweck* dir vorschwebt oder wie dein Plan aussieht, aber wenn du oder dein Großvater oder vielleicht auch dein Freund keinen Klasse-D-Motorradführerschein habt und auch keine Erfahrung mit einer Maschine wie der, die dein Großvater gerade aus der Garage meines Dads geklaut hat, dann bin ich ziemlich sicher, dass ich das Motorrad fahren sollte.«

Will sieht mich an. Ich schaue zu Grace. Sie zieht ein paar Nadeln aus ihrem Haar, und es fällt ihr auf die Schultern herab. »Sei nicht so überrascht, dass ich dir helfen will«, sagt sie. »Ich bin im Augenblick ziemlich sauer auf dich, Asher Hunting, aber auf eine verrückte Art und Weise habe ich verstanden. Ich habe absolut kein Problem damit, das Motorrad meines Dads zu klauen. Es abzufackeln oder zu schrotten oder auch es zu verkaufen, wenn du magst. Im Augenblick hasse ich ihn genauso wie du. Er hat auch seinen Anteil daran. Auch er hat mir den Prom-Ball verdorben und dazu noch eine ganze Reihe anderer Dinge.«

»Das habe ich jetzt so nicht erwartet«, murmelt Will.

»Was hast du vor?«, fragt sie. »Eine Szene aus *Hell Ride* nachspielen? Oder vielleicht *She-Devils auf Rädern?*«

»Was redet sie da?«, flüstere ich Will zu.

»Motorradfilme«, flüstert er zurück. »Sie zählt Motorradfilme auf.«

»Oder wollt ihr vielleicht nur eine Spritztour machen?«, schlägt Grace vor.

Ich kann nicht denken. Ich habe keine verdammte Ahnung, was ich sagen soll.

Da fragt Grace: »Kann ich ein Sweatshirt von dir leihen?«

Bevor ich antworten kann, schlüpft sie aus ihrem Kleid und lässt es auf den Rasen fallen.

Ihre Mom ruft: »Grace?«

»Alles klar hier«, schreit sie zurück.

Grace trägt jetzt eine Radlerhose und ein Tank-Top zu ihren lilafarbenen High Heels.

»Was?«, fragt sie abwehrend, als ich und Will sie angaffen. »Radlerhose und ein Bustier sind so gut wie Spanx.«

»Und was ist Spanx?«, flüstere ich.

»Ich habe keine verdammte Ahnung«, murmelt Will.

Ich öffne die Autotür und wühle in dem Kleiderhaufen auf dem Rücksitz. Schließlich ziehe ich Sloanes pinkfarbenes Sweatshirt hervor und halte es hoch. Grace begutachtet es und sagt dann höhnisch: »Lass mich raten. Von deiner Freundin?«

Ich nicke.

Sie schüttelt den Kopf und greift nach dem Sweatshirt.

»Du bist nicht sauer auf mich?«, frage ich, als sie es anzieht.

»Weil du mich gestalkt hast? Weil du mich gecatfisht hast? Klar, ich bin verdammt sauer. Aber ich bin ziemlich sicher, dass mein Dad deine Mom getötet hat und ungeschoren davongekommen ist, also ... das ist unser Ausgangspunkt. Die Frage ist: *Wohin gehen wir als Nächstes?*«

Ich sehe sie ungläubig an.

»Pass auf«, fügt sie hinzu. »Mir ging es am Anfang total schlecht mit alldem. Dass mein Dad trinkt, ist schon schlimm genug, aber als ich dann immer mehr Einzelheiten von dem Unfall und deiner Mom und was vor Gericht passiert ist, mitbekam, machte ich mir Gedanken darüber, was er deiner Familie angetan hat.« Sie schaut zu Boden. »Ich habe mein Leben gehasst. Ich habe ihn gehasst. Lange Zeit. Aber dann ging ich in diese Gruppe ...«

»Du bist in einer Gruppe?«

»Eine Gruppe im Krankenhaus. Für Jugendliche, in deren Familien jemand trinkt.«

Will beugt sich dicht zu mir: »Wetten, das hast du jetzt nicht erwartet.«

»Und das half mir zu verstehen, dass ich nicht für das Trinken meines Vaters verantwortlich bin. Dass ich ihn nicht kontrollieren kann. Oder es. Dass er krank ist und dass *er* entscheiden muss, ob er gesund werden will, nicht ich. Meine Aufgabe ist es *zu überleben*. Und mich um meine Mom und meinen Bruder zu kümmern. Übrigens lässt meine Mom ihn nicht mehr fahren, nicht mal einen Pkw. Und ganz sicher nicht die Harley. Nichts mit Rädern. Bis er aufhört.«

Ich schaue hinüber zu dem Sattelschlepper, der hinter dem Haus steht. Der glänzende Kühlergrill scheint grinsend die Zähne zu zeigen. »Und ... der Sattelschlepper ...«

Grace folgt meinem Blick. »Der steht da einfach. Mein Dad hat jetzt einen Job an der Laderampe.« Dann zieht sie ihr Handy heraus und schreibt eine Nachricht. Sie schaut zu mir auf und sagt: »Ich sag nur meiner Mom Bescheid.«

»Worüber?«, frage ich.

»Dass ich meine Pläne geändert habe. Dass ich okay bin und du mich nicht umbringen wirst.« Sie schaut auf. »Du wirst mich doch nicht umbringen, richtig?«

»Richtig.«

Dann steckt sie ihr Handy weg und geht in Richtung Motorrad. »Kommst du?«, ruft sie über die Schulter.

Will schaut mich achselzuckend an. Dann sehe ich, wie sich der Ausdruck in seinem Gesicht verändert und jetzt zu sagen scheint: *Boah, was für eine heiße Braut!*

»Ich dachte, du hast zu Hause eine Art On-off-Beziehung?«

»Das habe ich komplett erfunden.«

»Aber schwul bist du immer noch nicht?«

»Oh, Mann! So läuft das nicht, Asher! Das mit der Freundin hab ich dir doch nur gesagt, um dir zu verstehen zu geben, dass ich nicht an Sloane interessiert bin.«

»Dann nichts wie ran«, ermuntere ich ihn, während ich zusehe, wie Grace zu Henry geht. »Aber tu bloß nichts, was die Sache vermasseln könnte, bevor wir mit Sloane und ihrem Dad auf dieser knallroten Harley-Davidson CVO Street Glide Milwaukee-Eight Screamin' Eagle eine Spritztour die Beale-Street hinunter gemacht haben.«

»Was zur Hölle? Du weißt, was das für ein Motorrad ist?«

»Hab ein bisschen recherchiert.«

»Wann?«

»Als mir klar war, dass ich vielleicht so einen Feuerstuhl klauen muss.«

Wir schauen beide hinüber zu dem Motorrad.

»Es hat ein Drehmoment von einhundertsechsundsechzig Newtonmeter.«

»Und das heißt?«

»Keine verdammte Ahnung.«

Will lächelt.

Dann schreib ich Sloane, dass wir ein Motorrad besorgt haben und sie auf der Beale Street treffen. Sie schreibt zurück: Wie finde ich dich?

Ich schreibe: Halte Ausschau nach dem größten, heißesten kirschroten Ofen. Ich und Grace sitzen drauf.

Sie schreibt: Vermutlich ist Grace das Mädchen, mit dem du zum Prom-Ball gehen solltest?

Nein. Du bist das Mädchen, mit dem ich zum Prom-Ball gehen sollte, schreibe ich zurück.

Sie antwortet mit einem Herz und drei Motorrädern.

Will schaut mir über die Schulter, und ich bitte ihn, er solle aufhören, meine Nachrichten zu lesen.

»Nervöse Angewohnheit«, sagt er. »Generalbeichte: Ich habe auch mit deinem Vater geschrieben.«

Ich lass das erst mal sacken. »*Was??* Wann??«

»Die ganze Zeit. Dein Dad war total besorgt. Und mit Shirley. Mit Shirley hab ich auch geschrieben.«

»Wer ist Shirley?«

»Sloanes Mutter. Ach ja, Anna und Claire auch.«

»Warum?«

»Michael fehlt mir, deshalb gefällt es mir, irgendwie Fake-Adoptivschwestern zu haben«, sagt er. »Drei Stück.«

Ich denke darüber nach. »Ich könnte Unterstützung mit Chloe gebrauchen«, sage ich. »Und Anna und Claire sind auch total durch den Wind.«

Will lächelt. »Dann musst du Chloe ein Handy besorgen. Damit wir ohne deinen Dad schreiben können.«

»Mann, Will. Sie ist vier.«

Er zuckt die Achseln.

Allem Anschein nach konnte Grace Henry dazu überreden, von dem Motorrad abzusteigen. Ich rufe zu ihr hinüber: »Du kannst in diesen Schuhen nicht Motorrad fahren.«

»Den Teufel kann ich nicht«, schreit sie zurück. Und um mich zu widerlegen, setzt sie sich mit den High Heels an den Füßen rittlings auf das Motorrad.

Sie sieht bedrohlich aus in ihren Radlerhosen, Sloanes pinkfarbenem Sweatshirt und den lilafarbenen Riemchenschuhen.

»Ist sie echt?«, fragt Will.

»Du meinst *echt* echt?«, frage ich, während wir zusehen, wie Henry Grace den Helm überreicht und dann Evelyn vom Gepäckträger des Motorrads abschnallt. »Oder echt wie … Evelyn?«

»Im Augenblick denke ich echt wie Ms. Marvel von den Avengers«, sagt Will. »Oder vielleicht Elektra oder She-Hulk.«

Ich sage zu ihm, dass ich nicht mehr weiß, was echt ist. Oder ob es eine Rolle spielt.

»Ist sie ein Bösewicht oder eine Heldin?«, fragt er.

»Heldin«, antworte ich.

»Roboter oder Mensch?«, fragt er grinsend.

»Ich bin nicht ganz sicher«, sage ich.

»Glaubst du, sie hat Superkräfte?«

Grace lässt den Motor des Motorrads aufheulen.

»Wahrscheinlich«, sage ich.

»Ich bin verliebt«, sagt Will.

Ich bitte ihn, Henry und Evelyn einzusammeln, den Jeep

zu nehmen und sich mit uns auf der Beale Street zu treffen. Dann renne ich hinüber zu Grace. Sie gibt mir einen Helm. Ich klettere hinter ihr auf den Beifahrersitz, setze den Helm auf, lasse das Visier herunter und lege die Arme um sie. Sie gibt Gas. Das Motorrad röhrt. Dann fragt sie: »Bist du bereit, ein bisschen Lärm zu machen, Asher Hunting?« Ihre Stimme kommt ganz klar durch die Lautsprecher im Helm. Jack Daniels schreit und fuchtelt mit den Armen, aber wir hören ihn nicht. Wir sehen nur sein wutverzerrtes Gesicht und seine fuchtelnden Arme. Grace' Mutter hält ihn zurück. Vermutlich hat Jack Daniels ihr gesagt, wer ich bin. Und ich vermute auch, dass sie Vertrauen zu Grace' Bauchgefühl hat, denn als Grace zu ihr hinüberschaut, winkt sie.

»Wohin?«, fragt Grace.

»Zur Motorradparade auf der Beale Street«, sage ich.

»Und danach?«, fragt sie.

Es fühlt sich wirklich gut an, zu wissen, dass es ein Danach geben wird, denn nur wenige Minuten zuvor war ich da nicht so sicher gewesen.

Grace gibt wieder Gas.

»Danach«, antworte ich, »fahren wir mit Henry und Evelyn nach Graceland.«

»Und Evelyn ist *wer* genau?«

»Lange Geschichte«, sage ich, und da kracht ein Donnerschlag über den Himmel, und die ersten Regentropfen fallen, während ich mich an der Tochter des Mannes festhalte, der meine Mom getötet hat, und wir mit hoher Geschwindigkeit und quietschenden Reifen auf einer kirschroten Harley-Davidson Screamin' Eagle die Culvert Street 114 verlassen.

56

Der Regen prasselt auf uns herab, während wir an den Biegungen des Mississippi entlang Richtung Downtown Memphis fahren, und hat sich zu einem leichten Nieseln abgeschwächt, als ich auf Sloane zeige, die mit Will und Henry und Evelyn an der Ecke Beale Street und South Danny Thomas Boulevard auf uns wartet. Grace überraschte mich und ließ den ganzen Weg harten Rock'n'Roll laufen – Sailcats *Motorcycle Mama*, Steppenwolfs *Born to be Wild*, Mötley Crüe und Hendrix – keinen einzigen Ed-Sheeran-Song in ihrer Playlist. Wir fuhren schnell und laut, legten uns in die Kurve und küssten die nassen Straßen, schlängelten uns durch den Verkehr und spulten die Kilometer ab. Ich drückte mich eng an ihren Rücken und hielt mich gut fest.

»Warum waren sie vor uns da?«, frage ich über das Headset – atemlos und mehr als nur ein bisschen von Ehrfurcht ergriffen –, nachdem wir angehalten hatten.

»Wie sind die schönere Strecke gefahren«, sagt Grace. »Ich finde, du hast mir heute Abend wenigstens einen Tanz geschuldet, und das war er.«

»Es tut mir wirklich leid«, sage ich.

»Es ist okay, wirklich.«

»Warum?«, frage ich, und sie überrascht mich mit ihrer Antwort: »Ich hab das auch gebraucht.«

»Das habe ich nicht erwartet.«

»Ich auch nicht.«

Als Grace das Motorrad zu Sloane auf den Gehsteig lenkt, sind wir nass bis auf die Haut, und die Straßen sind glatt und glänzen im Licht. Die Beale Street präsentiert sich in Neon und Leder und ist gestopft voll mit Motorrädern. Henry hat Evelyn in eine Plastiktüte gehüllt, und überall ist Musik und Rauch, Menschen bevölkern die Gehwege und Straßen, und in allem ist eine heiße, pulsierende Energie spürbar.

Grace sitzt mit geschlossenem Visier auf der Harley und lässt den Motor aufheulen, sodass sich die Köpfe in unsere Richtung drehen. Dann stellt sie den Motor aus, steht in ihren lilafarbenen High Heels auf den Fußrasten, setzt den Helm ab und schüttelt ihre Haare. In Sloanes pinkfarbenem Pullover und den Radlerhosen zieht sie alle Blicke auf sich. Sloane dagegen betrachtet ehrfürchtig die Harley und nicht Grace, sogar als Grace, ohne jemanden direkt anzusprechen, verkündet, dass sie hier vor ein paar Wochen Snoop Dogg und Cardi B gehört hat, und bemerkt, diese Rallye sei nichts verglichen mit mittwochabends.

»Was ist mittwochabends?«, fragt Will, der Grace mit ebenso großen Augen und ebenso ehrfürchtig anstarrt wie Sloane die Harley.

»Bike Night«, erklärt ihm Grace. »Viele Tausend Biker fahren den ganzen Sommer lang jeden Mittwoch die Beale Street hinunter. Du hörst sie bis zu mir nach Hause einfallen und dröhnend wieder davonrollen.«

Ich steige von dem Motorrad ab, ziehe mir den Helm vom Kopf und mache dann Grace und Sloane miteinander bekannt, und obwohl ich Grace auf dem Weg ein bisschen was über Sloane und ihren Dad und was sie tun möchte, erzählt habe, ist es ziemlich peinlich, aber dann kommt mir Henry zu Hilfe und stellt Grace Evelyn vor. Ich dachte, sie hätten sich bei Grace zu Hause schon kennengelernt, aber offenbar nicht.

Wenigstens läuft das besser, als ich gedacht hatte. Henry bringt seine alte Geschichte, dass sie Wale beobachtet und Platterbsen gepflanzt haben und dass Evelyn sein Ein und Alles sei, aber er lässt den Teil mit dem Schokoladenpudding und dass Evelyn tot ist, weg. Grace beäugt die Schachtel in der Plastiktüte, aus der oben die Urne herausschaut, lauscht aufmerksam und sagt dann: »Ich bewahre meine Großmutter ganz ähnlich auf.«

Ich zucke zusammen, als sie von »aufbewahren« spricht, aber Henry scheint sich nicht daran zu stören, sondern drückt Evelyn strahlend an sich.

Grace wendet sich an Sloane und schreit ihr über den Lärm der Straße hinweg zu: »Ich glaube, ich hab deinen Pullover an.«

»Du fährst auch meine Harley«, antwortet Sloane, und Grace mustert sie eingehend, wie sie in der ledernen Motorradjacke ihres Vaters und den Männerstiefeln dasteht, und ich erwarte fast, dass sie aufeinander losgehen. Aber Sloane lächelt und Grace lächelt zurück. Dann zieht sie ihre Lederhandschuhe aus und reicht sie Sloane und gibt ihr einen Crashkurs über die Dos und Don'ts des Motorradfahrens, der mit Grundlagen beginnt, aber rasch in etwas übergeht, das eher klingt wie eine Lektion in Stierkampf. Grace beginnt mit Sätzen wie: »Steig von links auf wie auf ein

Pferd«, aber dann schaukelt es sich auf zu verzwicktem technischem Zeug wie: *Wenn du Geschwindigkeit drosseln möchtest, benutz die hintere Bremse, niemals die Vorderbremse.* Und: *Vergiss nicht, brems vor der Kurve, wende deinen Kopf und deinen Blick in die Kurve, beschleunige und bremse nur auf den geraden Strecken und …*

Ich versuche zuzuhören und zu lernen, während sie wie ein Schnellfeuergewehr Dinge ausspuckt wie *Dreh das Gas nicht ganz auf* und *Achte auf den Wenderadius*, und dann beuge ich mich vor und frage Sloane, ob sie sich das nicht aufschreiben wolle, aber sie scheucht mich mit einer Bewegung ihrer behandschuhten Hand weg. Grace zählt weiter all die Dinge auf, die zu beachten sind, und Sloane hängt an ihren Lippen. Dann macht Grace dieses auf dem Kopf stehende Victory-Zeichen und erklärt Sloane, so erinnere ein Biker den anderen daran, dass man immer zwei Räder auf dem Asphalt haben müsse, und ich denke *Oh, Scheiße!* Aber es ist eher *OH, SCHEISSE!*, während mir Bilder durch den Kopf blitzen, wie Sloane und ich auf dem Hinterrad die Beale Street hinauffahren und sterben.

Dann tritt Grace von dem Motorrad weg, und Sloane schwingt mit immer noch großen Augen und gerötetem Gesicht das Bein über die Maschine. Grace ruft ihr über die Musik hinweg zu: »Vergiss nicht, das ganze schicke Chrom und die fetten Reifen an dieser Rennmaschine sehen vielleicht cool aus, aber sie haben nichts mit deiner Sicherheit zu tun. Dafür bist *du* zuständig.« Dann reicht sie Sloane ihren schwarzen Integralhelm und fügt hinzu: »Mach eine Spritztour mit ihr, aber keine Experimente. Keine Wheelies und keine Stoppies!«

Sloane setzt den Helm auf, und Grace knipst die am Lenker befestigte GoPro-Kamera an. Dann schaut Sloane mit wildem Blick, erlebnishungrig und in Kamikazestimmung zu mir herüber. Sie grinst breit, kann aber nicht verbergen, dass sie total Schiss hat. Bevor sie das Visier zuklappt, fragt sie: »Kommst du mit?«

Ich klettere auf den Beifahrersitz, setze wieder meinen Helm auf, drücke das Visier hinunter und lege die Arme um Sloane. Dann frage ich sie: »Wie viele Stunden hast du bei diesem gruseligen Typen genommen, den du auf Craiglist gefunden hast?«

»Nicht viele«, antwortet sie.

»Und wie viele sind *nicht viele*?«, frage ich.

»Das erzähl ich dir später.«

»Oh, Scheiße!«, murmle ich, aber es klingt eher wie: »OH, SCHEISSE, WIR WERDEN STERBEN!«, als Sloane den Motor anlässt, wir wackelnd und mit stotterndem Motor anfahren und dann schlingernd über den Bordstein vom Gehweg hinunter zurück auf die Beale Street einfädeln. Nach diesem lauten und wackligen Start findet Sloane ihr Gleichgewicht und fährt Jack Daniels' Screamin' Eagle in den Motorradstiefeln und der Lederjacke ihres Vaters die Neon Row hinauf, so wie sie es sich gewünscht hatte. Ich sitze hinter ihr und stehe Todesängste aus, aber das ist mir egal. Meine Arme liegen an ihrer Taille, und ich drücke sie fest an mich, während wir mit röhrendem Motor das *Hard Rock Café*, *Wet Willie's*, *Blues Hall* und *Silky O'Sullivan's* passieren.

Zugegeben: *Das hat was.* Dann fahren wir an der Kreuzung mit der South Fourth Street eine weite Kurve, kippen dabei fast um und fallen auf die Straße, weil wir zu langsam sind, aber Sloane schafft es, mithilfe von ein bisschen mehr Speed und meinem zusätzlichen Paar Füße auf der Straße, die Maschine wieder aufzurichten. Sobald wir wieder stabil sind, lässt sie den Motor aufheulen … Brumm! Brumm! Brumm! … und Köpfe drehen sich in unsere Richtung, bewundernde Blicke folgen dem Mädchen auf dem Motorrad, während ich denke: *Sie haben ja keine Ahnung.* Dann lässt Sloane die Kupplung schnappen und fährt mit quietschenden Reifen schleudernd an. Mein Herz macht einen Satz, und ich fürchte, dass wir einen Unfall bauen und über die Straße rutschen und das das Ende der Geschichte von Asher und Sloane sein würde, aber wir machen nur ein paar peinliche wacklige Schlenker mit vier Füßen auf dem Boden, ohne tatsächlich zu kippen oder runterzufallen oder zum Stillstand zu kommen, finden dann unser Gleichgewicht wieder, was ich einen kolossalen Sieg nenne.

Nachdem wir ein paarmal die Straße auf und ab gefahren sind, beruhigt sich die Situation. Sloane wird mit jeder Fahrt selbstsicherer. Als wir schließlich endgültig anhalten und ich dort auf der Beale Street neben Sloane und Jack Daniels' Screamin' Eagle stehe, bin ich glücklicher, als ich in den letzten dreizehn Monaten, fünf Tagen, vierzehn Stunden und zu vielen Minuten, als dass ich sie zählen möchte, jemals war. Ich freue mich vor allem für Sloane, aber auch für mich. Das war ihre Art, sich von ihrem Vater zu verabschieden, und ich muss zugeben, dass Memphis noch mal was ganz anderes ist, wenn du nachts auf regenglatter Straße auf einem heißen Ofen hineinfährst. Sloane beugt sich dicht zu mir: »Mein Dad wollte auf der Beale Street nur Spareribs und Pulled Pork und gebratenen Wels essen und ein bisschen R&B hören.«

Ich lege ihr den Arm um die Schulter: »Und genau das macht er jetzt.«

Sie lächelt und lächelt immer weiter, während wir hier zusammen auf dem Gehweg stehen und alles in uns aufsaugen: Die in Dreierreihen geparkten Motorräder, die blinkende Neonreklame, die vom Sommerregen nasse Straße. Und Sloanes Dad ist direkt hier bei uns, in unseren Herzen und Gedanken, und vielleicht steht er sogar neben uns vor dem *Blues City Café*, aus dem die Musik von Earl *The Pearl* Banks und der Rauch von Träumen und gegrillten Spare Ribs dringt. Und ich denke bei mir: Das ist *gut*. Und das ist *danach*. Eine der hoch hängenden Früchte, für die ich mich, wie Will sagte, anstrengen müsste, wenn ich sie erreichen wollte.

Und hier stehe ich, ausgestreckt auf Zehenspitzen auf einer Leiter, und meine Hände greifen nach der Sonne.

57

Zwei Tage später verabschieden wir uns von Grace und machen uns auf die Heimfahrt. Wir lassen uns Zeit und legen viele Pausen ein.

Trödeln.

Eigentlich hätten wir gleich am Morgen nach der Motorradrallye fahren sollen, aber Evelyn musste ja noch nach Graceland. Grace freundete sich rasch mit Evelyn an, und an diesem ersten Abend kehrten wir gegen Mitternacht bei *Applebee's* auf der Union Avenue ein. Will sah zu Grace hinüber und fragte mich, ob sie echt sei oder ob wir sie uns nur ausgedacht hätten. Und ehrlich, es war wirklich schwer zu glauben, dass irgendwas, das an diesem Tag passiert war, tatsächlich echt ist, aber als Grace, wie die beiden Evelyns, den Caesar-Salat mit Hühnchen bestellte, beugte ich mich dicht zu Will hinüber und sagte: »Siehst du. Das beweist es. Sie hat den Caesar-Salat mit Hühnchen bestellt. Sie ist echt. Alles hier ist echt.«

Grace traf sich sogar am nächsten Morgen mit uns. Zufällig arbeitet ihr Cousin als Sicherheitsmann auf dem Gelände von Graceland, und sie brachte ihn dazu, uns hineinzuschmuggeln, indem er uns einfach mit seinem Golfwagen abholte, als wären wir Prominente, die sich am Gästezentrum nicht in die Schlange stellen müssen. Wir umgingen den Ticket-Schalter und den Shuttle-Bus, und er machte mit uns eine Privatführung durch das Haus und das Flugzeug von Elvis. Dabei zeigte er uns den weißen Flügel, das lilafarbene Bad mit der Pudeltapete, all die Tierhörner und Elvis' Plattensammlung. Außerdem führte er uns noch in das sogenannte Dschungel-Zimmer mit dem grünen Teppich auf Boden und Decke, Elvis' Schulmäppchen und sein Zeugnis aus der siebten Klasse. Die Führung endete im Meditationsgarten, wo, wie er sagte: »Elvis begraben ist«.

»Oder auch nicht«, erinnerte ich alle, während Henry lächelte.

Grace' Cousin willigte sogar ein, uns nach Einbruch der Dunkelheit hereinzulassen, wenn Graceland eigentlich geschlossen ist, damit Henry im Licht der Sterne auf dem Rasen vor dem Haus des King mit Evelyn tanzen kann.

Als an diesem Abend der Mond hoch über uns stand und Henry sich mit Evelyn *eins-zwei-drei, eins-zwei-drei* im Walzertakt über den vorderen Rasen drehte, sang er *Love Me Tender*, und Grace summte ein allseits bekanntes Ed-Sheeran-Lied, das davon erzählt, dass jemand sehr alt, aber immer noch verliebt ist und im Licht der Sterne tanzt – und da bat Will sie um einen Tanz.

Dann lehnte sich Sloane an mich, ihre Wange lag warm an meiner, während ihr Blick Henry und Evelyn folgte, die über den Rasen tanzten. »Das will ich auch«, flüsterte sie.

»Alle wollen das«, flüsterte ich zurück. »Es bedeutet alles.«

Der Abschied von Grace war tatsächlich merkwürdig, zum Teil, weil unser Verhältnis immer noch komisch war, und zum Teil, weil sie und Will irgendwie was am Laufen hatten. Aber anders als auf dem Hinweg war es uns auf dem Rückweg egal, dass wir nur mit neununddreißig Meilen pro Stunde auf dem Standstreifen fahren konnten, denn wir wollten nicht, dass die Reise endet.

Sloane und ich halten Händchen auf dem Rücksitz, küssen uns in Kartoffelchips-Gängen und stoßen Stapel von Konservenbüchsen in Raststätten um. Wir spielen *Die besten Filmküsse überhaupt* und *Wenn Elvis nicht tot wäre* und reden darüber, wohin wir später im Sommer fahren wollen. Henry erzählt uns, welche Orte Evelyn mit ihm besuchen möchte. Und Will schreibt Grace jedes Mal, wenn wir anhalten, eine Nachricht. Henry hat Evelyn die ganze Fahrt über auf dem Schoß. Wir essen zu viele Triple Chocolate Meltdowns in zu vielen *Applebee's* auf unserer Fahrt von Memphis nach Hause und sind gar nicht verlegen oder denken, dass wir irgendjemandem eine Erklärung schulden, wenn wir nach einem Tisch für acht Personen fragen.

Da wir nicht mehr wissen, wohin wir noch gehen könnten, aber immer noch nicht bereit sind, unsere Reise für beendet zu erklären, verlassen wir den Highway und fahren einfach in die nächstgelegene Stadt in West Virginia, damit Will sich die Haare schneiden lassen kann.

Sloane geht in einen Laden, und ich warte mit Henry auf dem Parkplatz, denn er sagt: »Evelyn lässt sich zu Hause die Haare machen, und sie ist zu müde, um shoppen zu gehen.«

»Sieht gut aus«, sage ich zu Will, als er aus dem Friseursalon herauskommt. »Wirklich.«

Kurz an den Seiten und oben lang, aber nicht so lang, dass sie ihm in die Augen hängen.

Vielleicht ist das ein gutes Zeichen. Vielleicht braucht er diesen Helm nicht mehr, um sich darunter zu verstecken.

Er lässt den Blick über den Parkplatz schweifen, als würde er die Welt zum ersten Mal sehen.

»Fühlst du dich nackt?«, necke ich ihn. »Du verstehst schon, wie wenn man einen Pudel zum ersten Mal schert?«

»So ähnlich«, antwortet er lachend.

»Und das fühlt sich ... wie an?«

»Befreiend.«

»Ich habe übrigens die Sache mit den Fledermäusen gegoogelt«, berichte ich ihm, als wir neben dem Jeep stehen. »Während ich auf dich gewartet habe.«

»Und?«

»... du hast mich angelogen. Fledermäuse wenden sich nicht immer nach links, wenn sie eine Höhle verlassen.«

Er zuckt die Achseln. »Na und?«, sagt er grinsend.

»Na und? Verdammt, du hast mich angelogen.«

»Es hat funktioniert.«

»Was meinst du mit ›es hat funktioniert‹?«

»Ich hab dich dazu gekriegt, dich nach rechts zu wenden.«

Damit liegt er nicht falsch.

Ich biete ihm ein M&M's an. Sloane hatte beim letzten Boxenstopp eine riesige Tüte gekauft. Er isst es.

»Jetzt musst du mir etwas über dich erzählen.«

»Ich habe einen neuen Freund«, sagt Will lächelnd. »Der ein neues Leben hat. Und zwar nicht in Ecuador.«

»Oder im Gefängnis«, füge ich hinzu.

»Und auch nicht in einer Urne.«

Ich reiche ihm noch ein M&M's, und er isst es.

»Und wie entwickelt es sich?«, frage ich. »Also, das neue Leben deines neuen Freundes?«

»Es entwickelt sich gut«, sagt Will. »Richtig, richtig gut.«

Sloane kommt aus dem Laden auf unser Auto zu. Sie hebt ihr Handy hoch, damit ich den Bildschirm sehen kann. Es ist ein Foto ihrer schlafenden Schwestern Anna und Claire. »Es ist von letzter Nacht«, sagt sie. »Sehen sie aus, als würden sie atmen?«

Ich untersuche das Foto. Zoome hinein. *Studiere jedes Detail.* »Ich würde sagen, ja«, sage ich zu ihr. »Was meinst du?«

Sie schaut über meine Schulter auf das Foto: »Ich glaube auch.«

Ich gebe ihr das Handy zurück. »Was haben sie heute zum Frühstück gegessen?«, frage ich, und sie schickt ihrer Mutter eine Nachricht.

»Cheerios«, berichtet sie, nachdem ihre Mutter geantwortet hat. »Warum?«

»Das ist der Beweis«, sage ich. »Wenn sie beim Frühstück gelebt haben, haben sie auf diesem Foto von letzter Nacht geatmet.«

»Das dachte ich mir auch«, sagt sie und küsst mich. Henry lächelt: »Kein Techtelmechtel, ihr beiden.«

Dann hält Sloane noch ein Foto auf ihrem Handy hoch. »Das habe ich heute Morgen auf der Facebook-Seite meines Dads gepostet.«

Es ist ein Foto, das Grace von mir und Sloane machte, als wir neben Jack Daniels' Motorrad standen, nachdem wir es auf der Beale Street geparkt hatten. Der Asphalt ist glitschig vom Regen, und um uns herum stehen Hunderte von Motorrädern. Sloane trägt die zu große Motorradjacke ihres Dads und Männerstiefel und lehnt mit dem schwarzen Darth-Vader-Helm unter dem Arm am Motorrad. Ich habe den Arm um sie gelegt. Sie sieht so glücklich aus. Wir beide sehen glücklich aus.

»Wow. Ganz schön viele Likes«, sage ich.

»Ja, und die Hälfte ist von Elvis«, bemerkt sie.

»Von *dem* Elvis? Elvis Elvis?«, fragt Will und schaut uns über die Schulter.

Sloane zuckt die Achseln.

Will klickt auf seinem Handy ein Foto von Grace an in ihren lilafarbenen High Heels, dem pinkfarbenen Pullover und Radlerhosen und zeigt es uns. Dann fängt er an zu singen …

»I'm in love, I'm in love, I'm in love, I'm in love. …«

»Hör auf, Will«, ruft Sloane lächelnd.

Aber er singt einfach weiter.

Als wir die Grenze nach New Jersey überqueren, verkünde ich: »In ein paar Stunden sind wir zu Hause.«

Ich fahre. Henry hält Evelyn auf seinem Schoß fest. Seine Augen sind weit aufgerissen, und seine Haare liegen wie ein Heiligenschein um seinen Kopf, als ich zu ihm sage: »Weißt du, eines muss ich noch tun, bevor wir einen Haken daran machen können.«

»Einen Haken woran machen?«, fragt Will.

»An diese ganze Reise.«

»Und was musst du noch tun?«, will er wissen.

»Ich habe den Brief meiner Mutter noch nicht bis zu Ende gelesen.« Im Rückspiegel fange ich Wills Blick auf.

»Was für einen Brief?«, fragt er. Sloane beugt sich zu ihm und flüstert ihm etwas zu, als ich hinzufügen: »Ich glaube, ich weiß einen guten Ort dafür.«

58

Als wir an dem Strommast auf Route 287 West nahe der 3,7-Meilen-Markierung ankommen, wo mein Leben vor dreizehn Monaten und unzähligen Tagen und Stunden und Minuten verbrannte, fahre ich auf den Seitenstreifen, halte an und steige aus. Will und Sloane verlassen ebenfalls das Auto, und ich drehe mich einfach um und schaue zurück in Richtung Einkaufszentrum, während sie Henry und Evelyn heraushelfen.

Ein paar Minuten stehen wir alle am Rand des Highways, auf dem die Autos und Lastwagen vorbeirasen. Henry drückt Evelyn an sich. Er hat Sloanes Pullover über die Schachtel gelegt, aber seine Haarsträhnen flattern im Wind um seinen Kopf.

Ich dachte, es würde Erinnerungen triggern, wenn ich hier, genau an der Stelle stehe, wo es passiert ist. Ich dachte, ich würde die Hupe hören, die Angst schmecken, den Rauch sehen und die Hitze der orangefarbenen Flammen spüren, die an dem schwarzen Lack leckten und das Auto meiner Mom verschlangen. Ich dachte, es würde alles wieder in meinen Kopf zurückstürzen. Aber auch wenn ich den Highway hinunterschaue und darauf warte, die Geschehnisse noch einmal zu durchleben, wenn ich das Aufblitzen von Chrom und den Kühler von Jack Daniels' Sattelschlepper erwarte, der sich wie der grinsende Tod auf mich stürzt, sehe ich einfach nur eine Straße.

Ich schließe die Augen und warte auf die Schreie, die Sirenen, die Stimmen ... Aber sie kommen nicht. Kein riesiger Sattelschlepper rast den Highway herab, kein Fußballschuh liegt am Straßenrand, weil er aus der Schachtel gefallen ist. Kein Jack Daniels stolpert mit aufgedunsenem, rotem Gesicht auf mich zu.

Ich kneife die Augen fest zu, rufe all die Bilder auf, die mich im vergangenen Jahr verfolgt haben. Aber es gibt keine Flashbacks und keine Erinnerungen an diesen Tag.

Ich öffne die Augen und sehe Sloane und Will und Henry und Evelyn und neben ihnen den Asphalt, der sich nach Osten und Westen erstreckt, und es ist nur eine Straße wie tausend andere Straßen, voll von Menschen, die kommen und gehen.

Ich drehe mich um und schaue auf die Stelle, wo das Gras an die Bäume stößt, und denke: Manchmal sehen wir sie beim Vorbeifahren, die Kreuze und Blumen, die anzeigen, wo jemand bei einem Unfall ums Leben gekommen ist. Und dann denken wir: Wie traurig, nicht zu fassen, dass jemand hier gestorben ist, dass jemand hierherkam und Blumen abgelegt, Tränen vergossen, ein Kreuz gesetzt und ein Mahnmal errichtet hat.

Und hier stehe ich. Habe nichts, was ich hierlassen könnte, nichts, womit ich den Ort kennzeichnen könnte, wo das Leben meiner Mutter geendet hat.

Und dann erinnere ich mich an den Baseballschläger, mit dem ich Jack Daniels töten wollte.

Ich nehme ihn aus dem Kofferraum und stelle ihn wie

ein Mahnmal neben den Highway, wo das Gras an die Bäume grenzt und wo mein Leben vor dreizehn Monaten fast verbrannt ist.

Dann gehe ich zurück zum Auto, öffne wieder den Kofferraum und nehme den Brief meiner Mutter heraus.

59

Die Rückseite des Umschlags klappt fast von allein auf, als hätte sie Flügel. Ich ziehe das taubenblaue Blatt Papier heraus und falte es auf und starre auf die winzigen, perfekten Worte.

Ich lese den *Lieber-Asher*-Teil mit dem kunstvoll geschwungenen A und dem gekringelten r. Danach lese ich die zweite Zeile, in der es heißt: *Heute ist der wichtigste Tag in deinem Leben und in meinem.* Und dann lese ich den Teil, in dem es darum geht, dass ich perfekt bin.

Ich hole tief Luft, schließe die Augen und sehe Blumen. So viele Blumen, als wäre meine Mom nie gegangen. Ich sehe Platterbsen und rankende Weinreben, die sich an allem festhalten, was sie aufrecht hält. Ich sehe Rosen mit Dornen, Löwenzähne, die ihre Köpfe durch Risse im Beton stecken. Dann öffne ich die Augen und sehe Will und Sloane und Henry und Evelyn. Und Wills kleinen Bruder Michael, der Baseball spielt. Sloanes Dad beim Grillen. Chloe, die Bärenpicknick spielt, und meinen Dad, der wieder glücklich aussieht. Ich sehe Peter Pan und *Den kleinen Prinzen*, und ich sehe meine Mom. Aber sie verbrennt nicht, sondern lebt, und ich denke: *Ich musste nur meinen Stuhl ein paar Schritte weiterrücken, um zu sehen, wie die Sonne auf der anderen Seite der Welt untergeht.*

Ich blinzle die Tränen weg und schaue wieder hinunter auf das taubenblaue Blatt Papier. Das Allererste und das Allerletzte, was meine Mutter jemals zu mir sagte.

Ich kann mich nicht dazu überwinden, den Mittelteil zu lesen.

Es ist zu viel. Wenigstens im Augenblick.

Ich sage mir, dass ich einfach den Schluss lese. Einen Blick auf die letzten paar Zeilen werfe, wie Sloane es macht, wenn sie ein Buch liest.

Kleine Baby-Schritte, ermahne ich mich. *Beim Heilen geht es um Baby-Schritte.* Ich gehe zurück zu Sloane und Will und Henry und Evelyn und räuspere mich. »Bereit?«, frage ich.

Sie nicken.

»Den Anfang habe ich schon gelesen. Den mittleren Teil lasse ich aus.«

»Das ist okay«, flüstert Sloane.

»Hier sind sie. Die letzten paar Zeilen.« Noch einmal räuspere ich mich und beginne zu lesen.

»*Du wirst Fehler machen, Asher, während du älter wirst.*«

Meine Stimme zittert. Ich blinzle noch mehr Tränen weg.

»*Viele Fehler. So wie auch ich.*«

Meine Schultern beben. Ich hole tief Luft und fahre dann fort.

»*Ich möchte dir einfach jetzt, ganz am Anfang unseres gemeinsamen Lebens, bevor einer von uns irgendwas verbockt hat, sagen, dass ich dir verzeihe, und ich hoffe, du wirst auch mir immer verzeihen. Alles und jedes. Wichtiges und Unwichtiges.*«

Und sie unterschrieb mit:

»*In Liebe, Mom*«

Das *L* hat einen kunstvollen Bogen, und die beiden *m* kringeln sich am Ende nach oben.

Ich lasse die Hand, die den Brief hält, nach unten sinken, Sloane nimmt meine andere Hand in ihre, und Will sagt: »Jetzt steht dir die schwierigste Sache der Welt bevor.«

»Und was ist das?«, frage ich durch meine Tränen hindurch.

»Auf deine Mutter hören«, sagt er, »und dir selbst verzeihen. Und zwar alles und jedes. Echtes oder Eingebildetes. Wichtiges und Unwichtiges.«

Ich sehe zu Will auf, und er hat diesen Ausdruck im Gesicht, als wollte er noch etwas anderes sagen. »Wehe, du zitierst Kierkegaard.«

Er lächelt. »Akzeptiere, dass das Leben nur rückwärts verstanden werden kann, leben muss man es aber vorwärts.«

»Das klingt nach Kierkegaard. Ich hatte gesagt, du sollst nicht Kierkegaard zitieren.«

»Es bedeutet, dass wir akzeptieren müssen, was wir nicht ändern oder kontrollieren können, und uns vorwärtsbewegen, auch wenn wir Angst haben.«

Er schweigt kurz und sagt dann: »Du wirst sauer sein, aber ich habe noch einen Will-ismus für dich.«

»Schieß los«, seufze ich.

»Die beste Rache ist, dein Leben so gut wie möglich zu leben.«

»Oh, Mist, du hast es nicht wieder getan!«, sage ich.

»Was nicht wieder getan?«, fragt Will.

»Wieder Oprah zitiert.« Ich lege die Hände auf die Ohren, halb lachend, halb schimpfend, aber ganz Ohr.

Dann verkündet Henry: »Meine Evelyn liebt Oprah«, und alle lachen.

Nachdem Will Henry auf den Beifahrersitz mit Evelyn auf dem Schoß angeschnallt hat, wische ich mir mit dem Arm die Augen und das Gesicht ab und schiebe den sorgfältig gefalteten Brief meiner Mutter zurück in den Umschlag und lege ihn in meinen Rucksack im Kofferraum des Jeeps. Dann reiche ich Sloane das Buch. Das Buch mit dem weißen Umschlag, auf dem das Bild von einem kleinen blonden Kind auf einem öden Planeten ist, das zu den Sternen hinaufschaut: »Du solltest dieses Buch lesen, denn manchmal, wenn du ein Elefant bist, der von einer Boa constrictor verschlungen wird, und ein Bild davon malst, wird der Rest der Welt es einfach als Hut sehen.«

Sie nimmt das Buch. »Und manchmal musst du deinen Stuhl nur ein paar Schritte verrücken, damit du die Sonne auf der anderen Seite der Welt untergehen siehst.«

Will stimmt ein mit: »Manchmal ist eine Kiste nur eine Kiste, aber manchmal enthält sie alles, was wichtig für dich ist.«

Ich schaue ungläubig zu ihnen beiden hinüber, während Pkws und Lastwagen vorbeizischen. »Ihr habt *Der kleine Prinz* gelesen?«

Sie nicken.

»Ihr beide?«, frage ich sonderbar verärgert.

»Peter Pan«, erklärt Sloane, während sie mir das Buch zurückgibt.

Will nickt.

Ich sehe beide an. »Scheiße!«

»Wir kannten sie zuerst«, erklärt Will.

Ich werfe das Buch in den Kofferraum und krame dann nach einem Stift und einem Stück Papier in meiner Tasche.

Das Papier, das ich finde, ist nur ein Fetzen, aber das ist mir egal. Ich beginne, einen Brief an Chloe zu schreiben.

Liebe Chloe, schreibe ich.

Neun perfekte Buchstaben.

Das C hat unten einen kunstvollen Bogen, und das e kringelt sich am Ende.

Und dann schreibe ich:

Heute ist der wichtigste Tag in deinem Leben und in meinem.

Ich kenne dich noch gar nicht, aber ich weiß, dass du perfekt bist.

Ich möchte dir einfach jetzt, ganz am Anfang unseres gemeinsamen Lebens, bevor einer von uns irgendwas verbockt hat, sagen, dass ich dir verzeihe, und ich hoffe, du wirst auch mir immer verzeihen. Alles und jedes. Wichtiges und Unwichtiges.

Dann setze ich meine Unterschrift darunter:

In Liebe, Asher

Das L hat einen kunstvollen Bogen, und das r kringelt sich nach oben.

Dem Brief fehlt der gesamte Mittelteil, aber ich denke: *Es ist schon mal was. Es ist ein Anfang.*

Dann falte ich das Papier, lege es in den Rucksack neben den Brief, den meine Mutter mir geschrieben hatte, und schlage den Kofferraum zu.

60

Als wir wieder in das Auto einsteigen, schläft Henry schon. Will sieht von seinem Handy auf: »Grace hat das Video von der Motorradkamera auf YouTube gestellt. Ich schicke euch den Link. Es geht viral.« Dann fügt er hinzu: »Du weißt schon, Sloane ... wenn du tatsächlich Asher heiratest ...«

»Geh nicht zu weit«, sagt sie warnend.

»Ich meine, in hundert Jahren. Ich sage nur, falls du es machst, kann ich dich zum Altar führen.«

Sloane sitzt immer noch mit den Motorradstiefeln und der Lederjacke ihres Vaters auf dem Rücksitz und sieht Will mit ihrem Biker-Braut-Leck-mich-Lächeln an: »Abgemacht! Gehen kannst du ja wohl, also, warum nicht?«

Mein Handy vibriert zweimal. Es ist der YouTube-Link von Will und eine Nachricht von meinem Dad. »Mein Dad sagt, ich muss schnell nach Hause kommen, weil wir keine Alufolie mehr haben.«

»Ist das ein Code für irgendwas?«, fragt Will.

»Es ist der Code dafür, *dass er sich bemüht.*«

Sloane sagt mit superernster Miene: »Elektromagnetische Strahlung?«

Ich lächle und zucke die Achseln. Fange ihren Blick im Rückspiegel auf: »Ich decke Chloes Hände ab. Aber nur nachts.«

»Und ich mache Anna und Claire Helme. Auch nur nachts«, sagt Sloane.

»Was zum Teufel???«, sagt Will.

Sloane beachtet ihn nicht. »Wir kaufen kurz Alufolie, wenn wir von der Autobahn runterfahren, Asher. Bei der nächsten Ausfahrt ist ein *Super Savers*.«

Dann googelt sie etwas: »Hey, bei Ausfahrt fünfundvierzig gibt's einen brandneuen *Applebee's*. Wir könnten in achtzehn Minuten dort sein.«

»Das ist die falsche Richtung«, wirft Will ein.

Wir lächeln alle.

Henry wacht gerade rechtzeitig auf, um zu sagen: »Evelyn liebt *Applebee's*.«

»Und ich bin am Verhungern«, sagt Sloane.

»Dann *Applebee's*.«

Dort angekommen, fragen wir nach einem Tisch für acht.

Die Kellnerin führt uns hinein und sagt: »Wenn die anderen kommen, bringe ich sie an den Tisch.«

»Das wird nicht nötig sein«, sage ich. »Sie sind schon hier.«

Da sieht Sloane mich mit dem ihr eigenen Lächeln an und macht das umgedrehte Friedenszeichen mit zwei Fingern, mit dem sich Motorradfahrer daran erinnern, dass immer zwei Räder auf dem Asphalt sein müssen, und ich denke: *Zur Hölle, ja!* Aber es ist eher ein *ZUR HÖLLE, JA!*, während ich vor mir sehe, wie Sloane und ich den ganzen Sommer lang Wheelies machen und keineswegs sterben.

Dann vibriert mein Handy. Eine Nachricht von Peter Pan: Kommt ihr heute Abend?

Bevor ich die Speisekarte nehme, um vier Vorspeisen und zwei Caesar-Salate mit gegrilltem Hühnchen für die beiden Evelyns, das Bourbon-Street-Steak und Kartoffelpüree mit Knoblauch für Sloanes Dad, Nudeln mit Käse und Hühnchen für Michael, eine Cola, zwei Earl Greys und acht Triple Chocolate Meltdowns bestelle, schaue ich zu Sloane und Will und Henry hinüber und schreibe …

Klar.

Dank

»Das Verhalten ziemlich normaler Menschen« ist ein fiktives Werk, was natürlich bedeutet, dass es nicht auf realen Ereignissen oder realen Personen basiert – was wiederum bedeutet, dass ich es komplett erfunden habe. Aber tatsächlich wurden beim Schreiben dieser erfundenen Geschichte die Figuren für mich sehr real, als wären sie aus Fleisch und Blut. Ich weiß nicht genau, wann das passiert ist, aber es war so.

Zuallererst möchte ich Asher und Henry dafür danken, dass sie mir erlaubt haben, ihre Geschichte von Liebe und Verlust mit der Welt zu teilen. Ich bin euch beiden dankbar dafür, wie sehr ihr die Menschen liebt, die ihr liebt. Und ich hoffe, dass ich eure Geschichte am Ende richtig wiedergegeben, euren Kummer respektiert und euch nicht zu sehr in Verlegenheit gebracht habe. Außerdem hoffe ich aufrichtig, dass eure Geschichte anderen helfen wird, die mit einem großen Verlust fertigwerden müssen, denn irgendwann – eigentlich ziemlich oft – sind wir alle damit konfrontiert, und es ist so schwer und tut so weh.

Ich bin auch den beiden Evelyns zu großem Dank verpflichtet, weil sie in dieser Geschichte eine sehr wichtige Rolle spielen. Was Ashers Mutter, Evelyn, betrifft, so tut mir die Sache mit Jack Daniels und dem Autounfall wirklich sehr leid. Ich hätte ihr natürlich ein besseres Ende schreiben können, das ist mir schon bewusst. Für Henrys Evelyn tut es mir leid, dass ich sie die ganze Zeit in einer Urne/Schachtel aufbewahrt habe. Was das angeht, hast du dich für die Gruppe geopfert, Evelyn. Aber du sollst wissen, dass deine bloße Existenz das Herz und die Seele dieser Geschichte ist, also kannst du mir vielleicht die Sache mit der Urne/Schachtel und dem »Du-warst-schon-tot-als-die-Geschichte-anfing« verzeihen. Immerhin habe ich euch Henry gegeben, und er war euer Ein und Alles.

Ich möchte auch Sloane und Will dafür danken, dass sie Asher so tolle Freunde sind. Ihr seid die Art von Freunden geworden, die ich mir erhofft hatte, als ihr zum ersten Mal in Erscheinung tratet. Ihr seid Freunde, die hoffentlich jeder im Laufe seines Erwachsenwerdens findet. Freunde, die unsere schlechten Gedanken vertreiben, wenn wir selbst nicht dazu in der Lage sind, und die uns vor uns selbst retten, wenn wir es selbst nicht schaffen. Freunde wie ihr beide sollten ein Geburtsrecht sein; Freunde, die uns an der Hand halten, damit wir nicht abdriften, und die uns lehren, langsam zu atmen und der Liebe wieder zu vertrauen, wenn sie uns betrogen hat – auch wenn die Stimmen in unserem Kopf uns einreden wollen, dass das nicht geht. Aber noch mehr als das: Ihr beide, Will und Sloane, seid Freunde, die dafür sorgen, dass wir die Waffe liegen lassen und die Cannoli nehmen, wenn wir im Begriff sind, etwas zu tun, was unser Leben zerstören wird, und dafür danke ich euch.

Ich möchte auch nicht versäumen, Ashers Vater dafür zu danken, dass er es mit ihm ausgehalten hat, und Chloe dafür, dass sie mit Fahrradhelm und Schwimmweste geschlafen hat – in beiden Fällen ging das weit darüber hinaus, was die Pflicht verlangt hätte. Aber mir war klar, dass Asher neben tollen Freunden auch einen Vater mit einem enormen emotionalen Durchhaltevermögen und eine bezaubernde jüngere Schwester braucht, die Bärenpicknick spielt und sich weigert, Peperoni oder in Scheiben geschnittenes orangefarbenes Fleisch zu essen, nur um ihn daran zu erinnern, was wichtig ist.

Ich bin auch Peter Pan dankbar dafür, dass sie ihre Therapeutenlizenz nicht an den Nagel gehängt und einen Job als Kissentesterin oder Keksbäckerin angenommen hat. Die Welt braucht unterstützende Menschen wie sie, Menschen mit sanfter Stimme und Sommersprossen, genau dem richtigen Lächeln und großen Tüten voller M&M's; Betreuer mit supergroßem Herz und Superkräften, die die schwere Aufgabe übernehmen und uns helfen, die Scherben aufzusammeln, wenn wir zusammenbrechen.

Aber ehrlich gesagt schulde ich von allen Figuren in »Das Verhalten ziemlich normaler Menschen« Grace besonders großen Dank. Machen wir uns nichts vor, die ganze Sache mit dem Catfishing und der Fahrt nach Memphis, um deinen Vater zu töten, hätte auf tausend verschiedene Arten schiefgehen können. Zunächst einmal muss ich dir, Grace, dafür danken, dass du Asher nicht wegen Verstoßes gegen das Anti-Stalking-Gesetz angezeigt hast. Ich bin auch sehr dankbar, dass du in High Heels eine Harley fahren und ungeniert kurze Radlerhosen unter der Abendgarderobe tragen kannst. Tatsache ist, dass die Welt mehr Mädchen wie dich braucht. Starke, mutige Mädchen, die nicht so leicht umfallen – und schon gar nicht, weil ein Geliebter sie täuscht.

Klar denkende, unabhängige Mädchen mit Herz und Sinn für Gerechtigkeit, die sowohl Ed Sheeran als auch Jimmy Hendrix mögen und selbstbestimmt ihren Weg gehen; Mädchen, die bereitwillig Selbstvertrauen und Integrität gegen ein Ballkleid tauschen, wenn die Situation es erfordert; Mädchen, die wissen, wie man sich in die Kurve legt, und die immer noch einen Weg finden zu tanzen, auch wenn die Straßen glatt sind und der Boden unter ihnen wegzubrechen droht.

Aber ... wie ihr euch vielleicht denken könnt, wäre »Das Verhalten ziemlich normaler Menschen« nicht möglich gewesen ohne die Hilfe einiger *echter*, lebender, atmender, hart arbeitender, talentierter Menschen – echter Buchmenschen, die ich mir nicht ausgedacht habe und für deren Unterstützung und harte Arbeit ich ebenfalls sehr dankbar bin.

Ganz oben auf dieser Liste der realen Menschen steht Alex Borbolla, die Lektorin bei Atheneum, die sich in die Geschichte von Asher und Henry verliebt und es dann geschafft hat, ihre Kollegen davon zu überzeugen, ein Buch über tote Menschen zu kaufen, die bei *Applebee's* essen. Das war bestimmt nicht einfach, also vielen Dank dafür, Alex! Und ich danke dir auch, dass du das Manuskript immer wieder gelesen und so klare und aufschlussreiche Lektoratsanmerkungen gemacht hast und dass du dieses Projekt über die enorme Distanz von den Worten auf einer Seite bis zum Buch im Regal begleitet hast. Dein Sinn für Tempo und deine Liebe zu Figuren, Ton und Sprache – zusammen mit deiner Begeisterung und deinem großen Herzen – verleihen dir eine große kreative Sensibilität und redaktionelle Einsicht, während deine sanfte und unterstützende Art den gesamten Prozess des Straffens und Polierens und – oh Gott – des Kürzens und Löschens praktisch schmerzlos, wenn nicht sogar zu einem absoluten Vergnügen gemacht hat.

Ich möchte auch dem Rest des talentierten Atheneum-Teams dafür danken, dass sie die schwere Aufgabe übernommen haben, Bücher zu verlegen, und dafür, dass sie diese Geschichte so schön verpackt in die Welt hinausgeschickt haben. Vielen Dank an Karyn Lee für die Gestaltung eines so auffälligen und perfekten Covers und ein herzliches Dankeschön an Guy Shield für das wunderschöne Artwork und die künstlerische Vision – und danke für die Platterbsen! Ich danke Rebecca Vitkus und Clare McGlade für das sorgfältige Lektorat, ihre Zurückhaltung und ihr Verständnis im Hinblick auf das »Kommaproblem« sowie für ihren geschickten Umgang mit Ashers ausschweifenden inneren Monologen. Vielen Dank an Tatyana Rosalia in der Produktion, Tara Shanahan in der Werbung und an alle anderen, die an der technischen und mühsamen Arbeit hinter den Kulissen beteiligt waren, um dieses Buch so gut wie nur irgend möglich zu machen. Ich schätze euer Wissen und eure Professionalität sowie eure Fähigkeit, mich während des gesamten Prozesses anzufeuern, sehr.

Meiner Agentin Molly O'Neill und dem restlichen Team von Root Literary möchte ich ein riesiges DANKESCHÖN sagen! Ich habe großen Respekt vor eurem Talent und eurer Erfahrung und bin euch sehr dankbar dafür. Molly, wie ich dir schon zahllose Male gesagt habe: Du bist die absolut Beste. Eine Kraft und ein leuchtender Stern in jeder Hinsicht. Du weißt mehr über Bücher und das Verlagswesen, als es möglich scheint. Deine Liebe zur Kunst und zum Handwerk des Schreibens macht deinen Beitrag zu jedem Projekt unschätzbar. Mir ist klar, dass der Umgang mit Autoren (sprich: mit mir) nicht immer einfach ist. Und mir ist klar, dass ich dich wahrscheinlich mehr ärgere als die meisten anderen, aber du bist so nett, so zu tun, als wäre dem nicht so. Dafür und für so vieles mehr danke ich dir. Du bist eine brillante Literaturagentin! Keine Ahnung, wie man so klug sein oder so viel über Bücher wissen kann – was sie zum Leuchten bringt und wie man sie verkauft –, also kann ich nur noch einmal Danke sagen, ich Glückspilz! ☺

Auch den Rezensentinnen und Rezensenten, den Bibliothekarinnen und Bibliothekaren, den Buchhändlerinnen und Buchhändlern und den Leserinnen und Lesern bin ich zu Dank verpflichtet. Ihr seid der Grund, warum Bücher geschrieben werden – ohne euch würden Autoren einfach nur Bäume im Wald fällen, ohne dass irgendjemand einen Pieps hört, also danke, dass ihr euch die Zeit nehmt, Bücher zu lesen, zu kommentieren und zu lieben.

An meine Familie: Ja, es ist endlich so weit. Ich habe dieses Buch beendet. Ein riesiges Dankeschön an meinen Mann Tom und meine Tochter Kate, die die frühen und späten Fassungen – und alle dazwischen – immer wieder gelesen haben, und dafür, dass sie Asher und Henry vielleicht noch mehr lieben als ich. Ich danke euch beiden für eure unermüdliche Unterstützung und eure endlose Geduld und dafür, dass ihr meine Liebe zum Schreiben teilt. Außerdem danke ich J.M. dafür, dass er mir Fußball und wie Jungs ticken nahegebracht hat; und Kenzie dafür, dass sie meine Liebe zu Blumen geteilt, dass sie mit mir Bärenpicknick gespielt und dass sie die Regel »Kein orangefarbenes Fleisch in Scheiben geschnitten« für uns beide bis zu »Kein Fleisch immer« weitergeführt hat. Und ein riesiges Dankeschön an River Flynn, der mich daran erinnert hat, wie sehr ich Bücher mit Bildern liebe, und mir das Daniel-Tiger-Lied beigebracht hat. Und ja, da ihr alle schon einmal danach gefragt habt, ich habe tatsächlich ein Paar lindgrüne Nike Superflys in der Herrengröße 44 $^1/_2$ gekauft. Und ja, ich bin mit ihnen in meinem Auto herumgefahren. Und nein, so merkwürdig ist das nicht, also keine Sorge. Und noch ein letzter Gedanke: Was das Herumtragen eines verstorbenen geliebten Menschen in einer Urne/Schachtel angeht – auch hier keine Sorge. Das ist ein reines Henry-und-Evelyn-Ding. Versprochen. ☺

Es braucht manchmal
nur eine Minute,
um ein Leben zu retten
oder zu zerstören

ALLE LIEFERBAREN TITEL, INFORMATIONEN UND SPECIALS
FINDEN SIE ONLINE

Auch als eBook   www.dtv.de **dtv**

»Intensiv wie ein Blitzschlag«

Ute Wegmann, Deutschlandfunk

ALLE LIEFERBAREN TITEL, INFORMATIONEN UND SPECIALS FINDEN SIE ONLINE

Auch als eBook   www.dtv.de **dtv**

»So viel Wucht, so viel Gefühl ...«
Stern

ALLE LIEFERBAREN TITEL, INFORMATIONEN UND SPECIALS FINDEN SIE ONLINE

www.dtv.de **dtv**

Der einzige Weg
aus der Dunkelheit ist,
ein Feuer zu entzünden

ALLE LIEFERBAREN TITEL, INFORMATIONEN UND SPECIALS
FINDEN SIE ONLINE

Auch als eBook   www.dtv.de **dtv**